「こと」の認識 「とき」の表現

フランス語のquand節と半過去

高橋克欣
Katsuyoshi Takahashi

京都大学学術出版会

C'est un homme parlant que nous trouvons dans le monde, un homme parlant à un autre homme, et le langage enseigne la définition même de l'homme.
この世界に存在するのは言葉を話す人間，他の誰かと話している人間であり，言葉こそが「人間とは何か」という問いに迫る手がかりとなる．

    Émile Benveniste（1966），*Problèmes de linguistique générale, 1*

On pourrait croire que la temporalité est un cadre inné de la pensée. Elle est produite en réalité dans et par l'énonciation.
時間はもともと人間の思考に備わった枠組みだと思うかもしれないが，実は時間は話すという行為の中で，話すという行為によって生まれるものである．

    Émile Benveniste （1974），*Problèmes de linguistique générale, 2*

若い知性が拓く未来

　今西錦司が『生物の世界』を著して，すべての生物に社会があると宣言したのは，39歳のことでした。以来，ヒト以外の生物に社会などあるはずがないという欧米の古い世界観に見られた批判を乗り越えて，今西の生物観は，動物の行動や生態，特に霊長類の研究において，日本が世界をリードする礎になりました。

　若手研究者のポスト問題等，様々な課題を抱えつつも，大学院重点化によって多くの優秀な人材を学界に迎えたことで，学術研究は新しい活況を呈しています。これまで資料として注目されなかった非言語の事柄を扱うことで斬新な歴史的視点を拓く研究，あるいは語学的才能を駆使し多言語の資料を比較することで既存の社会観を覆そうとするものなど，これまでの研究には見られなかった溌剌とした視点や方法が，若い人々によってもたらされています。

　京都大学では，常にフロンティアに挑戦してきた百有余年の歴史の上に立ち，こうした若手研究者の優れた業績を世に出すための支援制度を設けています。プリミエ・コレクションの各巻は，いずれもこの制度のもとに刊行されるモノグラフです。「プリミエ」とは，初演を意味するフランス語「première」に由来した「初めて主役を演じる」を意味する英語ですが，本コレクションのタイトルには，初々しい若い知性のデビュー作という意味が込められています。

　地球規模の大きさ，あるいは生命史・人類史の長さを考慮して解決すべき問題に私たちが直面する今日，若き日の今西錦司が，それまでの自然科学と人文科学の強固な垣根を越えたように，本コレクションでデビューした研究が，我が国のみならず，国際的な学界において新しい学問の形を拓くことを願ってやみません。

第26代　京都大学総長　山極壽一

目　次

序　章　言語の世界と時間の概念…………………………………1

1 ─ 言語の世界における「時間」の問題…2
2 ─ 事態の認識と時間の概念…3
3 ─ 言語ごとに異なる時間の表し方…4
4 ─ フランス語における時制形式の体系…8
5 ─ 時間表現の多様性と外国語学習…10
6 ─ 本書の目的と構成…12
コラム 1 ……名脇役！　その名は半過去　17

第 1 章　quand 節に現れる半過去とは何か
─先行研究の概観と本書における仮説の提示 …… 21

1 ─ はじめに…22
2 ─ 半過去の用法の多様性…25
3 ─ quand 節における半過去の使用制約…27
4 ─ quand 節に現れる半過去に関する統計的研究…29
5 ─ quand 節に現れる半過去の意味的特徴…33
6 ─ quand 節における半過去の使用制約に対する説明…36
　　6.1　quand 節の「意味の希薄性」…36
　　6.2　quand 節と「不安定な要素としての半過去」…37
7 ─ 半過去の未完了性…38
　　7.1　未完了性とは何か…39
　　7.2　未完了性と事態の成立・不成立…41
　　7.3　未完了性と aspect sécant…44
　　7.4　半過去と完了性…47
　　7.5　事態の成立・不成立と quand 節における半過去の使用制約…49

8 ― quand 節と「時の定位」…50
　　8.1　岩田（1997）の分類①「習慣・反復を表すもの」…51
　　8.2　岩田（1997）の分類②「事態の開始点を表すもの」…52
　　8.3　岩田（1997）の分類③「一定の期間を表すもの」…52
　　8.4　岩田（1997）の分類④「時を表す副詞が先行するもの」…53
　　8.5　「時の定位」の概念の妥当性…53
9 ― 談話解釈における quand 節の機能…56
10 ― 文単位の考察の限界と談話単位の考察の必要性…60
11 ― 本書の仮説…63
12 ― 第1章のまとめ…70
　コラム2……なぜ昔話は *il était une fois* で始まることが多いのか？　79

第2章　談話的時制解釈モデルと半過去による事態の係留 …… 81

1 ― はじめに…82
2 ― 談話的時制解釈モデルの必要性…84
3 ― 時制形式と事態の定位操作…90
　　3.1　事態の定位操作と時間軸…90
　　3.2　事態の定位操作と発話様態…91
　　3.3　「投錨」…94
　　3.4　「係留」…96
4 ― 半過去による事態の係留…98
　　4.1　半過去による事態の相対的な定位…100
　　4.2　半過去による時間的定位と意味的定位…103
　　4.3　「部分照応的半過去説」の概要…104
　　4.4　「部分照応的半過去説」に対する批判…106
　　4.5　半過去による「係留」と「部分－全体性」…107
5 ― 半過去の具体例の分析…109
　　5.1　他の自立的な過去時制との同時性を表す半過去…109

5.2　「因果関係」を表す半過去…111
　　5.3　「談話」の発話様態と半過去の解釈…113
　　5.4　非言語的情報を参照して解釈される半過去…114
　　5.5　話し手と聞き手の共有体験を参照して解釈される半過去…115
　6－第 2 章のまとめ…121
　コラム 3……失われた恋を語る歌には半過去がよく似合う？　129

第 3 章　quand 節に現れる半過去と談話的時制解釈 …… 131

　1－はじめに…132
　2－先行研究のまとめ…134
　3－quand 節の位置と機能…135
　4－「部分－全体スキーマ」による場面の特定…137
　　4.1　「部分－全体スキーマ」…137
　　4.2　「部分－全体スキーマ」と quand 節による場面の特定…142
　5－quand 節に現れる半過去の実例の分析…143
　　5.1　共有知識に基づく場面の特定…144
　　　1）「人生の一時期」や「年齢」を表す半過去…144
　　　2）一日の中で定まった時間帯に生起する事態を表す半過去…147
　　　3）史実を表す半過去…149
　　5.2　言語文脈に基づく場面の特定…150
　　　1）作例に基づく考察…150
　　　2）文学作品からの引用例に基づく考察…154
　　5.3　発話状況に基づく場面の特定…165
　　5.4　話し手と聞き手の共有体験に基づく場面の特定…167
　6－quand 節による場面の特定と時の副詞句のはたらき…176
　7－quand 節と場面の選択機能…177
　8－先行研究における記述や説明の偏向とその原因…179
　9－第 3 章のまとめ…182
　コラム 4……「語りの when 節」とは？　189

第 4 章　逆従属構文に現れる半過去と談話的時制解釈 … 193

1 ― はじめに…194

2 ― 逆従属構文の特徴…196

3 ― 逆従属構文と発話様態…199

4 ―「語り」の発話様態と「語りの母時空間」の設定…200

5 ― 逆従属構文の主節に現れる半過去による事態の係留…204

6 ― 逆従属構文と quand 節に半過去が現れる構文の比較…210

7 ― 逆従属構文として解釈される quand 節に現れる半過去…214

8 ― 第 4 章のまとめ…215

コラム 5 …… 半過去は名カメラマン？　221

終　章 …………………………………………………………… 225

本書のまとめ…226

本書の意義…230

半過去の統一的な理解を目指して…231

「こと」の認識「とき」の表現…232

あとがき…235

参考文献…239

索　引…245

序 章

言語の世界と時間の概念

Pour la première fois, il avait dans la tête le mot: avenir, et un autre mot: l'horizon. Ces soirs-là, les rues désertes et silencieuses du quartier étaient des lignes de fuite, qui débouchaient toutes sur l'avenir et l'HORIZON.
彼ははじめて頭の中に「未来」という語と，それから「地平線」というもうひとつ別の語を思い浮かべていた．こうした夕べには，その界隈の人気がなく静かな通りはみな，未来と「地平線」へと続く道なのであった．

Patrick Modiano（2010），*L'horizon*

この序章では，第 1 章以降で本題に入る前の準備として，我々がふだん用いている言語の世界における時間の問題について考えることから始めたい．時間という概念自体は，言語学のみならず哲学や物理学，心理学など多様な学問領域においてさまざまな形で扱われる興味の尽きない研究対象である．しかし「時間とは何か？」という根源的な問いは本書で扱うにはあまりにも大きすぎるため，ここでは言語の世界と時間の概念の関係に的を絞り，我々の言語において時間の概念はどのように表現されているかを概観することにしたい．

1 言語の世界における「時間」の問題

本書で扱われるのは，言語の世界における時間の問題である．言語の世界における時間の問題とひとくちに言っても多岐にわたるが，まずは身近な例の 1 つとして，日常生活において「時間」という語が用いられる場面について考えよう．

我々は日常会話の中で時間を話題にすることが少なくない．友だちに何か頼みごとをしたいときに「いま時間ある？」と尋ねるのは珍しいことではないし，自宅のリビングでスマートフォンの画面に見入っていて，ふと「あ，もう時間だ！」と叫びつつ急いで家を飛び出す，というようなことも少なくないだろう．

これらは，我々がどの言語を使って生活しているかということとは関係なく，誰もがしばしば遭遇する場面であるといえる．ここで問題となるのは「時間」という語の用いられ方である．日本語では「時間」という同じ名詞が用いられる場面であっても，フランス語では temps と heure という異なる単語が用いられる．日本語の「いま時間ある？」という表現はフランス語の Tu as le temps ?[1] という表現にほぼ相当すると考えられるし，「あ，もう時間だ！」という表現は Ah, c'est déjà l'heure ! という表現にほぼ相当すると考えられる．

これらの例から分かることは，日本語では同じ「時間」という語を用い

て表現されることがらであっても，言語によってはフランス語のように異なる語を用いて表現されることもある，ということである．つまり，ある言語における特定の単語を別の言語における特定の単語に単純に置き換えることができるとは限らないのである．

2 事態の認識と時間の概念

　次に，文全体の意味が関与する問題を考えてみよう．我々は日常生活の中で時間の流れを把握し，その流れの中でさまざまなできごとが生じ，状態が推移することを認識している．そして我々は言語を用いることで，世界において「あるできごとや状態[2]がいつ生じるか？」という情報や「あるできごとがどのような時間的展開を持っているか？」という情報を表現することができる．それらは多くの言語において，動詞や副詞句に相当する要素などを用いて文全体によって表現される．

　例えば，「目の前の皿の上に置いてあるケーキを食べる」というできごとについて考えよう．まずは皿の上に全く手のつけられていないケーキが置いてある．そして実際にケーキを食べ始めると，目の前の皿の上に食べかけのケーキが置いてある状態へと移行する．ケーキを食べ続けるにつれて皿の上のケーキはだんだん小さくなり，やがてケーキをすべて食べ終えると目の前には空になった皿だけが残される状態へとたどり着く．

　我々がこのような一連の状態変化を「ケーキを食べる」という1つのできごととして把握することができるのは，時間の概念を理解し時間の経過を認識することができるからに他ならない．もしも時間の概念が存在しなければ，これらの一連の状態変化をひとまとまりのできごととして認識することはできないはずである．

　今度は「パリに住む」というできごとについて考えよう．あなたがもしも現在日本の大学に通い，近い将来パリへの留学を夢見ている大学生であるとするならば，「パリに住む」というできごとはいまだ生じておらず，未来に位置づけられるものとして把握されることになる．あるいはあなた

が現在パリの大学に通う留学生であるとするならば,「パリに住む」ということごとは現在に位置づけられることになる.そして,もしもあなたがすでにパリでの留学生活を終えて帰国した後であるとするならば,「パリに住む」というできごとは過去に位置づけられることになる.

このように,同じ「パリに住む」というできごとであっても,我々の世界においてこのできごとが占める時間的な位置づけの区別が認識されており,発話時から見た「現在」,「過去」,「未来」というように分類されることになる.

つまり,時間の流れというものはあたかも左から右へと一方向に走る直線であるかのように捉えられており,ひとつひとつの事態はそのような時間の流れの中に任意の位置を占めるものとして把握されているのである.このように時間の流れが一次元的に捉えられたものは一般に**時間軸**と呼ばれる.

もちろん時間軸は我々が実際に目で見たり手で触れたりすることができるような形で実在するわけではないが,我々はこの世の中において生じるさまざまな事態をこのような仮想の軸上に並べることで,複数の事態の間の先後関係などを把握することが可能になる[3].

3 言語ごとに異なる時間の表し方

前節で見たように,我々は日常生活の中で時間の流れを把握し,その流れの中においてさまざまな事態を認識している.時間の概念は明確に意識されることもあれば意識されないこともあるが,いずれにせよ時間の概念なくして日常生活を送ることはほとんど不可能であるといっても過言ではない.

そしてまた,我々が言語を用いてある事態を表現する際,時間の概念を全く用いずに済ませることはおよそ考えられない.その際,我々は言語化が行われる時点,すなわち発話時を基準として当該の事態がいつ生じているのかを認識しているのである[4].

言語を用いることで時間の概念を表現することができることは，我々の言語全般に共通する特性であると考えられるが，全ての言語が同じようなしくみで時間の概念を表現しているわけではない．それぞれの言語は，我々の世界における時間の概念をそれぞれ異なる方法で捉え，さまざまな言語的手段を用いてそれを表現しているのである．言い換えるならば，言語の数だけ異なる時間の表し方が存在することになる．このように我々の言語と時間の関係は多様であり，言語ごとに固有の特性を帯びている度合いが大きいといえる．

　我々にとって身近な存在である日本語における時間の表し方はどうなっているだろうか．過去の事態を表すためには動詞の「タ形」が用いられる．（1a）および（1b）によって表される事態はいずれも発話時から見た過去に属すると考えられる．

（1）a．昨日は天気が*良かった*．
　　 b．昨日私は学校に*行った*．

それに対して，非過去の事態を表すためには「ル形」が用いられる．

（2）a．今日私は学校に*行く*．
　　 b．今日は天気が*良い*．

（2a）における「学校に行く」という事態は発話時においては生じておらず，未来に属する事態であると考えられる．それに対して，（2b）の「天気がよい」という事態は発話時においても成立しており，現在に属する事態であると考えられる．なお，未来の事態を表すために「だろう」などの助動詞が用いられることもある．

（3）明日は*晴れるだろう*．

　このように日本語では，現在の事態を表す動詞の形態と未来の事態を表す動詞の形態には区別がない．そのため，「ル形」によって表されるのは「非過去」の事態であると考えられている．

さらに，日本語では「タ形」と「テイタ形」，「ル形」と「テイル形」がそれぞれ対立している．

（4） a．昨晩私はテレビを見た．
　　　b．父が帰宅したとき，私はテレビを見ていた．

（4a）における「見た」は「テレビを見る」という事態が完了したものとして捉えられていることを表すのに対し，（4b）の「見ていた」は「テレビを見る」という事態が継続中の未完了のものとして捉えられていることを表している．

（5） a．私はテレビを見る．
　　　b．私はテレビを見ている．

（5a）の「見る」は習慣的行為または発話時よりも未来に属する事態を表すが，（5b）の「見ている」は現在進行中の事態を表す．

このように，日本語においては「(i) 当該の事態が過去に属するか否か」，「(ii) 当該の事態が完了したものとみなされるか否か」という2つの要素の組み合わせによって構成される時間の概念が，動詞の形態変化によって表現されているのである．

次に英語における時間の表し方を概観しよう．英語の動詞には過去形と現在形があり，未来の事態は助動詞 will に動詞の原形を添えることで表現される．

（6） a．It *was* fine yesterday.
　　　b．It *is* fine today.
　　　c．It *will be* fine tomorrow.

また，事態を完了したものとして表す現在形，過去形および［will＋動詞の原形］に対して事態を継続中の未完了のものとして表す現在進行形，過去進行形および未来進行形が存在する．

（7） a． When my father came back home, I *was watching* TV.
　　 b． I *am watching* TV now.
　　 c． I will be watching TV at nine o'clock.

　このように，英語においては「(i) 当該の事態が発話時から見た過去，現在，未来のいずれに属するか」，「(ii) 当該の事態が完了したものとみなされるか否か」という2つの異なる要素の組み合わせによって構成される時間の概念が，それぞれ異なる動詞の形態を用いて表現されていると考えることができる．

　これらの具体例から分かるように，それぞれの動詞の形態は時間に関する2種類の性質の異なる概念を表す役割を担っている．当該の事態が発話時から見たどの領域に生じるかという概念はテンスと呼ばれ，当該の事態が完了したものとして捉えられているか未完了のものとして捉えられているかという概念はアスペクトと呼ばれる．

　テンスやアスペクトの種類やそれらの表現方法はそれぞれの言語によって大きく異なっている．上で見たように，日本語や英語のように多くの言語においては，動詞の形態を変化させることでテンスやアスペクトなどの時間の概念が表現されることが多い．

　しかし言語の中には，時間の概念を表現する手段として動詞の形態変化を用いないものもある．例えば中国語では，現在，過去，未来を区別して表現するためには副詞句に相当する要素を用いる必要がある．池田(2014)によれば「お父さんは銀行で働きます」という事態は，「我爸爸在銀行工作」というふうに表現されるが，これに「以前」という語を付加すると「お父さんは以前銀行で働いていました」という意味になり，「現在」という語を付加すると「お父さんはいま銀行で働いています」という意味になり，「明年」という語を付加すると「お父さんは来年銀行で働きます」という意味になるという．

4 フランス語における時制形式の体系

　前節で日本語，英語そして中国語における時間表現に関わる具体例をいくつか見てきた．それらの観察から分かることは，言語によって表現手段は異なるものの，テンスやアスペクトのような時間の概念はそれぞれの言語に固有の方法で体系化されており，我々の事態認識のあり方が反映されているということである．

　それでは，フランス語において時間の概念はどのような形で言語化されているのだろうか．できごとを現実のものとして表す直説法に限っても，フランス語には数多くの時制形式が存在する[5]．ここではそれらを順番に見ていこう．

　まず，日本語や英語とは大きく異なる点であるが，フランス語には未来の事態を表現するために現在形から形態的に独立した単純未来形が存在する[6]．

(8) a. Il *fait* beau aujourd'hui.[7]
　　　　［It is fine today.］
　　　　今日は天気が良い．
　　b. Il *fera* beau demain.
　　　　［It will be fine tomorrow.］
　　　　明日は晴れるだろう．

　また，フランス語は過去時制形式の種類が豊富な言語であり，複合過去形，半過去形，大過去形，単純過去形，前過去形の5つがある．ここでは，déjeuner「昼食を取る」という動詞を例に取り，それぞれの時制形式と典型的な用法を概観する．

　複合過去形は，助動詞の現在形と動詞の過去分詞を組み合わせることで得られる．複合過去形の基本的なはたらきは，発話時現在においてすでに完了したできごとを表すことにあり，日本語では「～した」と訳すことが

できる.

(9) J'*ai déjeuné* à la cantine.
　　［I took a lunch at the cafeteria.］
　　私は食堂で昼食を取った.

　半過去形は，動詞の語幹に半過去形固有の活用語尾を加えることで得られる．半過去形の基本的なはたらきは，過去のある時点において継続中のできごとや状態を表すことにあり，日本語では「～していた」「～だった」と訳すことができる．

(10) Quand Paul est entré à la cantine, je *déjeunais* avec ma copine.[8]
　　［When Paul entered the cafeteria, I was taking a lunch with my friend.］
　　ポールが食堂に入ってきたとき，私は友人と一緒に昼食を取っていた．

　大過去形は，助動詞の半過去形と動詞の過去分詞を組み合わせることで得られる．大過去形の基本的なはたらきは，過去のある時点においてすでに完了しているできごとを表すことにあり，日本語では「(すでに) ～してしまった」「(すでに) ～してしまっていた」と訳すことができる．

(11) Qaund Paul est entré à la cantine, j'*avais* déjà *déjeuné*.
　　［When Paul entered the cafeteria, I had already taken a lunch.］
　　ポールが食堂に入ってきたとき，私は (すでに) 昼食を取り終えていた．

　単純過去形は，動詞の語幹に単純過去形固有の活用語尾を加えることで得られる．単純過去形は主に書き言葉で用いられ，その基本的なはたらきは過去のある時点において生じたできごとを表すことにあり，日本語では「～した」と訳すことができる．

(12) Je *déjeunai* à la cantine.
　　［I took a lunch at the cafeteria.］
　　私は食堂で昼食を取った．

前過去形は，助動詞の単純過去形と動詞の過去分詞を組み合わせることで得られる．単純過去形と同様に前過去形も主に書き言葉で用いられ，その基本的なはたらきは主に単純過去形によって表されるできごとの直前に完了したできごとを表すことにあり，日本語では「〜してしまった」と訳すことができる．

（13）Dès que mon mari *fut parti*, je commençai à regarder la télévision.
　　　［As soon as my husband went out, I started to watch the television.］
　　　夫が出かけてしまうや否や，私はテレビを見始めた．

ここまで，フランス語において直説法に属する 5 つの過去時制形式とその基本的なはたらきを簡潔に述べたが，もちろん個々の時制形式の用法は多岐にわたり，それらに関する具体的な研究を紹介していくと枚挙に暇がないほどである．

5　時間表現の多様性と外国語学習

このようなことから，我々が外国語を学ぶ際に，時間に関わる表現を十分に理解し使いこなせるようになるためには体系的な学習に加え，多くの経験を必要とすることが多い．それは，言語によって時間の概念のあり方も，それを言語化する方法も異なるからであり，それぞれの言語における時間表現の体系全体を把握したうえで個々の時制形式の用法を学習する必要があるからである．前節で概観したように，フランス語の時間表現には日本語とも英語とも異なる特徴が見られる．そのため，我々が外国語としてフランス語を学ぶ際に留意すべきことがいくつかある．

まず，現在形とは形態的に独立した単純未来形という時制形式が存在する点である．もちろん，日本語や英語において未来の事態が表現できないわけではなく，日本語では現在形によって，英語では［will + 動詞の原形］の形式によって未来の事態を表現することが可能である．

このように，「ある言語に存在する要素が別の言語には存在しない」と

いう事実自体は，言語間の差異としては比較的分かりやすい現象である．しかしながら注意しなければならないのは，一見すると異なる言語間で同等の役割を担っていると思われる形態同士であっても，それらの特性は必ずしも同一ではないという点である．

例えば，英語では時を表す副詞節として用いられる when 節の中で未来の事態を表現する場合には，［will ＋ 動詞の原形］ ではなく現在形を用いなければならないとされる．

(14) a ． *When he *will arrive* at the station, he will call me[9]．
　　 b ． When he *arrives* at the station, he will call me.

ところがフランス語では，このような場合に英語の when 節に相当する quand 節の中で単純未来形を用いることができる．

(15) Quand il *arrivera* à la gare, il m'appellera.
　　 ［When he will arrive at the station, he will call me.］
　　 彼が駅に着いたら，彼は私に電話するだろう．

このように，「未来の事態をどのように表すか？」ということは各言語においてさまざまな意味において異なるのである．

また，現在形が常に現在の事態を表すとは限らない点にも注意が必要である．小説の中などでは，過去の事態を表現するために現在形が用いられることも珍しくない．

(16) Il aperçut une ombre dans la nuit ; il l'*appelle*. Pas de réponse.
　　 ［He noticed a shadow in the night ; he calls it. No answer.］
　　 彼は暗闇に人影をみとめた．声をかけても返事がない．（鷲見 2003）

そして，フランス語には 5 つの過去時制形式が存在する点にも留意する必要がある．なぜこれほど多くの過去時制形式が存在するのだろうか？これらがいずれも単に過去の事態を表す機能を果たしているだけならば，互いに淘汰されてしまってもおかしくはないはずである．実際には個々の

過去時制形式は異なる機能を果たしていると考えられ，それらの用法にもそれぞれに特徴が見られるのである．それぞれの時制形式が持つ固有の機能を深く理解するためには，それらが互いにどのような関係にあるのかを明らかにする必要がある．

我々が外国語としてフランス語を学習する際に個々の時制形式の用法および時制形式のシステム全体を十全に把握することは決して簡単なことではない．しかし，そうであればこそ，フランス語の世界に対する親しみが深まるにつれて，この難題に挑もうという意欲が高まるのもまた事実である．

本書では第1章以降の各章で過去時制形式の1つである半過去形に焦点を当て，ある特定の構文に現れる半過去形の用法について概観する．

6 本書の目的と構成

ここで本書の目的と第1章以降の構成について説明しよう．本書の目的は，フランス語の過去時制形式の1つである半過去が持つ特性を明らかにすることである．フランス語の過去時制形式全体の中でも半過去形はとりわけ多様な用法を有しており，それらをめぐり多くの研究がなされてきた．本書ではそれらの用法のうち，従来文法書や先行研究において稀であると説明されてきた構文において用いられた半過去を考察の対象とし，文学作品や作例などの実例を提示しながらそれらの例文における半過去の解釈機序を説明することを目指す．その際，当該の例文のみに適用可能なアドホックな説明を与えるのでなく，半過去の本質に関わる要素に着目し，統一的な説明を行っていることが従来の研究においては十分試みてこられなかった点である．

本書の構成は次の通りである．まず第1章の前半ではフランス語の半過去形についての先行研究を検討しながら，この時制形式についてすでに知られている事実を確認する．続いて本書で主たる考察の対象とする構文に関して先行研究によって明らかにされている言語現象を確認したのちに，

先行研究において提示された説明に対する問題点を指摘する．

　さらに第 1 章の後半では，文単位の考察のみによって言語現象を十分に説明することはできないことを確認したのちに，本書における仮説の提示を行う．先行研究の多くは文単位の考察に基づく事実の記述と説明に留まっており，物語や対話の展開に伴い進行していく広義における「談話の構築」を視野に入れた形で時制に関する現象の記述や説明を行っているものは決して多くない．そのため，先行研究において提示された「なぜそのような現象が見られるのか？」という問いに対する説明原理は現象の一面を捉えてはいるものの十分なものであるとは言い難い．そこで，先行研究で十分に論じられて来なかった例も射程に入れて統一的な形で説明を行うためには，先行研究において提示された説明原理をより包括的な形に改良する必要がある．

　続く第 2 章では「談話的時制解釈モデル」を提示し，非自立的な時制形式であると言われる半過去による事態の定位のしくみについて論じる．詳細は後に譲るが，半過去の非自立性についてここで簡単に説明しておきたい．

　半過去の特性の 1 つとして，小説の冒頭などを除くと半過去を含む文を単独で用いることが難しいという事実がよく知られている．これは，いわゆる半過去の非自立性と呼ばれる特性であり，教科書などで示される典型的な例文においても，半過去は他の過去時制形式とともに用いられることが多い．

（17）Quand le téléphone a sonné, je *prenais* une douche. 　　　　　（倉方 2014）
　　　［When the telephone rang, I was taking a shower.］
　　　電話が鳴ったとき，私はシャワーを浴びていた．

　(17) では半過去が表す「シャワーを浴びていた」という事態は，先行する quand 節の複合過去が表す「電話が鳴った」という事態が生じたときに継続中の事態を表現していると解釈することができる．換言すると，半過去は他の過去時制との同時性を表すということである．

半過去を適切に解釈するためには何らかの形でこの非自立性が解消される必要がある．そのため，半過去自体は事態を定位する機能を持たないと考えられることもある．しかし，本書では「全ての時制形式は当該の事態を定位する機能を持つ」と考え，半過去も談話において利用可能なさまざまな要素の助けを借りながら事態を定位する機能を持つと考えられることを示す．

このように，談話の構築とともに実現される時制解釈のしくみを説明するための本書における説明概念が「談話的時制解釈モデル」である．上で述べたように，本書では当該の時制形式によって表される事態を談話時空間内の適切な位置に定位する機能を全ての時制形式に共通する本質的な機能であると考える．しかし，談話時空間内に事態を定位するしくみは個々の時制形式により異なっている．

本書では，自立的な時制形式による事態の定位機能を「投錨」と定義し，非自立的な時制形式による事態の定位機能を「係留」と定義する．単純過去や複合過去は投錨の機能を持ち，半過去は係留の機能を持つことになる．投錨というのは時間軸上に直接事態を位置づける操作であり，投錨先の選択という問題は生じない．それに対して係留の場合には，先行文脈において利用可能な談話的な要素の中から適切な係留先を選択することができる．典型的な場合には，先行する自立的な時制形式による投錨操作によってすでに定位された事態と関連づけられることで半過去による係留操作が実現される．

また，半過去による係留操作の際には時間的な定位がなされるだけでは不十分である．認識上「全体的な枠組み」としてはたらく「母時空間」が解釈の場において何らかの形で設定され，半過去によって表される事態と「母時空間」の間に意味論的・語用論的な「部分―全体」の関係が成立する必要がある．この「部分―全体性」は半過去のさまざまな用例に共通する解釈機序であり，これは本書における主題である quand 節に現れる半過去の解釈機序を説明する際にも有効な概念であることが示される．

本書において中心的な位置を占める第 3 章では，従来用いられることが

稀であると言われてきた quand 節に現れる半過去が容認される場合について，談話的時制解釈の観点から論じる．この構文における半過去の具体的な解釈機序の細部はさまざまに異なるが，第 2 章で提示される「談話的時制解釈モデル」における半過去による事態の係留操作に加え，第 3 章で新たに提示される「部分―全体スキーマ」の概念を用いることにより，半過去が談話解釈上適切な形で場面特定を行うことができれば quand 節の中で半過去を用いることが可能となる．第 3 章ではこのことを，作例および文学作品や映画のシナリオなどからの引用例を分析しながら統一的な形で説明する．

さらに第 4 章では，「逆従属構文」における半過去の解釈機序について考察する．半過去の解釈においては，言語的に明示されなくても談話の解釈における枠組みとしてはたらく「語りの母時空間」が設定される場合があり，半過去はそのような要素の一部分として談話内に組み込まれ，「部分―全体」の関係が成立することを見る．また，逆従属構文と quand 節に半過去が現れる構文は談話の中で果たす役割が異なるため，それぞれが用いられるのにふさわしい文脈も異なることを確かめる．

最後に終章では本書で明らかにすることができた事実を確かめ，今後に残された問題点とその解決に向けた方向性について述べることで本書全体の締めくくりを行う．

注
1） Tu as l'heure ? は時刻を問う疑問文であり，「何時ですか？」という意味になる．
2） 本書では，「できごと」や「状態」を総括して「事態」と呼ぶ．
3） もちろん，普遍的事実のような超時的事態を言語によって表すこともできるが，金水（2000）において述べられているように，「時制性を超越していることも時間性のうちにある」と見ることができるので，基本的に言語によって表されるあらゆる事態は，何らかの意味において時間的な位置づけを与えられることになると考えられる．
4） 例えば真木（2003）において紹介されているさまざまな文化圏における時間の概念のように，過去から未来に向かって直線的にのびるものとして捉えられるものとは異なる時間の概念も存在することが知られている．しかし，本書で主題としているフランス語の時制に関する問題とは直接関係がないので，本書ではこの点についてはこれ以上言及しない．

5) 本書では，テンスやアスペクトが表現される個々の動詞の形態を時制形式と呼び，概念としてのテンスと区別する．
6) 未来時において事態が完了したことを表す前未来形も存在するが，本書の議論とは関係がないので詳しい説明は割愛する．
7) 本書では，フランス語の例文に英訳および日本語訳を添える．
8) フランス語の半過去に対しては，基本的に英語の過去進行形を充てる．ただし，être（英語の be）や avoir（英語の have）などの状態を表す動詞の半過去に対しては，英語の過去形を充てる．この扱いはあくまでも便宜的なものであり，フランス語の半過去が英語の過去進行形と等価であることを意味しているわけではない．
9) 文頭に施された「＊」印は文法的に不適切な文であることを示し，言語学においてこのような文は非文と呼ばれる．

コラム 1

名脇役！　その名は半過去

　物語の世界には半過去の他にも単純過去や複合過去など，さまざまな過去時制が登場します．そこでこれらの過去時制を演劇集団「過去」に所属する役者たちにたとえて，物語の世界における半過去の基本的な役割を浮き彫りにしてみましょう．

　単純過去や複合過去が主役をつとめる役者ならば，半過去は彼らを引き立てる脇役です．マルク・レヴィの『ダルドリー氏の奇妙な旅』から一場面を紹介し，彼らの実際の演技を味わうことにしましょう．まずは主役の単純過去が登場します．

La sonnerie du réveil *tira* Alice de son sommeil, elle *lança* son oreiller pour le faire taire.
目覚まし時計の音がアリスを眠りから引きずり出しました．彼女は目覚まし時計を黙らせるために枕を投げつけました．

　先に登場した単純過去たち (tira, ança) は，物語の骨格になるできごとを語りながら物語を前に進めていきます．すると次に半過去 (éclairait) が登場します．

Un soleil voilé par la brume matinale *éclairait* son visage.
朝靄に覆われた日の光が彼女の顔を照らしていました．

　脇役である半過去はできごとが起こった場面を詳しく描写し，具体的な状況を説明します．半過去が登場すると，物語の世界が生き生きとした現実感のあるものに感じられるようになるのです．

　演劇の舞台では，主役が登場する前に脇役が姿を見せることもあるでしょう．物語の世界でも，単純過去に先立って半過去が現れることがよくあります．

La salle à manger de l'hôtel *était* encore déserte, les serveurs en livrée à épaulettes galonnées *finissaient* de mettre le couvert.
ホテルの食堂はまだ空いていました．肩ひものついた制服を着たウィエターたちがテーブルセッティングを終えるところでした．

ここでは半過去たち（était, finissaient）が，やがて主役が登場する場面の具体的な状況を前もって説明しています．すると，観客である読み手は「いったい何が起きるのだろう？」という期待を抱くにちがいありません．そこに主役の単純過去（choisit）が登場すると，物語が動き始めるのです．

Alice *choisit* une table dans un angle.
アリスは隅のテーブルを選びました．

常に単純過去が主役であるとは限りません．物語によっては単純過去の代わりに複合過去が登場し，半過去の相手役として主役をつとめることもあります．次の『わんぱくニコラ』の一場面では，半過去（étions）が状況を説明したあとに複合過去（a levé, a dit）が登場し，物語が前に進んでいきます．

Nous *étions* dans le salon, après dîner, et maman *a levé* la tête de son tricot, et elle *a dit* à papa（…）
僕たちは晩ごはんのあと居間にいました．するとママが編み物から顔を上げ，パパに言いました．

半過去はあくまでも脇役ですから，もしも物語に半過去しか登場しなければ，脇役だらけの演劇作品のように不自然な感じがするでしょう．観客はいつまで経っても何が起きるのか分からず戸惑うはずですし，もしかすると退屈してしまうかもしれません．主役である単純過去や複合過去がいるからこそ，脇役としての半過去も存在する意味を持つのです．
そして演劇の世界では，脇役の演技次第で主役の演技がさらに光り，作品全体の印象が大きく変わることも珍しくありません．物語の世界における半過去の役割についても，まったく同じことが言えます．名脇役が幅広い演技力で観客を魅了するように，ときには半過去にも主役に勝る表現力が求められるのです．ふたたび『ダルドリー氏の奇妙な旅』から，別の場面を見てみることにしましょう．

On *grattait* à la porte. Alice *releva* la tête, *posa* son stylo avant d'aller ouvrir. Daldry *tenait* une bouteille de vin dans une main et deux verres à pied dans l'autre.

誰かが扉をひっかいていました．アリスは顔を上げ，扉を開けに行く前にペンを置きました．ダルドリーは片手にワインのボトルを，反対の手には脚つきのグラスを2つ持っていました．

この場面では，まず半過去（grattait）が状況を説明すると，次に単純過去たち（releva, posa）がその状況をきっかけとして行われるできごとを語ります．それに続く半過去（tenait）はダルドリーの様子を描写するだけですが，ここでは具体的に語られなくても「アリスが扉を開けた」こと，そして「ダルドリーが扉の前に立っていた」ことが分かるのです．

このようにして演劇集団「過去」の役者たちが自分の持ち味を巧みに発揮し，その場にふさわしい演技を披露してくれるおかげで，観客である読み手はあたかも物語の世界に身を置いて，できごとが展開する様子やその場の情景を目の当たりにしているような気分を味わうことができるのです．

第1章

quand 節に現れる半過去とは何か―先行研究の概観と本書における仮説の提示

Qu'est-ce, en effet, que le présent ? Dans l'infini de la durée, un point minuscule et qui se dérobe ; un instant qui meurt aussitôt né. À peine ai-je parlé, à peine ai-je agi que mes propos ou mes actes sombrent au royaume de Mémoire.
実際のところ，現在とは何だろうか？それは持続の無限の中を逃げゆく極小の点であり，誕生するとすぐに死んでしまう瞬間のことである．私が話し，行動するや否や，私の言葉や行為はたちまち記憶の王国に沈み込む．

Marc Bloch（1941）,*Apologie pour l'histoire ou métier d'historien*

1 はじめに

　本書では，時を表す副詞節である quand 節の中で用いられるフランス語の半過去（以下，本書では「quand 節に現れる半過去」と呼ぶ）の解釈機序について論じる．そこで第1章では本書において論じる問題の全体像を描き出し，それに対する仮説を示す．

　序章で概観したように，フランス語には過去の事態を表すために用いられる時制形式が複数存在する．本書ではそのうちの1つである半過去を考察の対象とするが，その際に問題となるのは，「同じく過去の事態を表すために用いられる単純過去や複合過去との関係において，半過去がどのような特性を持っているのか？」という点である．半過去の特性としては未完了性や同時性などがあげられるが，その解釈に際してある事態を過去時領域にどのような形で定位するかという点においても，半過去は他の過去時制とは大きく異なるふるまいを見せる．

　このことを端的に示す具体的な事例の1つが，quand 節において半過去を用いる場合に見られる制約である．quand 節は英語の when 節に相当し，時を表す副詞節として機能する[1]．多くの場合，quand 節は日本語の「～する（した）とき」という表現に相当し，主節によって表される事態を解釈する際に場面を特定するはたらきを持つ．

　quand 節の中では複合過去や単純過去が用いられることが多いが，この場合には問題が生じることはない．（1）は quand 節の中で複合過去 me suis réveillé が用いられた例であり，（2）は quand 節の中で単純過去 releva が用いられた例である．

（1）Quand je *me suis réveillé* l'avion survolait les côtes du Portugal, (...)

（Michel Houellebecq, *Lanzarote*）

　　　［When I woke up, the plane was flying over the coasts of Portugal,］
　　　目が覚めたとき，飛行機はポルトガルの海岸上空を航行していた．

（2）Quand il *releva* la tête, le jeune homme était déjà à l'intérieur de la galerie.

（Marc Levy, *La prochaine fois*）

［When he raised his head, the young man was already inside the gallery.］

彼が頭をあげたとき，若い男はすでに画廊の中にいた．

　一方，quand 節において半過去が用いられる場合には事情が異なる．一般的に，quand 節において半過去が用いられると主節においても半過去が用いられることが多いと言われる．

（3）Quand ma mère m'*appelait* enfin à table, je *quittais* ma chambre d'un pas léger, (…) et, (…) je *tournoyais* sur le carrelage, *sautais* encore (…).

（Hélène Grimaud, *Variations sauvages*）

［When my mother called me at table, I would leave my room with a light step, (…) and, (…) I would twirl on the tiling, jump again.］

ようやく私の母が食卓につくようにと私を呼ぶと，私は軽い足取りで自分の部屋を出て，タイル張りの床のうえでくるくると旋回し，とびはねたものだった．

　（3）のような例では，quand 節の半過去と主節の半過去が相関する形で解釈され，過去における習慣や反復行為を表す[2]．このような構文において quand 節の中で半過去が用いられる場合には制約が存在しない．したがって本書では，quand 節に現れる半過去が過去における習慣や反復行為を表す用法については考察の対象としない．

　ところが，半過去が反復・習慣的行為ではなく1回限りの継続中の事態を表す場合には，quand 節において使用制約が存在することが知られている．岩田（1997）によれば，多くの先行研究において，過去における習慣や反復行為を表す場合を除くと，quand 節の中で avoir, être 等以外の動詞の半過去が用いられることは非常に稀であることが指摘されているという[3]．

　また「進行中の行為・出来事を示す半過去は quand と相性が悪い」と述べられることもあり，反復・習慣的行為ではなく1回限りの継続中の事態

を表す半過去が quand 節の中で用いられると容認されないことが多いと指摘されることもある．

（4） ×Quand je *me promenais* dans la forêt, j'ai rencontré mon professeur.[4)]

(西村 2011)

[When I was taking a walk in the forest, I met my teacher.]

さらに先行研究においては，quand が半過去と結びついて「年齢表現」や「人生の期間」などを表すことがあるという事実が指摘されることがある．同様の例は「一定の時期・時代を示す〈quand + 半過去〉」と呼ばれることもある．

（5） Quand j'*avais* quinze ans j'ai passé un mois de vacances chez mon oncle Joseph et ma tante Miranda. (Martin Page, *Comment je suis devenu stupide*)

[When I was fifteen years old I spent a month of vacation in the house of my uncle Joseph and my aunt Miranda.]

私が 15 歳だったとき，私はジョゼフおじさんとミランダおばさんの家で 1 か月間の休暇を過ごした．

このような先行研究における指摘があるにもかかわらず，文学作品中の用例を観察すると次のような半過去に遭遇することがある．（6）で用いられている半過去 traversions cette esplanade「その広場を横切っていた」は，人生の一時期や年齢ではなく 1 回限りの継続中の事態を表している．

（6） Et tout à l'heure, quand nous *traversions* cette esplanade, de l'autre côté du boulevard de Sébastopol, j'ai pensé : «C'est ici que finira ton aventure.»

(Patrick Modiano, *La ronde de nuit*)

[And just now, when we were crossing this esplanade, on the other side of the Sebastopol boulevard, I thought: " It's here where will finish your adventure."]

そして先ほど，私たちがセバストポール大通りの向こう側でその広場を横切っていたとき，私は考えた．「きみの冒険が終わることになるのはここでだろう．」

我々はこのような言語現象に対して，先行研究を踏まえつつ，どのような形で統一的な説明を与えることができるだろうか？

　第1章の構成は次の通りである．まず第2節で半過去の用法の多様性を概観し，第3節ではquand節における半過去の使用制約について見る．第4節ではquand節に半過去が現れる用例が少ないことを統計的に示した先行研究に触れ，第5節ではquand節に現れる半過去の意味的特徴について論じられた先行研究を概観する．第6節ではquand節における半過去の使用制約に対する先行研究における説明を概観し，そこでは半過去の未完了性が重視されていることを見る．第7節では半過去の未完了性にまつわる問題を概観し，quand節に現れる半過去の問題を扱うためには未完了性に着目するだけでは不十分であることを論じる．第8節では「時の定位」という概念を用いてquand節における半過去の使用制約を説明した先行研究を概観し，その問題点を指摘する．第9節では談話解釈におけるquand節の機能を確かめ，第10節ではquand節における半過去の使用制約を説明するためには文単位の考察を越えた談話単位の考察が必要であることを論じる．第11節では本章での議論に基づき，本書における仮説を提示する．最後に第12節で本章のまとめを行い，次章以降における議論の方向性を示す．

2 半過去の用法の多様性

　半過去の用法は多岐にわたるが，(7)のように過去における状態を表したり，(8)のように過去における**継続中の動作**を表すことが多い．

（7）Un jour, j'*étais* âgée déjà, dans le hall d'un lieu public, un homme est venu vers moi.
　　　　　　　　　　　　　　　　　　　　　　　　(Marguerite Duras, *L'Amant*)
　　［One day, I was already old, in the hall of a public place, a man came toward me.］
　　ある日，私はすでに歳を重ねていたが，とある公共の場所のロビーで，ひとりの男が私の方に向かって来た．

（8）Le petit garçon s'approcha de la rive et regarda dans la direction indiquée par sa camarade.

  Un grand oiseau *nageait* au milieu des feuilles. (Guillaume Musso, *Et après...*)
  [The little boy got closer to the bank and looked at the direction indicated by his friend. A big bird was swimming in the middle of the leaves.]
  その男の子は岸辺に近づき，彼の女友だちが指し示す方向を見た．水面に浮かぶ木の葉に囲まれ一羽の大きな鳥が泳いでいた．

　また，（9）のように半過去が過去における習慣や反復行為を表すこともある．

（9）Chaque jour j'*apprenais* quelque chose sur la planète, sur le départ, sur le voyage.
  （Antoine de Saint-Exupéry, *Le Petit Prince*）
  [Every day I learned something on the planet, on the departure, on the journey.]
  毎日僕はその惑星について，出発について，旅について何かを知っていったのだった．

　そして，半過去は常に過去の事態を表すとは限らず，（10）のように非現実の仮定を表すこともあれば，（11）のように聞き手に対する配慮を表すこともある．これらは半過去のモーダルな用法と呼ばれている．

（10）（運転免許を持っていない妻が免許を取りたいと夫に話している場面）
  Tu comprends, si je *savais* conduire, je pourrais aller te chercher à ton bureau, le soir […] （Sempé et Goscinny, *Le Petit Nicolas et ses voisins*）
  [You understand, if I could drive, I would be able to go to pick you up to your office, every evening.]
  分かるでしょう，もし私が車を運転できれば，毎晩あなたを職場に迎えに行くことができるのよ．
（11）Le problème que je *voulais* te dire, c'est qu'ils ont oublié ma Sissi...
  （Anna Gavalda, *Ensemble, c'est tout*）
  [The problem which I wanted to tell you, it is that they forgot my Sissi...]
  私があんたに言いたい問題っていうのは，彼らが私のシシを忘れたってことなの．

　半過去がモーダルな意味を持つのは，（10）における si 節のように非現

実の仮定を表す場合や，(11) における vouloir のように特定の語彙的意味を持つ動詞が用いられる場合が多い．したがって半過去が用いられる文脈において何らかの形でモーダルな解釈を要求する要素が認められなければ，半過去は過去に位置づけられるべき事態を表すものとして解釈されるのがふつうである．

そのため，本書では (10) や (11) のようなモーダルな用例を除外し，過去の事態を表す半過去の用例のみを考察の対象とする．

3 quand 節における半過去の使用制約

前節の (7) や (8) の例文に付された日本語の訳文から判断すると，半過去は「〜だった」や「〜していた」という日本語に対応しているように見える．しかし，日本語の「〜だった」や「〜していた」をいつでもフランス語の半過去に置き換えられるとは限らない．

quand 節において半過去の使用が制限されるという事実が我々の関心を引くのは，「〜していたとき」という表現は日本語としてごく自然な表現であるのに，それを"quand + 半過去"というフランス語の表現に置き換えられないことが多いのは不思議であるように感じられるからだろう．一見すると同等のはたらきを持つように思われる日本語の「〜していた」とフランス語の半過去の間には性質の違いが存在するのである．

例えば，「森の中を散歩していた」という事態と「熊を見た」という2つの事態が同時に生じていることをフランス語で表現することを考えよう．「森の中を散歩していた」は半過去を用いて «je me promenais dans la forêt» と表現することができる．そして「熊を見た」は複合過去を用いて «j'ai vu un ours» と表現することができる．そして，この2文を並置して2つの事態が同時に生じることを表現する場合には何も問題が生じない．

(12) Je *me promenais* dans la forêt. J'ai vu un ours.
　　　[I was taking a walk in the forest. I saw a bear.]

私は森の中を散歩していた．私は熊を見た．
（13）J'ai vu un ours. Je *me promenais* dans la forêt.
　　　［I saw a bear. I was taking a walk in the forest.］
　　　私は熊を見た．私は森の中を散歩していた．

　（12）や（13）において2つの事態が同時に生起していると解釈されるのは，半過去が他の過去時制との同時性を表す性質を持つためである[5]．
　このような場合に，日本語ではトキ節を用いた複文によって2つの事態を1文にまとめて表現することができる．その際，「森の中を散歩していたとき，私は熊を見た．」というようにトキ節の中でテイタ形を用いることもできるし，「熊を見たとき，私は森の中を散歩していた．」というようにトキ節の中でタ形を用いることもできる．つまり，トキ節にはテイタ形に対する共起制限が存在しないということである．
　それでは，フランス語においてquand節を用いた複文によって2つの事態を1つの文で表現する場合にはどうなるだろうか．複合過去の事態 «j'ai vu un ours»「熊を見た」をquand節の中で表現する場合には問題は生じない．（14）や（15）において主節の半過去によって表される事態 «je me promenais dans la forêt»「森の中を散歩していた」は，quand節の中に現れる複合過去によって表される事態 «j'ai vu un ours»「熊を見た」との同時性を表すと解釈されることになる．

（14）Je *me promenais* dans la forêt quand j'ai vu un ours.
　　　［I was taking a walk in the forest when I saw a bear.］
　　　私が熊を見たとき，私は森の中を散歩していた．
（15）Quand j'ai vu un ours, je *me promenais* dans la forêt.
　　　［When I saw a bear, I was taking a walk in the forest.］
　　　私が熊を見たとき，私は森の中を散歩していた．

　ところが，半過去によって表される事態 «je me promenais dans la forêt» をquand節の中で表現しようとすると非常に不自然な文になってしまうのである．

(16) ??Quand je *me promenais* dans la forêt, J'ai vu un ours[6].
　　［When I was taking a walk in the forest, I saw a bear.］
(17) ??J'ai vu un ours quand je *me promenais* dans la forêt.
　　［I saw a bear when I was taking a walk in the forest.］　　　（岩田 1997）

　フランス語の中級学習者向けの参考書である『中級フランス語　よみとく文法』（以下，本書では西村（2011）と呼ぶ）でも，和文仏訳課題の添削にまつわる筆者の経験に基づき，日本語の「～していたとき」をフランス語の「quand＋半過去」に単純に置き換えることはできないという事実が指摘されている．西村（2011）によれば「森を散歩していた時，私は先生と出会った」という日本語の文をフランス語に翻訳する場合，quand 節の中で半過去が用いられた（18）の文は容認されず，（19）のように書き直すべきであるという[7]．

(18) *Quand je *me promenais* dans la forêt, j'ai rencontré mon professeur.
　　［When I was taking a walk in the forest, I met my teacher.］
(19) Je *me promenais* dans la forêt quand j'ai rencontré mon professeur.
　　［I was taking a walk in the forest when I met my teacher.］
　　私の先生に出会ったとき，私は森の中を散歩していた．　　　（西村 2011）

　このような例文を観察していると，次のような疑問が浮かんでくる．「『～していたとき』という日本語を "quand＋半過去" というフランス語に置き換えることができないことが多いのはなぜだろうか？」，「どのような理由によって quand 節と半過去の間に不整合が生じるのだろうか？」

　これらの問いに対する解答を提示するのは第 2 章以降でのこととなるが，次節からはこの問題を扱った先行研究を概観しながら，quand 節に現れる半過去に関わる問題の実態を詳しく検討しよう．

4 quand 節に現れる半過去に関する統計的研究

　すでに述べたように，quand 節の中で 1 回限りの継続中の事態を表す半

過去が用いられることが少ないという事実はよく知られているが，統計的データに基づいてこのことを指摘したのは Olssson（1971）である．

Olsson（1971）によると，quand 節の中で半過去を用いることができないという事実にはじめて言及したのは Sandfeld（1965）であるという．後に見るように，朝倉（2005）において「この構文を誤文とみなす文法家」と述べられている Sandfeld（1965）の記述は quand 節に現れる半過去について論じた先行研究において引用されることが多いが，その原文は次の通りである．

> **Sandfeld（1965）の説明**
> L'emploi constant de *comme* dans tous les cas est probablement dû au fait que *quand* suivi de l'imparfait marque la plupart du temps une action répétée, (...)
> Au lieu de : *comme il achevait son récit, le domestique entra*, on peut dire : *il achevait son récit quand*（*lorsque*）*le domestique entra* (...), mais non pas : *quand*（*lorsque*）*il achevait son récit*. etc.
> あらゆる場合に一貫して comme が用いられるのはおそらく半過去を伴う quand がたいていの場合反復的な行為を表すことによるのであろう．（…）
> *comme il achevait son récit, le domestique entra* というかわりに，*quand*（*lorsque*）*il achevait son récit.* ではなく，*il achevait son récit quand*（*lorsque*）*le domestique entra*（…）ということができる．

ここで Sandfeld（1965）が述べているのは，同時性を表すために常に comme が使われるのはおそらく，quand のあとに半過去が続くとたいていの場合に反復的行為を表すからであり，(20) を書き換えると (21) になり，(22) にはならないということである．

(20) Comme il *achevait* son récit, le domestique entra.
　　　［As he was achieving his story, the housemaid entered.］

彼が物語を書き終えようとしていると，使用人が入ってきた．
(21) Il *achevait* son récit quand le domestique entra.
　　　[He was achieving his story when the housemaid entered.]
　　　使用人が入ってきたとき，彼は物語を書き終えようとしていた．
(22) *Quand（Lorsque）il *achevait* son récit, le domestique entra.[8]
　　　[When he was achieving his story, the housemaid entered.]　　　(*ibid.*)

　Sandfeld（1965）を引用している Olsson（1971）は，1945 年以降に出版された文学作品，新聞・雑誌記事をコーパスとし，quand 節と主節に現れる動詞の時制形式によって具体例を分類し，その出現頻度を計算したうえで例文の分析を行っている．その結果，フランス語においては quand + imparfait / passé simple の組み合わせはあまり多くない（pas très fréquent）と結論づけている．

　Olsson（1971）は，Sten（1952）がこの事実に軽くしか触れていないのは不思議であり，不可解である（plus énigmatique）と評している．Sten（1952）は時況節において用いられる半過去について次のような説明を行っている．

> **Sten（1952）の説明**
> On connaît suffisamment les possibilités de combiner *quand* + imparfait avec un passé simple（ou un passé composé）(.)
> quand + 半過去と単純過去（または複合過去）を組み合わせることも十分可能である．

　quand 節の中で半過去が用いられた例として Sten（1952）が引用しているのは次の 2 例である．ここで注目すべきであるのは，これらの例において être や avoir 以外の動詞が用いられている点である．

(23) Le lendemain matin l'officier descendit quand nous *prenions* notre petit déjeuner dans la cuisine.　　　（Vercors, *Le Silence de la mer* からの Sten 1952 による引用）
　　　[The next day morning the officer went down when we were taking breakfast in the

kichen.]
翌朝台所で私たちが朝食を取っていたとき，将校が降りてきた．
（24）Je l'ai vu seulement quand ils l'*emportaient*.　　　（Jean-Paul Sartre, *La mort dans l'âme*）
[I saw him only when they were taking him.]
ちょうど彼らが彼を連れ去ろうとしているときに私は彼を見た．

　すでに Sten（1952）によってこのような指摘が行われていることは留意すべき点である．

　しかしながら Olsson（1971）によると，もしも Sten（1952）が統計的事実を知っていれば言語事実についてより正確なイメージを持つことができただろうとのことである．確かに quand 節の中に半過去が現れる例が統計的に少ないことは事実であるが，Olsson（1971）では事実を指摘する段階に留まってしまったために，言語現象の背後にあるメカニズムが明らかにされることはない．

　Olsson（1971）は quand 節における半過去の使用制約について本格的に論じられるきっかけとなった研究であり，その後この問題を扱った研究において言及されることが多い．

　例えば島岡（1999）では「quand 節につづく副詞節では，ふつう継続を意味する半過去形は原則として使用されない．オルソンの統計では比率は1.3％にとどまっている．」と説かれている．そして Olsson（1971）で提示された（23）の例文について，「ふつうは quand l'officier descendit, nous prenions...となる．」という指摘がなされている．

　また青井（1983）では，Olsson（1971）に収録された quand 節および lorsque 節に現れる半過去の用例の観察に基づき，quand 節および lorsque 節が前置された場合よりも後置された場合のほうが半過去の出現頻度が高いことが指摘されている[9]．そして Sandfeld（1965）の見解が引用され，その理由は"quand + 半過去"が文頭にあると「過去における継続」よりも「過去における反復」を表しやすいからであろうと述べられている[10]．

　このように，quand 節に現れる半過去の問題を論じた先行研究において

はしばしば Olsson (1971) が引用され,「quand 節の中で半過去が用いられることは少ない」という事実が繰り返し指摘されることにより, かえって問題の本質が見えにくくなってしまったということもできる.

どのような問題について論じる場合であっても, 一見すると例外的であると思われる事例について深く考察することが問題の本質を明らかにするために重要であることが少なくない.「例外は例外でありながらもなぜ存在するのか？」, さらには「一般的な現象と例外的な現象を統一的な観点から説明することはできないのか？」といった問いを重視することで, すでによく知られた問題に対しても新たな光を当てることが可能となるのである.

5　quand 節に現れる半過去の意味的特徴

それでは, 実際に quand 節に現れる半過去にはどのような意味的特徴が見られるのだろうか. まずは, 我が国で広く用いられている文法書である『新フランス文法事典』(以下, 本書では朝倉 (2002) と呼ぶ) の記述を見てみよう. 朝倉 (2002) では, quand 節の中で半過去, 主節において単純過去または複合過去が用いられる構文について「être と年齢の表現 avoir... ans のほかはまれ」であると説明されている. これは単純過去や複合過去には見られない半過去の特徴である.

(25) Ça s'est passé quand j'*étais* là-bas.　[It happened when I was there.]
　　　　　　　　　　　　(Marguerite Duras, *Le Camion* からの朝倉 2002 による引用)
　　私がそこにいたとき, それは起きた.

(26) Pourquoi vous êtes-vous enfuie de chez vous quand vous *aviez* quatorze ans ?
　　　　　　　　　　　　　　　(Jean-Marie Gustave Le Clézio, *Le Déluge*)
　　[Why did you run away from your house when you were fourteen years old ?]
　　どうしてあなたは 14 歳だった頃自分の家から抜け出したのですか？

avoir や être 以外の動詞が用いられた例としては，次の例文が引用されている．

(27) Il leva l'ancre lorsque la nuit *tombait*.　　　（Marguerite Duras, *Le Marin de Gibraltar*）
　　　[He raised the anchor when the night was falling.]
　　　日が沈みかけると彼は錨を上げた．
(28) J'ai sauté par la fenêtre quand il *faisait* jour.
　　　　　　　　　　　　　　　　　（Jean-Marie Gustave Le Clézio, *Le Déluge*）
　　　[I jumped from the window when it was dawning.]
　　　夜が明け始めると私は窓から外に飛び出した．

また，同じ著者による『フランス文法集成』（以下，本書では朝倉（2005）と呼ぶ）では「時況節の動詞は avoir, être が普通である」と述べられており，次の例文があげられている．

(29) La guerre éclata ［a éclaté］ quand j'*avais* sept ans.　　　　　　（*ibid.*）
　　　[The war broke out when I was seven years old.]
　　　私が7歳だったとき戦争が勃発した．
(30) Quand elle *était* petite, ses parents l'ont menée prier saint Loup.
　　　（Michel Déon, *Les Vingt Ans du jeune homme vert* からの朝倉 2005 による引用）
　　　[When she was little, her parents led her to pray saint Loup]
　　　彼女が小さかったとき，彼女の両親は彼女を連れてルー聖者にお祈りをしに行った．
(31) Quand j'*étais* grand, je suis allé à l'armée.　（Jean-Marie Gustave Le Clézio, *Le Déluge*）
　　　[When I was tall, I went to the army.]
　　　私が大人になったとき，私は軍隊に入った．
(32) Il a téléphoné quand je n'*étais* pas là.　　　　　（Michel Butor, *Degrés*）
　　　[He called when I wasn't there.]
　　　私がそこにいなかったときに彼は電話をした．
(33) Quand il *était* un peu plus loin, Lullary lui cria.
　　　　　　　　　　　　　　　　　（Jean-Marie Gustave Le Clézio, *Mondo*）
　　　[When he was a little farther, Lullary screamed at him.]
　　　彼がもう少し遠くにいたとき，リュラリーは彼に叫んだ．

続いて「時況節の動詞は avoir, être に限られるわけではない」と述べられ，次の例文が引用されている．

(34) Quand j'*habitais* rue de la Boucherie, j'ai acheté un phono.

（Simone de Beauvoir, *La Cérémonie des adieux*）

[When I was living in Boucherie street, I bought a phonograph.]

私がブシュリー通りに住んでいたとき，私は蓄音機を買った．

さらに「ただし，この構文はまれだから，*J'arrivai quand il téléphonait.*『私は彼が電話をかけているときに着いた』のような例を但し書きなしで引用して，これが常用の構文であるような印象を与えるのはよくない．この構文を誤文とみなす文法家さえいる」と述べられている．

阪上 (1997) では，quand 節に現れる半過去の例を他の時況節に置き換えたときの容認度の変化について論じられている．être「～である」のような動詞が半過去に置かれ「状態」を表すときには quand 節の中でも容認されやすく，dormir「眠る」のような動詞が半過去に置かれ「変化・進展中」の動作を表す場合には容認度が下がるという．

(35) Hume connut-il la lettre quand il *était* encore à Paris ?

[Did Hume know the letter when he was still in Paris?]

彼がまだパリにいたときヒュームはその手紙のことを知ったのだろうか．

(36) ?? Il n'y a rien de ce côté-là, dit-il tranquillement quand Marie *dormait*.

[There is nothing at that point, he said quietly when Marie was sleeping.]

（阪上 1997）

その点については何もない，とマリーが眠っていたときに彼は静かに言った．

西村 (2011) では，「進行中の行為・出来事を示す半過去は quand と相性が悪い．したがって，半過去を含む部分の冒頭から quand を削除し，複合過去を含む部分の冒頭に移す」と述べられている．しかし，「ある一定の時期・時代に関する場合〈quand + 半過去〉でどの時期かを示し，主節でどういう状況であったのか，何が起こったかを伝え」，「主節の動詞の時

制形にはほとんど制約がなく」なるという．次の (37) では，quand 節で人生の一時期を表す半過去が用いられ，主節で複合過去が用いられている．

(37) Quand j'*étais* étudiant, j'ai souvent voyagé avec de bons amis.　　(*ibid.*)
　　［When I was a student, I often traveled with good friends.］
　　学生時代，私は仲のよい友だちとしばしば旅行をした．

6 quand 節における半過去の使用制約に対する説明

前節で確かめたように，quand 節において用いられる半過去にはいくつかの意味的な特徴が見られる．それでは，なぜ quand 節には半過去に対する使用制約が存在するのだろうか？　そして，どのような場合に quand 節の中で半過去を用いることができるのだろうか？

朝倉 (2002, 2005) のような文法書においては，これらの問いに対する原理的な説明が示されることはない．そこでここでは，言語学的な観点からこれらの問いに対する説明を行っている 2 つの先行研究を概観する．

6.1　quand 節の「意味の希薄性」

阪上 (1997) では，特に前置された quand 節の中で半過去が容認されにくい理由が次のように説明されている．

> 阪上 (1997) の説明
> つまり，時況節を前置して持続中の行為を発話全体の時間的枠組みとして提示し，そのなかである行為が起ったという二つの行為の明確な同時関係を表わすには，同時性・進展性の意味がより確定的な接続詞を使用する方が正確に表現できるのである．これらの発話が容認されにくいのは，quand という意味の希薄な接続詞を使用しても伝えようとすることが不

明瞭な発話しか構成しないからということであろう．

　阪上 (1997) の説明によると，quand 節において半過去の使用制約が存在するのは，quand が「意味の希薄な接続詞」であることに原因があるということになる．確かに，主節によって表される事態と quand 節によって表される事態との間には常に同時性の関係が成立するとは限らず継起性の関係が成立する場合もあるので，もっぱら同時性を表す au moment où 節や pendant que 節と比べると quand 節は多義的であり，固有の意味を持たないと考えることができる．

　しかしこの考え方をとると，「なぜ quand 節の中で単純過去や複合過去などを用いる場合には制約が存在しないのに，半過去を用いる場合には制約が存在するのか？」という問いに対して説得力のある解答を与えることが難しくなってしまう．

　したがって quand 節における半過去の使用制約を説明するためには，quand 節に固有の機能があることを認めたうえで，それぞれ異なる特性を持つ単純過去および複合過去と半過去が quand 節の機能との間で異なるふるまいを見せると考えるのが妥当であるといえる．

6.2　quand 節と「不安定な要素としての半過去」

　それでは，quand 節が担う固有の機能とはどのようなものだろうか？西村 (2011) では，quand 節において半過去の使用制約が存在する理由が，quand 節の機能と半過去によって表される事態の性質の両面から説明されている．

> **西村 (2011) の説明**
> 時を示す quand を使う場合の原則は，quand が主節の出来事あるいは状態をきちんと位置づける安定した要素でなければならないということです．したがって，quand...は否定され

> た（＝成立しなかった）出来事を嫌います．また，すでに完了してしまった（＝消滅した）出来事も現時点の安定には役立ちません．さらに，一時的な状態も不安定です（「散歩していた」などの進行行為も同様．）事実，「すでに〜してしまっていた時」あるいは「〜していた時」別の出来事が起こった場合，〈完了状態／進行行為／一時的な状態 (,) quand＋出来事〉という構造の文にするのが原則なのです．

　西村（2011）は quand 節に主節の事態を定位するという固有の機能を認めたうえで，quand 節において用いられるのは「安定した要素でなければならない」とし，一時的な状態を表すという半過去の意味特性，すなわち「不安定さ」がこの条件を満たさないことが quand 節の中で半過去が容認されない理由であると説明している．

　そしてこのような場合には，不安定な要素である半過去を前置させた主節の中に置き，本来主節で表される事態のほうを後置させた quand 節の中に置くのが自然な構文であるということになる．

　また，後に詳しく見るように，西村（2013）では半過去の未完了性を根拠として「半過去は事態の成立を表さない」と主張され，quand 節において半過去を用いることが難しいのはこの点に原因があると説明されている．

7 半過去の未完了性

　本節では，半過去の未完了性に関わる問題を見てみよう．まず Vendler（1967）による動詞分類に aspect sécant の概念を適用すると，**動詞の語彙的意味特性によっては半過去が事態の成立を表す場合があることが分かる**．しかしながら，動詞の語彙的意味特性だけで quand 節に現れる半過去の容認度が判断されるわけではなく，**考察の対象を文脈から切り離した文に限定していては適切な説明を行うことができない**．つまり，quand 節にお

いて半過去の使用制約が存在する理由を未完了性のみに帰するのは適切な考え方ではない．quand 節における半過去の使用制約を説明するためには文単位の考察では不十分であり，談話の構築を視野に入れた時制解釈が必要となるのである．

7.1　未完了性とは何か

　フランス語には半過去の他にも過去の事態を表す時制形式が複数存在するが，その違いはどこにあるのだろうか．ここでは未完了アスペクトを表すといわれる半過去と完了アスペクトを表すといわれる単純過去を例にとろう．Reichenbach（1947）の SRE モデルによれば，フランス語の半過去と単純過去はいずれも R,E-S と記述される[11]．これは，いずれの時制形式も発話時から切り離された過去の事態を表すことを意味しており，発話時 S，参照時 R，出来事時 E の 3 時点の布置関係のみによって半過去と単純過去の区別を行うことはできないということである．そこで，Reichenbach（1947）では次のような図式が示されている．

(38) Reichenbach（1947）による半過去と単純過去の図式

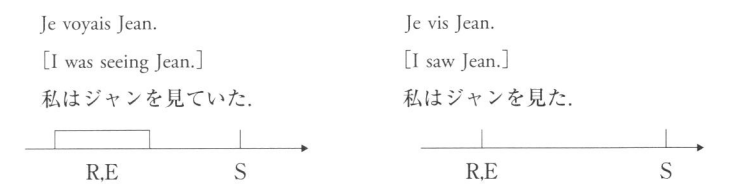

　　Je voyais Jean.　　　　　　　Je vis Jean.
　　[I was seeing Jean.]　　　　 [I saw Jean.]
　　私はジャンを見ていた．　　　　私はジャンを見た．

　　　┌─┐　　　　　　　　　　　　　
　───┴─┴───┼──→　　───────┼──→
　　　R,E　　　S　　　　　　　R,E　　　S

半過去と単純過去の違いは，後者に対して前者が extended tense であるという点にある．言い換えれば，半過去が時間幅のある線的な事態を表すのに対し，単純過去は時間幅が極めて短い点的な事態を表すということである．
　ところがこの図式には問題がある．半過去によって表される事態は単純過去によって表される事態よりも常に広い時間幅を持つとは限らないので

ある．東郷（2011）では，半過去によって表される事態の捉え方が「開かれた窓」の比喩を用いて説明されている．

(39) Pierre est sorti. Il pleuvait. (*ibid.*)
　　 [Pierre went out. It was raining.]
　　 ピエールは外に出た．雨が降っていた．

　東郷（2011）では，この（39）の解釈について「たとえて言うなら，Pierre est sorti. という事態が起きた時点 t_1 において窓が開かれ，その窓から外を見ると一面雨が降っていたということになるでしょう．窓枠と壁にさえぎられて，窓から見えない所がどうなっているのかは知ることができません．雨がいつ降り始めたのかとか，この先いつ頃止むのかといったことは知りようがありません．ただ細長い窓の外は一面の雨だということだけがわかるのです．」と説明されている．

　このように，半過去の未完了性はさまざまな形で説明されるが，半過去の本質が未完了性にあると考える研究者は少なくない．Sten（1952）やImbs（1960）に代表されるような，半過去のあらゆる用法はすべて未完了性に基づいて説明することができるという考え方は「未完了説」と呼ばれる[12]．

　例えば Sten（1952）では，半過去は事態を進展中のものとして眺めていることを表しており，その他の多岐にわたる半過去の用法もこの本質から説明することができると説明されている[13]．さらに事態の開始点と終結点を表さないという半過去の未完了性を表すために（⊢）-（⊣）という図式が示され，単純過去の完了性を表す ⊢⊣ という図式と対置されている．

　また，Imbs（1960）においても半過去の本質的な特徴について「それ自体は事態の開始も終了も表すことがない」と述べられており，Sten（1952）と同様に半過去のさまざまな用法は未完了性という半過去の基本的価値から説明することが可能であるとしている[14]．

　「半過去が未完了の事態を表す」ということは，当該の事態が継続中であり終結点に到達していないということである．このことは，半過去の後

に次のような関係節を続けることができることからも明らかである．

(40) Pendant la réunion, Marie *buvait* un café, qu'elle n'a d'ailleurs jamais fini[15]．

(Sthioul 1998)

［During the meeting, Marie was drinking a coffee, which she never finished.］
会議中に，マリーはコーヒーを飲んでいたが，決して飲み終わらなかった．

(40)において，半過去によって表される「一杯のコーヒーを飲んでいた」という事態は継続中であり完了していない．したがって，主節に続けて関係節を用いて「(全部) 飲み終わらなかった」と言うことができる．この場合，半過去は未完了性を表していることになる．

一方，(40)の半過去を複合過去や単純過去に置き換えると，当然のことながら容認されない文となる．これは，複合過去や単純過去が当該の事態を終結点に到達し完了したものとして表すことが，関係節の「飲み終わらなかった」という内容と矛盾するからである．

(41) *Pendant la réunion, Marie ｛*a bu / but*｝ un café, qu'elle n'a d'ailleurs jamais fini.

(*ibid.*)

［During the meeting, Marie ｛has drunk / drunk｝ a coffee, which she never finished.］
会議中にマリーはコーヒーを飲んだが，全部飲み終わらなかった．

ところが，半過去が表す事態のあり方は用いられる動詞の語彙的意味特性によって異なるため，未完了性の現れ方も一通りではない．また後に論じるように，完了性を表す半過去の用例が存在すると主張されることすらあり，半過去と未完了性の関係は単純なものではない．

7.2 未完了性と事態の成立・不成立

次に，「半過去は未完了性を表すので事態の成立を表さない」という考え方の妥当性について検討しよう．例えば，前島 (1997) では「『事態が成立している』とはある文内容を終点 (結果) から見ることだが，終点か

ら見る」とはそのような視点が事行の外側に確立しているということである」と述べられている．そのため，視点が事態の内部に置かれていることを示す未完了アスペクトを表す半過去は，事行（事態・行為）が成立したのか否かを表さないと考えられるのである．

しかし，ひとくちに「未完了」といっても用いられる動詞の語彙的意味特性の違いによって事態のあり方も異なるため，「未完了性が事態の不成立を表す」という考え方が常に適切であるかという疑問が生じる．そこでまず，Vendler（1967）の動詞分類に従い，半過去が表す事態のあり方の違いを確かめたい．

Vendler（1967）では動詞によって表される意味的特性により，状態動詞，活動動詞，達成動詞，到達動詞の4つが区別されている．例えば英語の know や have のように限界点を持たず動作性を伴わない継続的な事態を表すのが「状態動詞（stative verb）」であり，英語の walk や paint のように，限界点を持たないが動作性を伴う継続的な事態を表すのが「活動動詞（activity verb）」である．そして限界点を持つ事態のうち，英語の build や destroy のように継続的な動作を表すのが「達成動詞（accomplishment verb）」であり，英語の notice や win のように瞬間的な動作を表すのが「到達動詞（achievement verb）」である[16]．

（40）の例で用いられている boire「飲む」は動詞が単独で用いられる場合には活動動詞とみなされるが，boire un café「一杯のコーヒーを飲む」のように直接目的補語を伴う形で用いられると，達成動詞とみなされるようになる．達成動詞は事態の開始点と終結点の間に時間幅があり，一定の期間にわたって事態が生起する性質を持っている．そのため，達成動詞が半過去に置かれると事態が継続中であることが表され，当該の事態が成立したと判断することはできない．

一方，到達動詞を半過去にすると，当該の事態がまだ実現されないうちに中断されたことが表される．次の例は sortir「出かける」という動詞が半過去に置かれた例である．

(42) Tiens ! Tu es encore ici ! – Je *sortais*.
（Henri Lavedan, *Servir* からの朝倉 2002 による引用）
［Well ! You are still here ! – I was going out.］
おや！　きみはまだここにいたの！–出かけようとしていたんだ．

　(42) の半過去 sortais は「ちょうどいま出かけようとしていたところです」という意味を表し，出かけるという行為は実現されなかったと解釈される．これは，到達動詞はある限界点を超えることで成立が確認される事態を表すが，その事態の占める時間幅が極小であるため事態の開始点と終結点がほぼ重なり合い，同一の限界点に収斂してしまうとみなされるからである．このような動詞を半過去にすると，事態が開始点にも終結点にも到達することなく未実現のまま中断されてしまったと解釈されるのである．

　また，活動動詞の場合には期間を表す pendant 句と半過去の間に存在する共起制限により，当該の事態が継続中であり終結点に到達していないものとして表されることが確かめられる．

(43) *Jean *dormait* pendant une heure.　　　　　　　　(Molendijk *et al.* 2004)
　　　［Jean was sleeping during an hour.］

　pendant 句は事態の開始点と終結点の両端を切り取り，当該の事態の時間幅を明示するはたらきを持っている．そのため，事態の開始点と終結点の両端を視野に入れないという半過去の持つ未完了性と pendant 句のはたらきの間に意味的な矛盾が生じ，容認されない文となってしまう．

　一方，(43) の半過去を単純過去に置き換えると容認されるようになる．これは単純過去が事態を完結したものとして捉えることを表す完了時制であり，pendant 句のはたらきと整合するからであると説明することができる．

(44) Jean *dormit* pendant une heure.　［Jean slept during an hour.］　　(*ibid.*)
　　　ジャンは 1 時間寝た．

達成動詞の場合には，次に見るように所要時間を表す en 句との間に共起制限が存在する．

(45) *Jean *écrivait* une lettre en une heure. (*ibid.*)
　　　[Jean was writing a letter in an hour.]

en 句は事態の開始点と終結点の時間幅を特定するはたらきを持つ．ところが，半過去は事態が成立に向かう途中段階であることを表すので(45) の文は容認されないのである．ここでも先ほどと同様に，(45) の半過去を単純過去に置き換えると容認されるようになる．

(46) Jean *écrivit* une lettre en une heure. (*ibid.*)
　　　[Jean wrote a letter in an hour.]
　　　ジャンは1時間で手紙を書いた．

7.3　未完了性と aspect sécant

半過去の未完了性を説明するために aspect sécant という概念が用いられることがある．そこで次に，この aspect sécant という概念を用いて半過去によって表される事態の成立・未成立について考察しよう．

　aspect sécant は aspect global と対立する概念であり，aspect global が当該の事態の外部に視点を置きすでに事態が完了したことを表す様態のことであるのに対し，aspect sécant というのは当該の事態の内部に視点を置き，事態を継続中のものとして表す様態のことである．

　Riegel *et al.*（1994）によれば，aspect sécant とは当該の事態を内側から眺め，すでに実現された部分（une partie réelle nette）と終結点が不明瞭で漠然とした未実現の部分（une partie virtuelle floue）とに分かつような捉え方のことである[17]．

　具体例を見てみよう．(47) は observait「観察していた」という活動動詞の半過去が用いられた例である．

(47) La nuit du 10 août, à une heure, il *observait* les étoiles.　　　　(Riegel *et al.* 1994)
　　　[The night of the 10th August, at one o'clock, he was observing the stars.]
　　　8月10日の夜，1時に，彼は星を観察していた．

　Riegel *et al.*（1994）は（47）の半過去が表す事態の様態を（48）のような図を用いて説明している．

(48) Riegel *et al.* による aspect sécant の説明[18]
　　　　　　　　（réel）　　　　　　T'（virtuel）
　　　　　　＿＿＿＿＿＿＿＿＿＿＿｜＿ ＿ ＿ ＿

　Riegel *et al.*（1994）によると，（48）におけるT'は（47）にある時の副詞句 à une heure が表す時点に対応している．T'より左側の実線は「星を観察する」という事態がすでに一部分実現されていることを表し，T'より右側の破線はまだ実現されておらずこれから潜在的に実現される可能性がある事態の一部分を表している．
　（47）の文は（8月10日の）午前1時以前からすでに「星を観察する」という事態が始まっており，午前1時以降にも星を観察し続けているであろうことを表していると説明される．
　また，（49）の mangeait une pomme「1つのリンゴを食べていた」は達成動詞（accomplishment verb）とみなされるものである．

(49) Jean *mangeait* une pomme.　[Jean was eating an apple.]　　　（Vet 2005）
　　　ジャンは1つのリンゴを食べていた．

　（49）の解釈としては，1つのリンゴのうち一部分が食べられてしまっているが，まだ食べられずに残っている部分があるという状況が考えられる．この状況は（48）の図式を用いて適切な形で説明することが可能である．
　そしてこの場合には，「1つのリンゴを食べる」という事態が成立したと言うことはできない．達成動詞は終結点を持ち，その時点に達したことで初めてその事態が成立したと解釈されるのであり，継続中の事態を表す

半過去によって事態の成立を表すことはできないのである．

このように，達成動詞や到達動詞の半過去によって表される事態の様態は，aspect sécant の概念を用いて適切な形で説明することができる．

ところが Vet（2005）は，次のような状態動詞の半過去に対して aspect sécant の概念を用いると問題が生じることを指摘している．

(50) Jean *savait* la réponse. ［Jean knew the answer.］　　　　　　　　　(*ibid.*)
　　　ジャンは答えを知っていた．
(51) Cunégonde *était* la fille du roi de Pologne.　　　　　　　　　　　　(*ibid.*)
　　　［Cunégonde was the daughter of the king of Poland.］
　　　キュネゴンドはポーランド王の娘だった．

(50) の savait「知っていた」や (51) の était「〜だった」は状態動詞に分類されるものである．Vet（2005）によると，これらの半過去によって表される事態は実部（partie réelle）と虚部（partie virtuelle）に分割することができないという．

このことは，状態動詞によって表される事態の均質性に起因する．これらの事態は，金太郎飴のようにどこを切り取っても同じ性質が保たれる．そして，一部分を切り取っても全体と同じ性質が保たれることになり，ひとたび事態が開始すれば一部分が実現されただけでも当該の事態が成立したと判断することができる．

そのため，状態動詞が半過去に置かれた場合には，未完了でありながらも事態が成立していると解釈することが可能となる．同様にして，活動動詞が半過去に置かれた場合にも事態が成立したと解釈することが可能となる[19]．

このように，Vendler（1967）の動詞分類と aspect sécant の概念を用いると，動詞の語彙的意味特性により半過去が表す事態の成立・不成立の判断が異なることが分かる．到達動詞の半過去は「未実現」の事態を表し，達成動詞の半過去は「成立途中」の事態を表すので，いずれの場合にも事態の成立を表すことができない．それに対して状態動詞や活動動詞によって

表される事態は均質的であり，一部分が全体の性質を持っているため，これらの動詞の半過去は事態の成立を表すことができるのである．半過去が未完了性を表すことと半過去が事態の不成立を表すこととは常に同義であるとは限らないのである．

7.4 半過去と完了性

半過去が常に未完了性を備えているわけではなく，完了性を表す半過去の用例が存在すると主張されることもある．Molendijk (1990) では，次のような例の半過去は未完了性を表しているとは考えられず，完了性を表していると主張されている．

(52) Hélène *était* la fille du roi de Pologne. (*ibid.*)
 [Hélène was the daughter of the king of Poland.]
 エレーヌはポーランド王の娘だった．

Molendijk (1990) によれば，(52) で表現されている「ポーランド王の娘であった」という事態は明確に区切られた期間において成立するものであるので，この半過去 était「〜であった」は完了性を表すとされる．

同じく完了性を表す半過去の例として，Molendijk (1990) では次のように区切られた期間を表す時の副詞句と共起する例もあげられている．

(53) Pendant un siècle, des hommes comme Hudson observèrent Vénus, sans savoir interpréter les phénomènes bizarres qu'ils enregistraient. Pendant tout ce temps, les Vénusiens *se préparaient*. (*ibid.*)
 [During a century, men like Hudson observed Venus, without interpreting the strange phenomena which they were recording. During all that time, the Venusiens were preparing.]
 １世紀の間，ハドソンのような人々が金星を観察したが，彼らが記録していた奇妙な現象を解釈することができなかった．この間，金星人たちは着々と準備を整えていた．

しかし，Molendijk (1990) の主張は受け入れがたい．なぜなら (52) や (53) の例においても，半過去自体は事態が継続中のものとして捉えられていることを表していると解釈することができるからである．

ここで問題となるのは，明確に区切られた期間を持っているのは半過去によって表された事態であるのか，それとも現実世界における具体的事象であるのか，という点である．

Molendijk (1990) において (52) や (53) の半過去が完了性を表していると主張されるのは，後者に基づく判断の結果であると考えられる．ここには，アスペクト特性を巡る議論における誤解の一例が見られるのである．このことは，半過去の未完了性について議論する際には「未完了性」をどのように定義するのかが重要であることを示している[20]．

「半過去は未完了性を表す」という場合，問題とされるべきは当該の事態を話者がどのように捉えているかという認識的操作の結果としての言語的表象であって，現実世界において事態が完了しているか否かは，半過去自体の性質とは切り離して考えるべきである[21]．

Declerck (2006) は，時制形式自体によって表される時間関係である T-relations と，言語的文脈や世界に関する百科事典的知識のような非言語的文脈に基づく時間関係である W-relations は区別されるべきであることを論じている[22]．Molendijk (1990) の主張は，この T-relations と W-relations とを混同してしまった結果として生じたものであると考えられる．

このように，半過去が完了性を表すことがあるという Molendijk (1990) の主張には問題があるものの，ここで注目すべきことは (52) で用いられている半過去 était「〜であった」が状態動詞であり，(53) で用いられている半過去 se préparaient「準備していた」が活動動詞であるという点である．前節で確認した Vendler (1967) の動詞分類と事態の成立・不成立の関係に基づくと，これらはいずれも半過去によって事態の成立を表すことができる動詞なのである．

7.5 事態の成立・不成立と quand 節における半過去の使用制約

半過去は未完了性を表すからといって常に「事態の不成立」を表すとは限らず，動詞の語彙的意味特性によっては半過去が「事態の成立」を表すことがある．

したがって，quand 節における半過去の使用制約を説明するためには半過去の未完了性を考慮するだけでは不十分であり，半過去によって事態の成立が示されるか否かという点に着目すべきであると思われるかもしれない．例えば西村（2013）では「出来事・事行の『成立途中』あるいは『中断』を表す半過去形は，『語り』を形成することができない．このように，半過去が『成立』を表すことができないことから，«quand＋半過去»に強い制約があることも説明できる．」という言及が見られる[23]．

そこで，事態の成立・不成立に着目し，もしも「quand 節の中では事態が成立したことを示さなければならない」という条件を quand 節に現れる半過去の使用制約に適用すると，「事態の成立を示さない半過去を quand 節の中で用いることはできないが，事態の成立を示す半過去は quand 節の中で用いることができる」という一般化が得られる．「半過去は未完了性を表すので quand 節の中では容認されない」という説明と比較したとき，これはより妥当性の高い説明であるように思われる．

確かにこの説明は，quand 節の中で avoir や être の半過去が用いられることが多いという事実に対応しているように思われるかもしれない．avoir や être は状態動詞の典型例であるため，半過去によって表される事態は均質的であり部分によって全体を表すことができるので，未完了でありながらも事態が成立していることを表すことが可能である．

しかし，実例を観察してみるとこのような一般化も適切ではないことが分かる．次の（54）で用いられている半過去 me promenais dans la forêt「森の中を散歩していた」は活動動詞に分類されるものであるが，この文が単独で用いられる場合には容認されないのである．

(54) [= (15)] Quand je *me promenais* dans la forêt, j'ai rencontré mon professeur.

(西村 2011)

[When I was taking a walk in the forest, I met my teacher.]

また，(55) の半過去 traversions cette esplanade「その広場を横切っていた」は達成動詞に分類されるものであるが，文学作品の中で実際に用いられているのである．

(55) [= (6)] Et tout à l'heure, quand nous *traversions* cette esplanade, de l'autre côté du boulevard de Sébastopol, j'ai pensé : «C'est ici que finira ton aventure.»

(Patrick Modiano, *La ronde de nuit*)

[And just now, when we were crossing this esplanade, on the other side of the Sebastopol boulevard, I thought: "It's here where will finish your adventure."]
そして先ほど，私たちがセバストポール大通りの向こう側でその広場を横切っていたとき，私は考えた．「きみの冒険が終わることになるのはここでだろう．」

(54) や (55) から分かるように，半過去によって表される事態が成立していると判断される動詞を用いればいつでも quand 節の中で容認されるわけではないし，半過去によって表される事態が成立していると判断されない動詞であっても quand 節の中で容認される場合もあるのである．つまり，**半過去によって表される事態の成立・不成立という概念によってquand 節における半過去の使用条件を説明することはできないのである**．

ここで重要なことは，半過去の未完了性や事態の成立・不成立という概念は文単位の考察によって扱うことができるが，言語現象の説明においてそのような考察には限界があるという点である．

8 quand 節と「時の定位」

ここで，文脈のはたらきも視野に入れるなど quand 節に現れる半過去の問題を扱った先行研究の中で最も網羅的なものである岩田 (1997) の説明

を見てみよう．まず岩田（1997）は，この問題を扱った先行研究に対する批判を行っている．すなわち「このような半過去の使用頻度が少ないのは『習慣・反復』を表すからである」という従来の説明は現象の記述にとどまっており，少数ながら存在する「習慣・反復」以外の用法がなぜ可能になっているかという理由が説明されていないというのである．

そして，このような半過去が容認される理由を説明するために，「時の定位」という概念を用いて次のような仮説を立て，quand 節に現れる半過去の可能条件について先行研究よりも踏み込んだ議論を展開している．

> **岩田（1997）の仮説**
> quand 節は「時の定位」を行わなければならない．「時の定位」とは，主節で表される事態を述べるために quand 節で表される事態を時間軸上に位置付けることである．従って，quand 節が時間軸上に定位するためには，quand 節で表される事態が「点」で表される事態か，あるいは「境界を持つ期間」を表すような事態でなければならない．行為の始めも終わりも表さないような未完了相や継続相は点で表される事態でも境界のある期間でもないため，それが quand 節に入っても時間軸上のどこに定位するかを定めることができず，つまり時の定位操作が行えず，不適格となる．

そして岩田（1997）では，quand 節に現れる半過去を次の4つの場合に分類し，この仮説に基いてそれぞれの場合にどのようなしくみで quand 節に現れる半過去によって「時の定位」が実現されるかを説明している．

8.1　岩田（1997）の分類①「習慣・反復を表すもの」

(56)　Quand il *parlait*, elle le suivait du regard.　　　　　　　　　　(*ibid.*)
　　　[When he was talking, she used to follow him with the look.]

彼が話すと，彼女は彼を目で追ったものだった．

すでに述べたように，この用法は quand 節に半過去が現れる場合に最も多く見られるものであるが，本書では考察の対象から除外する．

8.2　岩田（1997）の分類②「事態の開始点を表すもの」

quand 節に現れる半過去の中には，事態の開始点を表すものがある．このような例では，quand 節に現れる半過去は点的な事態を表すと解釈されるため，時の定位が可能になるというのが岩田（1997）の説明である．

(57) J'ai sauté par la fenêtre quand il *faisait* jour.　　　　　　　　(*ibid.*)
　　　［I jumped from the window when the day was breaking.］
　　　夜が明け始めると，私は窓から飛び出した．

8.3　岩田（1997）の分類③「一定の期間を表すもの」

岩田（1997）の説明によると，半過去によって表される事態が前後の期間と明確に区別される「一定の期間」を表す場合には，quand 節の中で用いることが可能になるという．岩田（1997）は「一定の期間」として，「人生の期間」と「文脈によって期間ととらえられるもの」を例示している．

「人生の期間」とは，(58)のような年齢表現の他，quand j'étais jeune「私が若かった頃」などの表現を指している．avoir や être の半過去が容認されやすい理由を，状態動詞という語彙的意味特性にではなく，年齢や人生の一時期を表す表現であるという事実に求めている点が，岩田（1997）の説明の特徴である[24]．

(58) Je suis allée en France quand j'*avais* vingt ans.　　　　　　　(*ibid.*)
　　　［I went to France when I was twenty years old.］
　　　20歳のとき，私はフランスに行った．

また，「文脈によって期間ととらえられるもの」としては (59) の例が示されている．

(59) Je ne veux pas que mon chat sorte de la maison. Il est sorti quand je *travaillais*.　　(*ibid.*)
　　[I don't want my cat to get out of the house. It went out when I was working.]
　　私は私の猫に外に出てもらいたくない．私が仕事をしているときに私の猫は出て行った．

8.4　岩田 (1997) の分類④「時を表す副詞が先行するもの」

次の (60) の例では，半過去が用いられた quand 節の前に ce soir-là「その晩」という時を表す副詞が現れている．岩田 (1997) によれば，このような場合には quand 節が前置された副詞句と同格のはたらきをしているので，その中で半過去が用いられても容認されるという．

(60) Qu'est-ce que tu leur as crié ce soir-là, quand tu *fulminais* contre moi ?
　　[What did you cry to them that evening, when you were fulminating against me ?]
　　　　　　　　　　　　　　　　　　　　　　　　　　　　　　　　(*ibid.*)
　　その晩，きみは彼らに何を叫んだの，きみが私を激しく非難していたときに？

8.5　「時の定位」の概念の妥当性

岩田 (1997) では，従来の先行研究が言語現象の記述にとどまっているという批判から出発して，avoir や être 以外の動詞の半過去が quand 節に現れる例についても説明が可能となる統一的な説明原理としての仮説が提示され，この仮説に基づいてさまざまな具体例が分析されている．それらの説明が自らの仮説を検証する形で行われている点は，それまでの先行研究には見られなかった特徴である．

quand 節による「時の定位」が「時間軸上に事態を位置づけること」と定義されているので，quand 節に単純過去や複合過去などの自立的な時制

が現れる場合や，年齢や人生の一時期を表す半過去が現れる場合についての説明は妥当であると考えられる．

また，「一定の期間を表すもの」の中に「文脈によって期間ととらえられるもの」を含めるなど，文脈のはたらきを考慮している点もそれまでの先行研究には見られなかった特徴である．

しかしながら，岩田 (1997) の仮説に対しては次のような問題点を指摘することができる．

1つ目の問題点は，時の副詞が先行する例に対する説明に対するものである．先ほど見た (60) の例では，半過去が用いられた quand 節の前に ce soir-là「その晩」という時を表す副詞が現れている．

(60) Qu'est-ce que tu leur as crié ce soir-là, quand tu *fulminais* contre moi ?
　　　[What did you cry to them that evening, when you were fulminating against me ?]
　　　　　　　　　　　　　　　　　　　　　　　　　　　　　　(*ibid.*)
　　　その晩，きみは彼らに何を叫んだの，きみが私を激しく非難していたときに？

岩田 (1997) によれば，このような場合には quand 節が前置された副詞句と同格のはたらきをしているので容認されるという．つまり，quand 節に先行する副詞句 ce soir-là「その晩」によって時の定位がすでに実現され，quand 節は同じ時点に時の定位をすることができるというのである．このように時の副詞句に先立たれる quand 節は，自ら固有の機能を果たすことはないと考えられているようであるが，この考え方は適切なものだろうか．(60) における quand 節は，ce soir-là「その晩」のような副詞句によって示される時点に対して，むしろさらに場面を絞り込んで特定するはたらきをしていると考えられるのである[25]．

岩田 (1997) も自ら「同格の副詞を先行させれば全ての"quand + imparfait"が可能になるというわけではないので，今後さらに考察が必要である」と述べているように，この説明にはさらに検討を重ねる必要がある．

2つ目の問題点は，文脈のはたらきの捉え方に関するものである．岩田（1997）では，単独では容認されない（61）の文も（62）のような先行文脈を与えると容認度が向上することが指摘されている．この場合にも，先行文脈によって限定された期間が与えられるので「時の定位」を行うことが可能になるという．

(61) ??J'ai vu un ours quand je *me promenais* dans la forêt.
 ［I saw a bear when I was taking a walk in the forest.］

(62) Je suis allé en Suède. Tu sais ce qui s'est passé ? J'ai vu un ours quand je *me promenais* dans la forêt.
 ［I went to Sweden. Do you know what happened ? I saw a bear when I was taking a walk in the forest.］ (*ibid.*)
 私はスウェーデンに行きました．何が起こったかきみは知っている？　森の中を散歩していたとき，私は熊を見たのです．

岩田（1997）によると「『散歩していた時』だけでは時の定位をすることはできないが，『スウェーデンに行った』という文脈が与えられると『スウェーデンに滞在中の散歩』という限定された期間が付加される」という．そして，「副詞ではないが，先行文脈によって限定された期間が与えられることによって"quand + imparfait"の時の定位を可能にしている」と説明されているが，この説明と岩田（1997）の仮説との整合性が定かではない．

おそらく，先行文脈のはたらきを時の副詞句と同等のものと考え，完了時制である複合過去が用いられた先行文脈によってまず時の定位が行われ，その後quand節によって表される事態が時間軸上の同じ時点に定位されるというメカニズムが想定されているものと思われる．

そうすると，時の副詞が先行する場合と同様の疑問が生じる．すなわち，（62）におけるquand節は先行文脈に対してさらに場面を絞り込み特定するはたらきをしていると考えられるのであるが，このことを岩田（1997）の仮説によって適切な形で説明することは難しい．

これらの問題点は，岩田（1997）の仮説に再考すべき問題が含まれていることを示している．岩田（1997）は半過去によって表される事態のあり方のみに着目し，半過去が用いられた quand 節によって時の定位を行うことができない原因を半過去の未完了性に帰している．しかしすでに論じたように，半過去自体が表す未完了性に着目するだけでは，この問題に対する適切な解答を導き出すことが難しいのである．

また，「quand 節の機能は常に『時間軸上に事態を位置づけること』として実現されるのか？」という点に関しても検討の余地が残されている．quand 節による時の定位を「時間軸上に事態を位置づけること」に限定してしまうと，quand 節において半過去を用いて時の定位を行うことができる例を特別な場合として扱わざるをえないのである．

仮説に基づいて具体例の分析を行うという岩田（1997）の議論の進め方は適切なものであるが，改良すべき点が見出されることも事実である．その大きな原因はおそらく，分析されている具体例のほとんどが，(62) を除くと，従来の先行研究において文単位で引用された例であり，文脈のはたらきをあくまで限定的なものとして捉え，文単位の考察を中心として議論を展開していることにあると考えられる．

そのため，岩田（1997）の仮説は，せっかく文脈のはたらきを視野に入れているものの，その扱いはアドホックなものであるという印象を与えてしまうのである．

9 談話解釈における quand 節の機能

先行研究を概観したときに確かめたように，文単位の考察のみによって quand 節における半過去の使用制約を説明することは不適切であり，談話の流れを視野に入れる必要があるというのが本書の基本的な立場である．

それでは，この問題を考えるうえで談話の流れが重要なのは，どのような理由によるのだろうか？　ここでは，次の文学作品からの引用例を見ながら談話解釈における quand 節の機能を確かめよう．(63) においては，

第1章 quand 節に現れる半過去とは何か　57

主節を伴わず独立して用いられた quand 節に半過去が現れている．

（63）－ Pourquoi tu prends cette sortie ?
　　　－ On passe prendre Lola, répond Simon.
　　　－ Où ça ? s'étrangle sa douce.
　　　－ À la gare de Châteauroux.
　　　－ C'est une blague ?
　　　－ Non, pas du tout. Elle y sera dans quarante minutes.
　　　－ Et pourquoi tu ne me l'as pas dit ?
　　　－ J'ai oublié. Elle m'a appelé tout à l'heure.
　　　－ Quand ?
　　　－ Quand nous *étions* sur l'aire d'autoroute.
　　　－ Je n'ai rien entendu.
　　　－ Tu étais aux toilettes. (...)　　　　　（Anna Gavalda, L'*Échappée belle*）
　　［－ Why do you take this exit ?
　　　－ We go to take Lola, Simon answered.
　　　－ Where is it ? His sweetheart chokes.
　　　－ To the Châteauroux station.
　　　－ Is it a joke?
　　　－ No, not at all. She will be there in forty minutes.
　　　－ And why didn't you tell it to me ?
　　　－ I forgot. She called me just now.
　　　－ When ?
　　　－ When we were on the motorway service.
　　　－ I heared nothing.
　　　－ You were in the toilet. (...)］
　　どうしてこの出口から出るの？
　　ローラを迎えに行くんだ，シモンは答えた．
　　どこに？　彼の妻は息を詰まらせた．
　　シャトールーの駅に．
　　冗談言ってるの？
　　いいや，全然．40分後にはそこにいるだろう．

どうしてそれを私に言ってくれなかったの？
忘れてた．ローラはさっき僕に電話してきたんだ．
いつ？
高速道路のサービスエリアにいたとき．
私には何も聞こえなかった．
きみはトイレに行ってたんだよ．

　上の例の中では，Quand ?「いつ？」という疑問文に対する返答として，quand 節の中で半過去が用いられている．これは，Elle m'a appelé「彼女が僕に電話してきた」という主節が省略されて quand 節だけが独立して現れた例であると考えることができる．
　ここでこの半過去が，文脈上先行している複合過去によって表される Elle m'a appelé tout à l'heure「さっき彼女が僕に電話してきた」という事態との同時性を表しているのは確かであるが，この事態を参照して半過去が解釈されているわけではない．もしもこの半過去がそのようにして解釈されるとするならば，この quand 節は場面を特定する機能を果たすことができなくなってしまう．
　ここで重要なことは，quand 節の機能は「主節によって表される事態がいつ生起したかを特定すること」であるという点である．そのためには，主節以外の情報を用いて quand 節の半過去を解釈することが可能でなければならない．
　それでは，上の quand 節の半過去はどのようにして解釈することが可能になるのであろうか？この問題を考えるためには quand 節が用いられた文自体を観察するだけでは不十分であり，どのような話の流れの中でこの文が用いられているのかを調べてみる必要がある．
　実際のところ，この場面の前に高速道路のサービスエリアでサンドイッチを食べる場面の描写が出てくるのである．nous「私たち」というのは，シモンとカリーヌの夫婦を指している．

（64）Nous avons mangé un sandwich caoutchouteux sur une aire d'autoroute.

第1章　quand 節に現れる半過去とは何か　　59

　　　［We ate a rubbery sandwich on a motorway service.］　　（Anna Gavalda, *L'Échappé belle*）
　　　私たちはサービスエリアでゴムみたいなサンドイッチを食べた．

そして，カリーヌはトイレに行ってしまう．

(65)　- Il faut que j'aille aux toilettes, annonça-t-elle en prenant un air douloureux.　　（*ibid.*）
　　　［I have to go to the toilet, she announced with taking a painful air.］
　　　トイレに行かないと．苦しそうな様子で彼女は告げた．

するとシモンの携帯電話が鳴り，シャトールーの駅まで迎えに来てくれないかとローラが頼む．

(66)　(...) son portable a sonné.
　　　C'était Lola qui s'était finalement décidée et lui demandait s'il pouvait passer la prendre à
　　　la gare de Châteauroux.　　　　　　　　　　　　　　　　　　　　　（*ibid.*）
　　　［(...) his mobile phone rang.
　　　It was Lola who had finally decided and was asking him if he could come to take her at the
　　　Châteauroux station.］
　　　彼の携帯電話が鳴った．
　　　それはローラだった．彼女はとうとう決心して彼にシャトールーの駅まで迎えに来てもらえないかと彼に頼んだ．

　この話の流れの中で先ほどの (63) に現れる quand 節の半過去を解釈すれば，それがいつのどのできごとを指しているのかを特定することは容易である．そのため，上の例では quand 節の中で半過去が用いられているが，主節の事態に依存することなくこの quand 節の半過去を解釈することが可能であり，その結果 quand 節の機能を果たすことができるのである．
　上の例において quand 節の半過去が解釈可能であるのは，**quand 節の半過去を解釈する際に参照されるシナリオを話し手と聞き手が共有している**からであると説明することができる．この「話し手と聞き手によるシナリオの共有」が，半過去の解釈において重要な役割を果たすのである．いうまでもなく，文単位の考察に基づいて話し手と聞き手によってシナリオ

が共有されているという事実を説明することはできない．文脈や談話構築の過程を視野に入れることによって，シナリオの共有を認識することが可能となるのである．

そして，(63)の用例の考察から明らかになるもう1つの重要な点は，(A)「半過去が完了性を表す自立的な過去時制との同時性を表す」ことと(B)「半過去の解釈が可能になる」こととは分けて考えるべきであるということである．(A)と(B)が重なる場合も少なくないが，(A)と(B)が独立して成立する場合もあるのである．「半過去と他の過去時制の間に同時性が成立する」ことと「半過去によって表される事態が他の過去時制に依存する形で定位される」こととは常に同義ではない．quand 節における半過去は主節の過去時制との同時性を表すが，主節の過去時制のみに依存して解釈が成立するのでは quand 節の機能を果たすことができないのである．

このことを踏まえると，「quand 節の中で半過去を用いることができるか否か？」という問いは「主節以外の情報を用いて半過去を解釈することができるか否か？」という問いに読みかえることができる．つまり，主節と従属節によって構成される複文のみを観察して quand 節で半過去を用いることができるか否かを判断することは不適切であり，文を越えた談話単位でこの問題を捉える必要があるということである．

10 文単位の考察の限界と談話単位の考察の必要性

すでに述べたように，文法書である朝倉 (2002, 2005) では文学作品からの引用例が豊富に取りあげられているものの，文脈から切り離された1文のみが提示されている．その結果言語事実を説明するための着眼点が文単位の観察によって扱うことができる動詞の語彙的意味特性や半過去の未完了性に限られてしまう．このように，例文を文脈から切り離して文単位で考察してしまうと，quand 節に現れる半過去にはどのような実例があるかを知ることはできても，これらの実例の観察から引き出される問題の本

質を見極めることができないのである．

　同様に，いずれも文単位の考察に基づく言語現象の説明としては妥当である岩田 (1997) や西村 (2011) の説明についても，文単位の考察における限界を示しているということができる．すでに繰り返し見たように，文学作品などでは先行研究において稀であるとされてきた次のような例が観察されることがある．(67) において quand 節に現れた半過去 traversions「(広場を) 横切っていた」は，人生の一時期でも年齢でもなく，1 回限りの継続中の事態を表していることは明らかである．

(67) [= (6)] Et tout à l'heure, quand nous *traversions* cette esplanade, de l'autre côté du boulevard de Sébastopol, j'ai pensé : «C'est ici que finira ton aventure.»

(Patrick Modiano, *La ronde de nuit*)

[And just now, when we were crossing this esplanade, on the other side of the Sebastopol boulevard, I thought: " It's here where will finish your adventure."]

　また，先行研究において容認度が低いと判断された例文であっても，適切な文脈を設定することで容認度が改善されるという指摘もなされている．

　先行研究においてこれらの例は例外的な扱いを受けることが多く，年齢や人生の一時期を表す半過去の用例と共通する，統一的な解釈機序が示されることはほとんどなかった．その本質的な理由は先行研究の多くが時制解釈を文単位において捉え，当該の時制形式が現れる文の中だけで考察が完結しているからであると考えられる．

　確かに，当該の動詞が持つ語彙的意味特性や半過去自体の特性である未完了性については，文単位の考察によって論じることが可能である．そして，これらの要素が quand 節に現れる半過去の問題に関与していることはいうまでもない．

　しかし，半過去と単純過去や複合過去は，「未完了性」対「完了性」というアスペクト特性において対立しているだけではなく，「自立性」対「非自立性」という点においても対立関係にある．大久保 (2007) が指摘

するように半過去は非自立的な時制であり，他の要素の助けを借りながら時間的限定を行うことで解釈が可能となる[26]．詳しい議論は第 2 章以降で行うが，quand 節の中で用いられる場合に限らず，半過去は一般的に単独で用いられると適切な解釈を受けることができない．半過去の解釈は談話の構築にともない他の要素を考慮しつつ実現されるのである．したがって半過去が関与する問題を扱う際には，それが用いられる談話の構築過程を考慮したうえでその解釈機序を論じる必要がある．

　文学作品の中では，文脈を巧みに構築することで時制解釈において利用可能となる解釈資源を生み出すことができる．また，話し手と聞き手の間で展開される対話においては，言語化された情報だけでなく話し手と聞き手の共有体験や発話状況に属する非言語的情報を解釈資源として利用することも可能である．

　ところが，多くの先行研究のように，半過去が現れる文だけを文脈から切り離して観察し，そこに含まれる言語化された要素を考慮するだけでは，このような解釈資源のはたらきは見えて来ず，広義における談話資源が時制の解釈において果たす役割が十分に考慮されているとはいえない．

　本書で考察の対象とする quand 節に現れる半過去に関わる問題を適切な形で包括的に扱うためには，文脈や共有知識などの談話資源の役割を考慮することが不可欠であり，このような要素が談話の構築に伴って進行する時制解釈においてどのようなふるまいを見せるかを考察しなければならない．

　そこで本書では，quand 節における半過去の使用に制約が存在する主たる原因を半過去の非自立性に帰する立場を取る．第 2 章では談話の中で時制が解釈される過程においてどのような形でこの半過去の非自立性が解消され，半過去によって表される事態が最終的に定位されるかというしくみを説明するために，談話的時制解釈モデルを提示する．

11 本書の仮説

　本書の主たる目的は，先行研究において言及されている「人生の一時期」や「年齢」を表す半過去はもちろんのこと，文学作品などに現れるその他の半過去にも適用できる「**quand 節に現れる半過去が容認可能となる条件に関する統一的な説明原理とはどのようなものか？**」という問いに対する解答を提示することである．

　ここで問題となるのは，quand 節の機能と時制形式の機能との役割分担である．岩田 (1997) や西村 (2011) によって主張されるように，quand 節の機能は主節によって表される事態に対する定位操作を行うことにあるという考え方はごく一般的に受け入れられていると考えられる．しかし，quand 節自体が「時の定位」を行うと考えると，言語現象を統一的な形で説明することができなくなってしまう．

　そこで本書では，先行研究において quand 節が担う機能とみなされている「時の定位」を時制形式が担う機能とみなし，「全ての時制形式は当該の事態を定位する機能を持つ」ことにする．複合過去や単純過去はもちろんのこと，半過去も何らかの形で事態を定位する機能を果たすと考えるのである．

　そうすると quand 節に現れる半過去の解釈を統一的な形で説明するために重視すべき問題は，次の2つに大別することができる．1つは半過去の非自立性であり，もう1つは解釈領域や共有知識などの談話的・語用論的要素が半過去の解釈において果たす役割である．従来の半過去に関する先行研究において，いずれの問題についても個別に論じられることは少なくなかったものの，両者を関連づけた形で談話における半過去の統一的な解釈機序に基づき quand 節に現れる半過去の解釈機序が説明されることは，これまでほとんどなかったといってよい．

　よく知られているように，半過去は非自立的な時制である．そのため，半過去は事態を定位する機能を持たないと考えられることもある．

しかし，ふつう半過去が単独で用いられることは少なく，何らかの要素によって解釈を安定させる必要がある．教科書などで提示される典型的な例は，次の（68）のようなものである．

（68）Quand Pierre entra, Marie *téléphonait*.　　　　　　　　（Kamp et Rohrer 1983）
　　　［When Pierre entered, Marie was calling.］
　　　ピエールが入ってきたとき，マリーは電話をしていた．

Kamp et Rohrer（1983）で説明されているように，（68）における主節の半過去 téléphonait「電話をしていた」は，quand 節の単純過去 entra「入ってきた」との同時性を表すと解釈される．そして，この場合には主節の半過去の解釈は先行する quand 節の単純過去に依存していることになる．

しかし，半過去は先行する過去時制に依存する形で常に解釈されるとは限らず，具体的な解釈機序は半過去が用いられる状況によってさまざまに異なる．そうであるならば，見方を変えれば**半過去も解釈上利用可能なさまざまな要素の助けを借りながら事態を定位する機能を持つ**と考えることができるのではないか．そして，そのように考えるならば，**適切な解釈状況に置かれれば quand 節の中で半過去を用いて事態の定位を行うことも可能になるはずである**．

本書全体を通じて一貫して重視されるのは，非自立的な過去時制である半過去のさまざまな用例に共通する事態定位のあり方に基づき，そこに語用論的要素を適切な形で組み込むことができれば，一見すると特殊な事例であるように思われる quand 節に現れる半過去の解釈機序も統一的な形で説明することが可能になるという主張である．

このように考えることにより，本書における考察の対象である quand 節に現れる半過去について，「主節以外の要素を参照して半過去の解釈が行われる場合には quand 節の中で半過去を用いて場面特定を行うことが可能になる」という仮説を立てることができる．

そして本書では，quand 節の機能を「主節によって表される事態に対する場面特定を行うこと」にあると捉え，そのために「quand 節の中に現れ

る時制の解釈が，主節の要素から独立した形で実現されなければならない」と考える．

　先行研究の批判的検討および半過去の「未完了性」に関する考察を踏まえると，本書における主題である quand 節に現れる半過去の使用条件を明らかにするためには文単位の考察だけでは不十分であり，解釈上利用可能な談話資源を視野に入れて半過去の解釈機序を説明する必要があることが明らかとなった．

　そこで第 2 章ではまず「談話的時制解釈モデル」を提示し，quand 節ではなく主節に現れる半過去のさまざまな用例に共通する解釈機序の一般的な原則を明らかにし，半過去による事態定位の機序を説明する．そして，この半過去の解釈機序と語用論的要素をどのような形で統合すれば quand 節において半過去が容認される場合の解釈機序を統一的な形で説明することが可能となるかという問題について論じる．

　第 2 章の前半では，全ての時制形式は当該の事態を談話時空間内に定位する機能を持つという仮説①の妥当性について論じる．

> **仮説①　時制形式と事態の定位機能**
> 　全ての時制形式は当該の事態を談話空間内に定位する機能を持つ．時制形式による事態定位の方法は一通りではなく，「投錨」と「係留」に分けることができる．自立的な過去時制である単純過去や複合過去は，他の要素の助けを借りずに当該の事態を時間軸上に直接定位する機能を持つ．これを「投錨」と呼ぶ．一方，非自立的な過去時制である半過去は，当該の事態を時間軸上に直接定位する機能を持たず，当該の事態を他の要素と結びつけることで相対的な定位を行う．これを「係留」と呼ぶ．

　自立的な過去時制である単純過去や複合過去による事態の定位操作である「投錨」については，特に問題が生じることがない．ところが，非自立

的な過去時制である半過去による「係留」については，半過去一般の解釈機序を踏まえたうえで議論を行う必要がある．そこで，半過去のさまざまな用例に共通する特性として，半過去の解釈が可能な場合には「部分―全体」の関係が成立するという仮説を提示する．これは，Berthonneau et Kleiber（1993）によって提示された imparfait anaphorique-méronomique「部分照応的半過去説」の概念を修正した，本書における中心的な仮説である．

この仮説が妥当であることを示すためには，談話の構築に伴いどのような要素が考慮されて半過去の解釈が実現されるのかを考察する必要がある．第 2 章におけるもう 1 つの課題は，次の仮説②の妥当性を論じることである．

> **仮説② 半過去の係留操作**
> 　半過去は過去時制であり，談話空間内の過去に位置づけられる事態を表す．時間軸上に直接事態を位置づける「投錨」とは異なり，半過去による「係留」は相対的な操作である．半過去が安定した解釈を受けるためには，半過去によって表される事態を部分的な要素として含み持つ全体としての役割を果たす認識枠が解釈上設定される必要がある．この認識枠にはさまざまな種類があるが，言語文脈上構築される認識枠のことを「母時空間」と呼ぶ．半過去の「係留」操作は，当該の事態を過去時に位置づけるだけでなく，当該の事態と母時空間との間に「部分―全体」の関係が成立することによって実現される．

このように，談話の構築とともに実現される時制解釈のしくみを説明するための本書における説明概念が「談話的時制解釈モデル」である．上で述べたように，本書では当該の時制形式によって表される事態を談話時空間内の適切な位置に定位する機能を全ての時制形式に共通する本質的な機

能であると考える．しかし，談話時空間内に事態を定位するしくみは個々の時制形式により異なっている．

そこで本書では，まず単純過去や複合過去のような自立的な時制形式による事態の定位機能を「投錨」と定義する．投錨というのは時間軸上に直接事態を位置づける操作であり，投錨先の選択という問題は生じない．

それに対して半過去のような非自立的な時制形式による事態の定位機能を「係留」と定義する．係留というのは，談話上何らかの要素と関連づけて当該の事態を解釈することをいう．そのため係留の場合には，先行文脈において利用可能な要素の中から適切な係留先を選択することができる．典型的な場合には，先行する自立的な時制形式による投錨操作によってすでに定位された事態と関連づけられることで半過去による係留操作が達成される．

また，半過去による係留操作の際には時間的な定位が実現されるだけでは不十分であり，解釈の場において意味的・語用論的な「部分―全体」の関係が成立する必要がある．この「部分―全体性」は半過去のさまざまな用例に共通する解釈機序であり，これは本書における主題である quand 節に現れる半過去の解釈機序を説明する際に鍵となる概念である．

本書において中心的な位置を占める第 3 章では，quand 節に現れる半過去が解釈可能となる場合について，談話的時制解釈の観点から論じる．第 3 章では，本書における主たる考察対象である quand 節に現れる半過去について次の仮説③および④を立て，その妥当性について論じる．

> **仮説③　quand 節の機能**
> 　quand 節の機能は，主節の事態が生起したのがいつであるかを示すために場面の特定を行うことにある．そのためには，quand 節において用いられる時制の解釈が主節とは独立した形で得られる必要がある．

> **仮説④　quand 節と半過去**
>
> 　quand 節の中で半過去が用いられる場合には，主節以外の要素に対して係留を行い，「部分－全体スキーマ」に基づく場面の特定を行う必要がある．quand 節の中で半過去が用いられる場合には，先行文脈や我々の世界に関する共有知識，話し手と聞き手の共有体験に基づくシナリオなどを参照しながら「部分－全体スキーマ」が構築され，半過去によって表される事態はこのスキーマにおける相対的な位置づけが可能となることにより，quand 節による場面の特定が実現される．

　quand 節に現れる半過去の具体的な解釈機序の細部はさまざまに異なるが，第 2 章で提示される「談話的時制解釈モデル」における半過去による事態の係留操作に加え，第 3 章で新たに提示される「部分－全体スキーマ」の概念を用いることにより，半過去が談話解釈上適切な形で場面特定を行うことができれば quand 節の中で半過去を用いることが可能となることを説明することができる．第 3 章ではこのことを，作例および文学作品や映画のシナリオなどからの引用例などの具体例を分析しながら論じる．

　さらに第 4 章では「逆従属構文」と呼ばれる具体例の分析および半過去の解釈機序を示し，次の仮説⑤の妥当性について考察する．

> **仮説⑤逆従属構文における半過去の解釈**
>
> 　逆従属構文とは，語りの発話様態で用いられる構文である．語りの発話様態においては，明示的な言語的手段によらずとも「語りの母時空間」が設定されているものと解釈される．そのため，逆従属構文において前置された主節に現れる半過去は，先行する文脈に投錨された事態が存在しなくても，この語りの母時空間内の一場面に対して事態を係留する

ことで解釈が行われる．

逆従属構文というのは，次の (69) のように主節に対して後置された quand 節によって予想外の事態が出現したことを表す構文のことである．

(69) Nous *étions* à l'Étude, quand le Proviseur entra, suivi d'un nouveau habillé en bourgeois et d'un garçon de classe qui portait un grand pupitre.　(Gustave Flaubert, *Madame Bovary*)
［We were studying, when the Principal entered, followed by a new student dressed in bourgeois and by a boy of class who was carrying a large desk.］
私たちは自習室にいた．すると校長先生が入ってきて，その後ろからブルジョワ風に装った新入生と大きな机を持った小使いが入ってきた．

このような文において主節に現れる半過去は，後続する quand 節に現れる過去時制に対して係留の操作を行うのではなく，より大きな枠組みを構成する「語りの母時空間」内の一場面に対して係留の操作を行うと考えることで，逆従属構文特有の意味効果が表れることを説明することが可能になる．その結果，「quand 節の中で半過去を用いることができない場合であっても，逆従属構文に書き換えれば容認されるのはなぜか？」という問いに対する解答が示される．

半過去の解釈においては，言語的に明示されなくても談話の解釈における枠組みとしてはたらく「語りの母時空間」が設定される場合があり，半過去はそのような要素の一部分として談話内に組み込まれ，「部分－全体」の関係が成立する．また，逆従属構文と quand 節に半過去が現れる構文は談話の中で果たす役割が異なるため，それぞれが用いられるのにふさわしい文脈も異なることを確かめる．

先行研究においては quand 節に現れる半過去の用例は例外的なものであるとみなされ，それらの解釈に共通する特徴が統一的な形で説明されることはほとんどなかった．しかし本書では，上で述べたように半過去の一般的な解釈機序に加え，これまで quand 節に現れる半過去の解釈機序を説明する際にほとんど重視されることがなかった語用論的要素を考慮すること

で，quand 節に現れるさまざまな半過去に対して統一的な説明を与えることが可能になることを具体的に論じる．

本書における主張は，avoir や être の半過去だけでなくその他の半過去にも共通する条件として，quand 節に現れる半過去が解釈可能となるためには，主節に現れる過去時制以外の要素を参照することで解釈の場において「母時空間」が設定され，半過去によって表される事態はこの母時空間との間に「部分－全体」としての関係を結ぶことで談話時空間内に定位される必要があるということである．第 2 章以降の考察によって，半過去が現れる文だけを考察して quand 節に現れる半過去の解釈機序を考えるのでは不十分であり，言語文脈や百科事典的知識，さらには話し手と聞き手の共有体験に基づく共有シナリオなど，談話解釈において利用可能な要素を総合的に考察する必要があることが明らかとなる．

12　第 1 章のまとめ

第 1 章では先行研究を概観しながら本書の主たる考察対象である quand 節に現れる半過去に関わる問題を観察したうえで先行研究の問題点を指摘し，本書における仮説を提示した．

quand 節に現れる半過去について論じた先行研究において，過去における習慣や反復行為を表さない半過去が quand 節の中で用いられる場合には年齢を表す avoir や人生の一時期を表す être などがほとんどであり，avoir や être 以外の動詞の半過去が quand 節の中で用いられるのは非常に稀であると述べられてきた．また，1 回限りの継続中の事態を表す半過去が quand 節の中で用いられると容認度が低くなることも述べられている．しかし，先行研究における主張の大半は文単位の考察に基づくものであり，文学作品などにおいて 1 回限りの継続中の事態を表す半過去が quand 節の中で用いられる例が見られるのも事実である．

したがって，本書では人生の一時期や年齢を表す半過去とそれ以外の半過去が quand 節に現れる場合の解釈機序を統一的な形で説明することを目

指す．

　quand 節に現れる半過去に使用制約が見られるのは，単純過去や複合過去と対立する半過去の特性に原因があることは明らかである．そして先行研究ではその原因が半過去の未完了性に帰せられ，文単位の考察に基づいて議論が行われてきた．しかし，quand 節に現れる半過去の解釈機序を考えるためには，半過去の未完了性に着目し文単位の考察を行うだけでは不十分である．

　Vendler（1967）による動詞分類に従って半過去の未完了性を考察すると，半過去の未完了性と用いられる動詞の語彙的意味特性の相互作用により，異なる意味効果が生み出されることが分かる．「半過去が未完了性を表す」という場合に最も典型的な例であると考えられるのは，達成動詞による半過去の解釈である．達成動詞は事態の開始点と終結点の間に時間幅があり，一定の期間にわたって生起する事態を表すという特徴を持っている．このような動詞が半過去に置かれると，事態が継続中であり終結点に到達していないことが表される．また，事態の開始点と終結点がほぼ重なり合い，事態が時間幅を持たない到達動詞が半過去に置かれると，「〜しようとしていたが実現されなかった」という「未実現」や「中断」の意味が生じる．

　達成動詞と到達動詞の半過去が表す事態のあり方は異なるが，いずれも事態が終結点に到達することで事態の成立が認められる性質を持つので，これらの動詞の半過去によって事態の成立を表すことはできない．

　一方，状態動詞と活動動詞によって表される事態は均質的であり，その一部分を取り出しても全体の性質が保たれるので，このような動詞の半過去は事態の成立を表すことが可能である．

　これらのことを考え合わせると「半過去は未完了性を表すので事態の成立を表さない」という考え方には問題があり，半過去によって表される事態の成立・不成立の判断は動詞の語彙的意味特性によって異なることが分かる．

　また，半過去の多くの用例において未完了性が認められる一方で，半過

去の用例の中には完了性を表すものもあると主張されることもある．しかし，このような見方は現実世界における事態のあり方と半過去によって表される言語的表象を混同した結果として生じるものであることを指摘した．

このような事実から，本書の主題である quand 節における半過去の容認度が低い原因を半過去の未完了性に帰するのは不適切であると結論づけることができる．そこで，半過去の未完了性自体ではなく事態の成立・不成立と半過去の関係に着目し，「事態の成立を表さない半過去を quand 節の中で用いることはできないが，事態の成立を表す半過去は quand 節の中で用いる際には問題が生じない」という一般化を行うことができるように思われるかもしれない．しかし，Vendler（1967）の動詞分類と半過去による事態の成立・不成立の相関関係のみによって quand 節における半過去の使用条件を説明することはできないことも本章における考察によって明らかとなった．

これらの事実は次のことを示唆している．すなわち，本章では全ての例文を文脈から切り離し文単位の考察に基づいて議論を行ったが，そのような方法によってこの問題の本質を明らかにすることには限界があるのである．

そして，文学作品からの引用例に基づく予備考察によって，半過去の解釈はそれが用いられた文の中で完結するとは限らず，文脈を参照することで quand 節に現れる半過去の解釈が可能となる場合もあることが分かった．すなわち，**半過去について論じる際に問題になるのは，どのような場面で半過去が用いられ，談話の流れの中でどのような形で最終的な解釈が得られるのかという点であり，そのことを論じるためには文を越えた談話単位の考察が不可欠となるのである．**

そこで本章の後半では，この考え方に基づき本書における仮説を提示した．本書では全ての時制形式は当該の事態を談話時空間内に定位する機能を持つと考える．そして，単純過去や複合過去のような自立的な過去時制による事態の定位操作と，非自立的な過去時制である半過去による事態の

定位操作は異なると仮定し，そのことを説明するための概念として第2章では談話的時制解釈モデルを提示する．談話的時制解釈モデルにおいては，自立的な時制による事態の定位操作を「投錨」，そして非自立的な時制による事態の定位操作を「係留」と呼ぶ．**半過去による事態の定位操作である「係留」においては時間軸上に直接事態を定位するのではなく，解釈の際に当該の事態を「部分」として含み持つような「全体」が設定され，「部分―全体性」が成立する必要がある**という仮説を立てた．そして，本書の主題である quand 節における半過去の使用条件として，解釈上この半過去が主節の事態以外の何らかの要素に対して事態を係留する必要があるという仮説を立てた．

そこで第2章では談話的時制解釈モデルを用いて，文を越えた談話において非自立的な過去時制である半過去によって表される事態が解釈の際にどのような形で定位されるのかを具体的に論じる．このような談話の構築を視野に入れた形での半過去の解釈モデルの考察を経て，第3章において本書の主題である quand 節に現れる半過去の解釈の問題を論じるための準備が整うことになるのである．

第1章を締めくくるにあたり，本書において考察の対象を限定することの意義について述べておきたい．本書では，「先行研究において述べられているように，はたして (70) のような半過去は例外的で稀な事例であると考えるべきなのであろうか？」という問いに対する解答を示すことを目指す．

(70) [= (6)] Et tout à l'heure, quand nous *traversions* cette esplanade, de l'autre côté du boulevard de Sébastopol, j'ai pensé (...)

さらに，「人生の一時期や年齢を表す表現と (70) のような例を区別して扱うのではなく，これらを統一的な観点から分析したうえで quand 節に現れる半過去に共通する解釈機序を説明することは可能なのであろうか？」という問いに対する解答を提示することを目指す．

これらの問いに対して説得力のある解答を導き出すためには，さまざま

な実例を収集し，それらを適切な形で分析する必要がある．先行研究ではこのような実例が取りあげられることが少ないが，文学作品を子細に観察していくと興味深い実例が散見されるのである．

　そのためには半過去自体の機能のみならず，文脈などの語用論的要素のはたらきを同時に考慮し，談話の構築に伴って実現される半過去の解釈機序を捉える必要がある．先行研究においてさまざまな半過去の用例を説明する際に語用論的要素が果たす役割について論じられることは少なくないが，quand 節に現れる半過去全般の解釈機序を統一的な形で説明するために，語用論的要素が果たす役割が実例に即して説明されることはこれまでほとんどなかった．

　すでに述べたように quand 節は時を表す副詞節であり，当該の事態が生じる場面を特定するはたらきを持つ．そして一般的に，このはたらきは各時制形式が持つ事態の定位機能によって実現されるものである．このように考えるならば，(70) のような半過去の解釈機序を適切な形で説明するためには，quand 節に現れる半過去を特別扱いするのではなく，過去の事態を表す半過去の一般的な解釈機序を十分に考慮しなければならない．

　本書では考察の対象を quand 節に現れる半過去に限定しているが，このことは本書において論じられる内容が半過去の本質のうちの周縁的な一部分のみに妥当するものであることを意味しない．むしろ，半過去による事態の定位機能の本質に的を絞って議論を展開するためにこそ，このように半過去が過去の事態を表すと解釈される構文に対象を限定したうえで緻密な考察を行う必要があるのである．

注

1) 　英語の when と同様に，quand は「いつ」という意味を表す疑問詞として用いられ，以下のように直接疑問文や間接疑問文を構成することもあるが，本書ではこのような用法は考察の対象外とする．
　　　Quand partez-vous ?　［When do you leave?］
　　　Il m'a demandé *quand* j'avais rencontré Paul.
　　　［He asked me when I had met Paul.］
2) 　ただし，quand 節の中で半過去が用いられ主節の中で単純過去が用いられる場

合であっても，quand 節の半過去が過去における習慣・反復行為を表すことがある．

> Quand il *disait* quelque énormité, je pris l'habitude de lancer avec éclat :‒ *Nani ô shaimasu ka ?*　　　　　　　　　　　　　　（Amélie Nothomb, *Ni d'Ève ni d'Adam*）
> ［When he used to say some enormity, I got into the habit of throw brightly:‒ Nani o shaimasu ka?］

3) avoir は英語の have に相当し，être は英語の be に相当する．
4) 文頭の×印は西村（2011）によるものであり，フランス語母語話者によって容認されない文であることを示している．
5) Gosselin（1996）では次のように述べられており，半過去は非自立的（照応的）であり，文脈中の他の事態と同時に生起するものとして事態を定位し，同じ場所において進展中の事態を表すという指摘がある．

> Ce temps apparaît non autonome（anaphorique）et situe le procès comme simultané par rapport à d'autres procès du contexte, et comme se déroulant en un même lieu.　　　　　　　　　　　　　　　　　　　　　　　　　　（*ibid.*）

6) 文頭の「??」は岩田（1997）によるものであり，「??を用いるのは文法的に誤文なのではなく，フランス語話者が不安定な文だと感じる場合があるからである」と述べられている．
7) 西村（2011）の原文は次の通りである．

> 「私自身，quand の特殊性に気づいたのはフランス語を教えるようになってからで，日本人の作ったフランス語をチェックしていた時のことです．同僚のフランス人が 1) の文をちらっと見ただけで，即座に『これは駄目だ』と言ったのです．どこがいけないのか尋ねると，このような場合 quand と半過去を組み合わせることはできないと言って，上の解答欄のように直したのです．」
> 　　　　　　　　　　　　　　　　　　　　　　　　　　　　　　　　（*ibid.*）

なお，西村（2011）からの引用文にある「1)」の文は本章の（18）に相当し，「上の解答欄」は本章の（19）に相当する．

8) 文頭の「*」は，Sandfeld（1965）の記述に基づいて筆者が施したものである．確かに朝倉（2005）で説明されているように（19）を「誤文である」と解釈することはできるが，Sandfeld（1965）の記述が（19）を誤文であると主張することを意図したものであるのかという点については定かでない．
　また，朝倉（2002）では「quand と lorsque は意味の違いはない」と述べられており，両者の違いは文体的なものであると考えられる．また Olsson（1971）では，［k］音の連続を避けるという音韻的理由により，que のあとでは lorsque が用いられることが多いと説明されている．したがって，本書では quand 節と lorsque 節は意味的に同等のはたらきを持つものとして扱うこととする．
9) 青井（1983）では「Quand + imp. / p. s.（p. c.）という組合せでは，一般に時況節は文頭に現れないようである」と述べられている．imp. は半過去，p. s. は単純過去，p. c. は複合過去をそれぞれ表している．
10) しかしながら，この点に関しては岩田（1997）も批判を行っている．これはあくまでも言語的事実の記述であって，なぜ 1 回限りの継続中の事態を表す半過去が quand 節の中に現れると容認されにくいのかという理由の本質的な説明にはならないといえる．
11) コンマ（,）はその前後の時点間に同時的な時間関係が成立していることを表しており，ダッシュ（‒）はその前後の時点間に継起的な時間関係が成立して

12) Berthonneau et Kleiber (1993) では，半過去について論じた先行研究が「未完了説」と「照応説」に大別されている．

　　Pour analyser l'imparfait, on dispose aujourd'hui principalement de deux paradigmes explicatifs, l'option aspectuelle et l'option en termes de renvoi (global) à une entité temporelle du passé.　　　　　　　　　　　　　　　　　　　　　　　　　　　　(*ibid.*)

13) Sten (1952) の原文は次の通りである．

　　La phase médiane qui pour ainsi dire n'existe pas si on regarde l'action sous l'aspect du passé simple, est la seule qui compte pour celui qui se sert d'un imparfait: on voit l'action en train de se dérouler. Et cette conception de la nature de l'imparfait peut contribuer à expliquer les différentes définitions qui ont été proposées pour ce temps.　　　(*ibid.*)

14) Imbs (1960) の原文は次の通りである．

　　La caractéristique essentielle de ce continu est qu'il n'a *de soi* ni commencement ni fin, à moins que son terme ne soit indiqué par *le contexte* ; à vrai dire, ni le début ni la fin du processus n'intéressent l'imparfait en tant que tel. Tous les emplois particuliers s'expliquent à partir de cette valeur fondamentale.　　　　　　　　　　　　　　　　　　　　(*ibid.*)

15) 半過去と pendant 句は共起しないことが多いが，ここでは文頭に pendant 句が置かれているにもかかわらず容認される文となっている．これは，後に論じる (43) のように pendant 句が文末に置かれた場合と異なり，pendant 句が事態そのものの時間幅を限定しているのではなく，事態が生じる場面を設定しているからであると考えられる．Ducrot (1979) によれば，このような半過去は文頭に置かれた時の副詞句が表す時間的主題に対する述を表すという．

16) Vendler (1967) には次のような表が示されている．原文は英語であるが，ここでは例としてあげられた動詞以外の項目を日本語に変えてある．

	限界性	動作性	継続性	例
状態動詞	−	−	+	know, have
活動動詞	−	+	+	walk, paint
達成動詞	+	+	+	build, destroy
到達動詞	+	+	−	notice, win

17) Riegel *et al.* (1994) の原文は次の通りである．

　　On distingue deux manières de percevoir le déroulement d'un procès. Avec l'aspect sécant, l'intervalle de référence du procès est envisagé sans limites ; il est perçu de l'intérieur et découpé en deux parties : une partie réelle nette et une partie virtuelle floue, à cause de l'effacement de la limite finale.

　　　　　　　　　　　　　　　　　　　　　　　　　　　　　　　　　　　　　(*ibid.*)

18) réel とは「現実的な」という意味であり，当該の動詞によって表される事態の中で実現された部分（実部）を表している．それに対し，virtuel とは「仮想的な」という意味であり，当該の動詞によって表される事態の中でいまだ実現されていない部分（虚部）を表している．

19) Vet (2005) では，(43) の半過去についても (46), (47) と同様に，(44) の図式を用いた説明が難しいことが指摘されている．

20) この点に関しては Saussure (2003) においても言及が見られる．Saussure

(2003) では次の例が示され，「1500 メートル競走を走る」という事態そのものは限界点を持つが，この半過去自体は未完了性を失っていないと主張されている．

> Luc arriva au stade. Augustin courait le 1500 mètres.
> [Luc arrived at the stadium. Augustin was running the 1500 meters.]
> Ici, le prédicat à l'imparfait est même télique, ce qui montre que la télicité ne force aucunement l'imparfait à perdre son imperfectivité.

(*ibid.*)

21) アスペクト特性が問題とされることが多い半過去の用法として，「語りの半過去（imparfait de narration / imparfait narratif）」と呼ばれる用法がよく知られている．しかし，「語りの半過去」にはさまざまな下位分類があり，そのアスペクト特性に関する見解も研究者によって異なる．なお，コラム5では下の引用文における半過去の表現効果に触れている．

> – Je ... dit-il tout contre son oreille, et, à ce moment, comme par erreur, elle tourna la tête et Colin lui *embrassait* les lèvres. Ça ne dura pas très longtemps.
> （Voris Vian, *L'Écume des jours* からの Bres2005 による引用）
> [I ... he said just against her ear, and, at this moment, as by mistake, she turned her head and Colin kissed her lips. It didn't last so long.]

22) Declerck（2006）によると，T-relations の T は tense を表しており，W-relations の W は world を表している．

23) これは，西村（2013）の注釈からの引用である．西村（2013）によると，「ここで言う『成立』とは，出来事・事行の開始ではなく『開始から終了まで』の全過程を示す」という．なお，西村（2013）における主題は「発話時制」と「語り時制」の区別を論じることであるが，本書ではこの点については言及しない．

24) 岩田（1997）では次のように説明されている．
> 「20 歳という年齢は 19 歳と 21 歳と境界を接する 1 つの期間である．」

(*ibid.*)

また，次の Borillo（1988）からの引用についても言及されている．
> Quand j'*étais* jeune, j'étais sportif.　[When I was young, I was sporty.]
> 「年齢の場合と比べると具体的時間がはっきりしないために一見境界がないかに思われる．しかし，我々は〈若い頃〉〈今〉〈年老いた時〉のように対立する概念によって人生を区切っている．つまり，このような表現を使うときには概念と概念の間にはっきりとした境界が引かれている．」

(*ibid.*)

25) この点については，第3章において tout à l'heure「ちょうど今，つい先ほど」という副詞句のはたらきを考察する際に再び論じる．

26) 大久保（2007）の原文は次の通りである．
> 「未完了性はIMPの主要な表現特性であり，そのことに関しては大方の賛同が得られるであろうが，その一方で非自立性と時間的限定の必要性ということもIMPの特性として指摘されることが多い．」

(*ibid.*)

コラム 2

なぜ昔話は il était une fois で始まることが多いのか？

　英語の昔話の多くは once upon a time で始まりますが，フランス語の昔話はだいたい il était une fois で始まります．『赤ずきんちゃん』の語り出しは，

> *Il était une fois* une petite fille de village, la plus jolie qu'on eût su voir ; sa mère en était folle, et sa mère-grand plus folle encore.
> 昔々，かつて見たことがないほどきれいな村の女の子がいました．お母さんはその女の子に夢中でしたが，おばあさんはもっと夢中でした．

ですし，『シンデレラ』は，

> *Il était une fois* un gentilhomme qui épousa en secondes noces une femme, la plus hautaine et la plus fière qu'on eût jamais vue.
> 昔々，ひとりの貴族がいましたが，かつて見たことがないほど高慢で横柄な女と再婚しました．

というふうに始まります．
　était は「〜です」「〜がいます」という意味を表す動詞 être の半過去形です．このような物語の冒頭に現れる半過去は，現実世界から切り離された架空の時空間を設定し，その時空間における状態を表します．そして半過去が設定した舞台の上で，さまざまなできごとが展開するのです．
　もちろん，すべての昔話が il était une fois で始まるわけではありません．次の『長靴をはいた猫』のように単純過去（laissa）によって物語が始まると，物語の内容がいつかどこかで実際に起こったことであるように感じられます．

> Un meunier ne *laissa* pour tous biens à trois enfants qu'il avait, que son moulin, son âne, et son chat.

ある粉屋が3人の子どもたちに遺したのは，粉ひき機にロバ，そして猫だけでした．

　ふつう昔話の中では，「いつの時代のどこで起こったできごとか？」ということが具体的には明らかにされずに話が進んでいくことが多いのではないでしょうか．これはまさに，時間軸上の特定の時点にできごとを結びつけるのではなく，過去の世界の中をふわふわと漂っているような時空間を設定する半過去が得意とする描写のあり方なのです．

第2章

談話的時制解釈モデルと半過去による事態の係留

Qu'importe l'avenir ? Y a-t-il un endroit de l'univers où le temps ne soit pas accompli ? Qu'importe le passé, qu'importe les récits historiques des hommes ? Y a-t-il un endroit sur la terre, sur la mer, où le temps ait été révolu ?
未来が何になる？この世のどこかに，時が過去へと過ぎ去っていない場所などというものがあるだろうか．過去が何になる？人類の歴史物語などどうでもよい．この地上に，この海のどこかに，時が完全に過ぎ去ってしまった場所などというものがあるだろうか．

Jean-Marie Gustave Le Clézio（1978）, *L'inconnu sur la terre*

1 はじめに

第 2 章の目的は，第 1 章で示した仮説①および仮説②の妥当性について論じることである．

> **仮説①　時制形式と事態の定位機能**
>
> 　全ての時制形式は当該の事態を談話空間内に定位する機能を持つ．時制形式による事態定位の方法は一通りではなく，「投錨」と「係留」に分けることができる．
>
> 　自立的な過去時制である単純過去や複合過去は，他の要素の助けを借りずに当該の事態を時間軸上に直接定位する機能を持つ．これを「投錨」と呼ぶ．一方，非自立的な過去時制である半過去は，当該の事態を時間軸上に直接定位する機能を持たず，当該の事態を他の要素と結びつけることで相対的な定位を行う．これを「係留」と呼ぶ．

> **仮説②　半過去の係留操作**
>
> 　半過去は過去時制であり，談話空間内の過去に位置づけられる事態を表す．時間軸上に直接事態を位置づける「投錨」とは異なり，半過去による「係留」は相対的な操作である．半過去が安定した解釈を受けるためには，半過去によって表される事態を部分的な要素として含み持つ全体としての役割を果たす認識枠が解釈上設定される必要がある．この認識枠にはさまざまな種類があるが，言語文脈上構築される認識枠のことを**「母時空間」**と呼ぶ．半過去の「係留」操作は，当該の事態を過去時に位置づけるだけでなく，当該の事態と母時空間との間に**「部分－全体」**の関係が成立することによっ

て実現される．

　仮説①および仮説②が妥当であることを示すために，第 2 章では本書における具体的な考察対象である quand 節や逆従属構文に現れる半過去の解釈を説明するための概念である談話的時制解釈モデルを提示し，半過去が安定的な解釈を受けるために必要な事態の定位操作がどのような形で実現されるかについて論じる．

　第 1 章において示したように，本書では，「全ての時制形式は談話時空間の中にそれぞれの方法で事態を定位する機能を持つ」と考える．ここで問題となるのは，「各時制形式が備える事態の定位操作がどのようなものであるか？」という点に加え，「どのような談話時空間において解釈がなされるのか？」という点である．各時制形式と談話時空間の関係は，「コーヒーカップとカップソーサー」あるいは「茶碗と茶托」の関係のようなものであり，いずれか一方だけでは機能を発揮することができない．

　談話的時制解釈モデルにおいて鍵となる概念は，「投錨」，「係留」および「母時空間」である．「投錨」とは単純過去や複合過去など自立的な過去時制によって談話時空間に事態を定位する操作である．投錨のはたらきは，談話時空間内に潜在的に存在すると考えられる時間軸上の特定の位置に直接当該の事態を据え付けることで実現される．

　一方，「係留」とは半過去のような非自立的な過去時制が談話時空間に事態を定位する操作である．半過去による係留においては時間軸に直接事態を位置づけることがなく，このままでは解釈が安定しないので何らかの要素と関係づける必要がある．この操作が「係留」である．

　そして，半過去の解釈が成立するためには，半過去によって表される事態を部分として含み持つような「全体としての認識枠」が設定される必要がある．談話的時制解釈においては，この「全体としての認識枠」のことを「母時空間」と呼ぶ．母時空間の設定機序は「語り」の発話様態と「談話」の発話様態で異なり，また同じ発話様態においてもさまざまな形で実現される．

発話様態の違いにかかわらずいずれの場合にも重要なことは，半過去の解釈において必要となる「母時空間」は，半過去によって表される事態と他の要素とを参照することにより，解釈の場において最終的に構築されるものであるという点である．半過去がこの「母時空間」における部分的な事態を表すことで，半過去による事態の定位操作である「係留」が実現されるのである．

　第 2 章の主たる目的はこのような「部分－全体性」に基づく半過去の係留がどのように行われるのかを具体例に基づいて説明することである．そして，この説明は次章以降における quand 節が関わる半過去の具体的な例文の分析に対する前提となる．

　第 2 章の構成は次の通りである．まず第 2 節で談話的時制解釈モデルの必要性について論じる．続く第 3 節では時制形式と事態の定位操作について論じ，談話的時制解釈モデルにおける「投錨」と「係留」の概念について説明する．第 4 節では半過去の「係留」が単なる時間的な定位操作ではなく，意味的な定位操作であり，「部分－全体性」の成立が半過去の解釈において重要であることを確かめる．半過去の解釈の場において，半過去が表す事態を部分として含み持つ「全体としての認識枠」としての「母時空間」が設定され，両者の間に「部分－全体性」が成立することによって半過去の「係留」の操作が実現されるという点が重要である．第 5 節ではさまざまな具体例の分析を通じて，この「部分－全体性」が成立することが半過去の解釈に共通する特性であることを確かめる．最後に第 6 節では，第 3 章における quand 節に現れる半過去の解釈機序や第 4 章における逆従属構文に現れる半過去の解釈機序にも「部分－全体性」が関わることを述べて本章を締めくくる．

2 談話的時制解釈モデルの必要性

　談話的時制解釈モデルについて具体的に論じる前に，第 1 章における議論の流れをここでもう一度確認しておこう．本書では，quand 節において

半過去の使用制約が存在することを説明するために，quand 節の中で自由に用いることができる単純過去や複合過去と半過去の性質の違いに着目している．第1章では半過去の未完了性について文単位で考察を行った結果，未完了性だけに着目しても問題の解決には至らないことが確かめられた．

そこで本書では，単純過去や複合過去の「自立性」と対立する特性である半過去の「非自立性」に着目し，quand 節において半過去の使用制約が存在するのは半過去の非自立性が quand 節の機能との間に不整合を起こすためであるという考え方をとる．

仮説①にあるように，本書では半過去を含め全ての時制形式が事態を定位する機能を持つという考え方をとる．ここで問題となるのは「時制形式による事態の定位機序は常に同一であると考えられるのか？」という点であるが，もしも半過去が quand 節の機能と整合する形で非自立性を解消することができれば quand 節の中で半過去を用いることができるはずである．

そこで，「解釈過程において，どのような形で他の要素の助けを借りながら半過去の非自立性が解消され，当該の事態が談話時空間内に定位されるか？」という半過去の解釈機序を説明するための概念が「談話的時制解釈モデル」である．

なぜこのようなモデルを提示する必要があるのかを論じるために，ここで時制形式の自立性と非自立性について確かめておこう．自立的な時制というのは単独で用いられても他の要素の助けを借りずに解釈することが可能な時制であり，非自立的な時制というのは単独で用いられると不完全な印象を与え，他の要素とともに用いられることで解釈が可能となる時制である．古石（1983）は（1）の複合過去と（2）の半過去の違いについて，次のような証明を行っている．

（1）Hier soir, je *me suis bien ennuyé*.［Yesterday, I was really bored.］
　　　昨晩，私は本当に退屈した．

（2）Hier soir, je *m'ennuyais* bien...［Yesterday, I was really bored...］

昨晩，私は本当に退屈していた． (*ibid.*)

古石（1983）によれば，複合過去が用いられた（1）は「それ自身独立して完結性を持つ」のに対して，半過去が用いられた（2）は「不完全で，何かしらニュアンスが加わり，…quand Jean m'a appelé とか，…mais aujourd'hui je ne m'ennuie plus，と文を続けなければ何とも座りの悪い感じを与える」という[1]．（2）の後に «quand Jean m'a appelé» が続く場合には，複合過去（a appelé）という自立的な過去時制を並べることで非自立性が解消されると考えることができる．一方，（2）の後に «mais aujourd'hui je ne m'ennuie plus» が続く場合には，過去の状況と現在の状況を対比させることで非自立性が解消されると考えることができる．

また Sthioul（1998）では次のような例に基づき，（3）のように半過去が単独で用いられると不自然な印象を与えるが，（4）のように時を表す副詞句が前置されたり，（5）のように単純過去などの自立的な過去時制が先行すると容認度が向上することが指摘されている．

（3）? Marie *buvait* un café. [Marie was drinking a coffee.]
　　　マリーはコーヒーを飲んでいた．
（4）　*Hier à huit heures*, Marie *buvait* un café.
　　　[Yesterday at eight o'clock, Marie was drinking a coffee.]
　　　昨日の8時に，マリーはコーヒーを飲んでいた．
（5）　Paul *entra*. Marie *buvait* un café.
　　　[Paul entered. Marie was drinking a coffee.] (*ibid.*)
　　　ポールが入ってきた．マリーはコーヒーを飲んでいた．

古石（1983）や Sthioul（1998）が指摘するように，半過去は非自立的な時制であるが，そのままの状態では解釈が安定しないので最終的に何らかの形で半過去によって表される事態を定位する必要がある．半過去が単独で事態を定位するのではなく，他の要素の助けを借りて事態を定位するのである．

フランス語の時制形式の機能について，佐藤他（1991）は「動詞が示す

事態を過去/現在/未来の時間軸に，いわば外的・全体的に位置付ける」こととみなしている．また，髭他（2011）では「フランス語の時制は事態の時間軸上の位置を示すテンス的機能と事態の進行や実現に係わる局面を表すアスペクト的機能を持つが，命題内容に対する話者の判断の様態を占める法的（modal）機能として考察される場合もある」と説明されている．

このような考え方は対象言語の別を問わず広く知られており，Declerck（1991）も英語の時制の概略を論じるにあたり，その冒頭で「ある場面（行為・過程・出来事・状態を，包括的に『場面』と呼ぶことにする）を時間軸上に位置づけるためには，様々な時制が利用される」と述べている．

また，時制形式は絶対時制と相対時制に大別され，それぞれの機能が説明されることも多い[2]．Declerck（1991）は時間の支配領域を定める時制を絶対時制と呼び，ある場面を別の場面に結びつけるはたらきを持つ相対時制と区別している[3]．そして相対時制は絶対時制に対する先行性，同時性，後行性のいずれかを表すと説明される．

しかし，Declerck（1991）が定義するような相対時制の概念は，フランス語の半過去の解釈機序を説明するためには不十分である．確かに，半過去の解釈を可能にする典型的な要素は談話内で半過去とともに用いられる他の自立的な過去時制すなわち絶対時制であり，次の（6）の例における半過去の解釈は相対時制の概念を用いて説明することができる．

(6) Colin poussa la porte émaillée de la cuisine. Le cuisinier Nicolas *surveillait* son tableau de bord. 　　　　　　　　　　　　　　　　　　　　（Boris Vian, *L'Écume des jours*）
　　[Colin pushed the enamelled door of the kitchen. The cook Nicolas was watching his instrument panel.]
　　コランはエナメル塗りの台所の扉を押した．料理人のニコラが計器板を注視していた．

（6）の第 2 文に現れる半過去 surveillait によって表される「注視していた」という事態は，第 1 文に現れる単純過去 poussa によって表される「押した」という事態と関連づけて解釈され，この半過去は単純過去に対する

同時性を表している.

　ところが,半過去は一見すると絶対時制を伴わずに用いられる場合がある.次にあげるのは,大きな物音が起きてびっくりしている人を見て,上階の方を見ながら行われる発話である.

　（7）Oh, rien, il *fermait* la porte.　　　　　　　　　　（Tasmowski-De Ryck 1985a）
　　　［Oh, nothing, he was closing the door.］
　　　ああ,何でもない,彼が扉を閉めたんだ.

　詳しい考察は後に行うが,（7）では（扉を激しく閉めたときに生じた）騒音という発話時から見た過去に位置づけられるべき言語外的事実を参照することによって,半過去の解釈が可能となる.また後ほど論じるように,話し手と聞き手の共有体験が半過去の解釈に関与する例も存在する.

　さらに,同じ半過去が用いられた文であっても,どのような場面で用いられるかによって容認度が変わることにも留意する必要がある.（8）の半過去について考えたい.

　（8）Il pleuvait.［It was raining.］
　　　雨が降っていた.

　Vogeleer（1996）によれば,もしもこの文が（9）のように話し手と聞き手が存在する対話の場面の冒頭で用いられるならば,極めて不自然であるという.

　（9）P1：Bonjour !　［Hello!］
　　　P2：??Il *pleuvait*.　［It was raining.］　　　　　　　　　　（*ibid.*）
　　　P1：こんにちは！
　　　P2：雨が降っていた.

　しかし同じ（8）の文であっても,物語の冒頭で用いられる場合には解釈が可能になる.次の（10）は文学作品からの引用である.

　（10）Il *pleuvait*. Une pluie lourde que le vent secouait, obligeant les badauds à incliner leur parapluie. Les bâches des baraques foraines se soulevaient, claquaient, retombaient (...).

(Vogeleer 1996 による Clavel, *L'Hercule sur la place* からの引用)

[It was raining. A heavy rain which the wind was shaking, forcing onlookers to lean their umbrella. The canvas sheets of the fairground stalls were rising, flapping, falling again (...).]

雨が降っていた．激しい雨が風に揺さぶられており，やじ馬たちは傘をかしげなくてはならなかった．露店のシートは舞い上がり，バタバタと音を立て，再び元の場所に舞い落ちるのだった（…）．

　これは，話し手と聞き手の相互作用として実現される談話の場面と，語り手の視点から物語が描写される語りの場面では，半過去の解釈機序が異なることを示唆している．

　また，どのような世界と相対的に解釈されるかによって同じ文の容認度が変わることもある．Molendijk（1996）は（11）の半過去について整合性（cohérence）の観点から不自然であると判断している．しかし Berthonneau et Kleiber（1998）によれば，もしも Paul が大統領の義兄弟や料理人であり，いつでも自由に台所に入ることができる状況であれば（11）の半過去は容認され，そうでなければ容認されないという．

(11) Paul entra dans la cuisine. #Le président de la République *trompait* sa femme.

(Molendijk 1996)

[Paul entered the kitchen. The president of the Republic was cheating on his wife.]
ポールは台所の中に入った．共和国大統領は妻を裏切っていた．

　このような事実を考え合わせると，「相対時制によって表される事態は常に絶対時制と関連づけられることで定位される」という考え方に基づいてフランス語の半過去の解釈機序を説明することには限界があるといえる．

　上で見たさまざまな例が示しているのは，絶対時制だけでなく解釈上利用可能なさまざまな語用論的な要素も考慮しなければ，非自立的な時制である半過去が用いられた文の適切さや容認度を判断することはできず，半

過去の解釈機序を説明することもできないという事実である.

そこで次節では,文が用いられる際の談話構築の過程を視野に入れ,どのような形で事態の定位が実現されるかを説明するための概念である「談話的時制解釈モデル」を提示する.

3 時制形式と事態の定位操作

ここからは,談話的時制解釈モデルにおいて時制形式による事態の定位操作がどのように説明されるかを論じていく.ここでの主眼は,それぞれの時制形式によって表される事態が,それが解釈される談話時空間においてどのような形で定位の操作を受けるのかを明示することにある.

全ての時制形式に対する事態定位のあり方を網羅的に論じることが本書の目的ではないので,以下では単純過去,複合過去,大過去,半過去の4つの過去時制を取りあげ,これらの時制形式による談話空間内への事態定位の機序を説明する.

3.1 事態の定位操作と時間軸

時制形式による事態の定位操作を考える際には時間軸の概念が必要となる.ここでは最初に事態の定位操作と時間軸の概念の関係について考察する.談話的時制解釈モデルにおいては,Declerck (1991) のように時制形式のはたらきを全て時間軸上に表示できる問題に還元する立場をとらない[4].談話的時制解釈モデルでは,自立的な時制と非自立的な時制の違いは当該の事態と時間軸との直接的な関係の有無によって説明される.

自立的な時制である単純過去や複合過去には,当該の事態を直接時間軸上の特定の位置に定位する機能があると考える.談話的時制解釈モデルでは,この定位操作を「投錨」と呼ぶ.

一方,非自立的な時制である半過去も当該の事態を談話時空間内に定位する機能を持つが,そのあり方が自立的な時制の場合とは異なる.すなわ

ち半過去は事態を直接時間軸上に定位するのではなく，解釈上利用可能な何らかの要素と関連づけることで事態を相対的に定位すると考える．

　この考え方には Declerck（1991）が定義する相対時制と重なる部分もあるが，異なる部分もある．半過去が他の自立的な過去時制とともに用いられ同時性を表す場合には，従来の研究で相対時制と呼ばれる機能を果たす．しかし，半過去の用例の中には他の自立的な過去時制を伴うことなく単独で用いられることがあるが，このような半過去のことを相対時制と呼ぶことはできない．

　後に詳しく論じるように，一見すると単独で用いられているように見える半過去であっても，発話状況や話し手と聞き手の共有体験など，広義における談話解釈資源と関連づけられることによってはじめて解釈が可能となる．そこで，談話的時制解釈モデルにおいては，半過去による事態の定位操作である「係留」の対象が他の自立的な過去時制によって表される事態であるとは限らず，さまざまな談話解釈資源を参照しながら最終的に「係留」が実現されることが説明できることを示す．

3.2　事態の定位操作と発話様態

　時制の解釈において問題となる根源的な要素は発話時点であるが，Benveniste（1966）は，話し手ができごとを表現する際に発話時点を考慮に入れるか否かによって，発話様態（plan d'énonciation）を discours と histoire に大別している．

　本書では Benveniste（1966）が discours と名づけた発話様態を「談話」の発話様態と呼ぶ．「談話」の発話様態において用いられる過去時制には半過去と複合過去がある．そこには発話時点を中心とした発話時空間が存在し，話し手および聞き手が視点を置くことのできる位置が発話時空間に限定される．「談話」の発話様態における時間軸は両方向的であり，次のように図示することができる[5]．

(12)「談話」の発話様態における時間軸

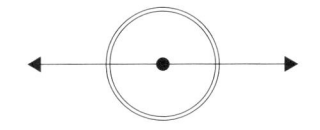

　このことは Saussure（1997）が示すように，複合過去を用いる場合には2つの事態を生起した順に並べて叙述するだけでなく，因果関係を逆転させて叙述することもできるという事実に合致する[6]．

(13) L'avion *a atterri*.　Les passagers *sont descendus*.
　　　［The plane has landed. The passengers have gotten off（the plane）.］
　　　飛行機が着陸した．乗客たちは降機した．
(14) Les passagers *sont descendus*. L'avion *a atterri*.
　　　［The passengers have gotten off（the plane）. The plane has landed.］
　　　乗客たちが降機した．飛行機が着陸したのだ．　　　　　　　　　　　　（*ibid.*）

　また Le Guern（1986）によれば，「談話」の発話様態において半過去が用いられると，半過去によって表される事態が過去において存在していたことと同時に，発話時においては当該の事態がすでに存在していないことが表されるという．(15) の文は，ピエールはカナダにいたときに隣人であったが発話時点においてはもはや隣人ではないことを表す．

(15) Pierre, qui *était* mon voisin au Canada, vient dîner ce soir.　　　　　（*ibid.*）
　　　［Pierre, who was my neighbor in Canada, come to dinner this evening.］
　　　ピエールはカナダで私の隣人だったのだが，今晩夕食をとりに来る．

　一方，本書では Benveniste（1966）が histoire と名づけた発話様態を「語り」の発話様態と呼ぶ．「語り」の発話様態で用いられる過去時制のうち，本書における議論に関係があるのは単純過去と半過去である．Benveniste（1966）によると，「語り」の発話様態は今日では書き言葉にしか用いられず，過去のできごとを物語るために用いられるという[7]．ここには話し手

と聞き手による対話が存在しないので，「語り」の発話様態における時間軸上には発話時が存在せず発話時空間も認識されない．そしてこの時間軸は一方向的な性質を持つので次のように図示することができる．

(16)「語り」の発話様態における時間軸

$$\longrightarrow$$

このことは，Leeman-Bouix (1994) が指摘するように，単純過去は次のような発話時を基準とした時を表す副詞句とともに用いられると非常に不自然であるという事実に合致する．

(17) ??*Hier*, ma voiture *tomba* en panne.　[Yesterday, my car broke down.]
　　　昨日，私の車が故障した．
(18) ??*Avant-hier*, une amie *arriva* de Lyon.
　　　[The day before yesterday, a friend arrived from Lyon.]
　　　一昨日，ある女友だちがリヨンから到着した．
(19) **Tout à l'heure*, il *neigea*.　[Just now, it snowed.]
　　　つい先ほど，雪が降った．
(20) ??*Il y a deux heures*, le facteur sonna.　[Two hours ago, the mailman rang.]
　　　2時間前に，郵便配達人がドアベルを鳴らした．

(*ibid.*)

発話時が考慮されないことから生じる「語り」の発話様態のもう1つの特徴として，相対的な過去方向から相対的な未来方向へと向かう一方向的な時間軸上に事態が定位される点をあげることができる．Saussure (1997) では，上で見た複合過去の場合とは対照的に，単純過去を続けて用いる場合には因果関係を逆転させた叙述が認められないことが指摘されている[8]．

(21) *Les passagers *descendirent*. L'avion *atterrit*.　　　　(*ibid.*)
　　　[The passengers got off (the plane). The plane landed.]
　　　乗客たちが降機した．飛行機が着陸した．

また Le Guern（1986）によると，「語り」の発話様態において半過去が用いられる場合には，当該の事態が過去において真であったことが示されるのみであるという．

(22) Jacques commença l'histoire de ses amours. C'*était* l'après-dînée : il *faisait* un temps lourd ; son maître s'endormit.

(Denis Diderot, *Jacques le Fataliste,* Le Guern 1986 による引用)
[Jacques began the story of his love affairs. It was after dinner : it was a heavy weather; his master fell asleep.]
ジャックは自分の恋愛話を始めた．それは夕食後のことだった．鬱陶しい天気だった．彼の主人は眠り込んだ．

上の文中の半過去 était および faisait はともに単純過去によって表される「ジャックが物語を始めた」時点および「彼の主人が寝入った」時点において存在していることを表すのみであり，半過去によって表される事態が終結する時点は示されていない．

3.3 「投錨」

談話的時制解釈モデルにおいては時制形式による事態の定位操作を「投錨」と「係留」に分けて考えるが，自立的な時制形式である単純過去や複合過去による事態の定位操作を「投錨」と呼ぶ．投錨とは，談話時空間内に存在すると想定される時間軸上の特定の位置に直接事態を結びつける操作である[9]．

(23) 投錨

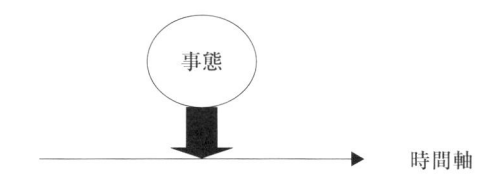

まずは複合過去による投錨の方法を具体例に基づいて説明する．複合過去が用いられる典型的な場面は，話し手と聞き手が対話を行う場面であり，話し手は発話時に視点を置きながら，すでに完了した過去の事態を振り返るような形で眺めていることが表される．したがって，談話的時制解釈モデルにおける複合過去の機能は次のようになる．

> **談話的時制解釈モデルにおける複合過去の機能**
> 複合過去は，話し手が視点を発話時に置き，当該の事態を完了したものとして後ろ向きの（retrospectif）視線で捉えていることを表し，時間軸上の特定の位置に事態を投錨する．

次の（24）の文において，話し手は発話時点に視点を置き，過去の方向を振り返りながら「パパが家の中に入ってきた」という事態が発話時から見た過去に生起したことを述べている．談話的時制解釈モデルにおいて（24）の複合過去は，時間軸上の発話時から見た過去の特定の位置に事態を投錨していると説明される．

(24) Papa *est entré* dans la maison avec un gros sourire.
　　　　　　　　（Jean-Jacques Sempé et René Goscinny, *Le Petit Nicolas et ses voisins*）
　　[Dad entered the house with a big smile.]
　　パパは満面の笑みをたたえて家の中に入ってきた．

次に単純過去による投錨のあり方を説明する．単純過去が用いられるのは発話時が考慮されることのない「語り」の発話様態であり，対話の場面で用いられることは基本的には考えられない．談話的時制解釈モデルにおける単純過去の機能は次のようになる．

> **談話的時制解釈モデルにおける単純過去の機能**
> 単純過去は，話し手が当該の事態を完了したものとして前向きの（prospectif）視線で捉えていることを表し，時間軸上の特定の位置に事態を投錨する．

（25）では第 1 文，第 2 文のいずれにおいても単純過去が用いられているが，これらの通常の解釈は，「ピエールが入ってくる」という事態が完了した後に「マリーが電話をする」という事態が生じるというものである．つまり，第 1 文の entra に対して第 2 文の téléphona は継起性を表している．

（25）Pierre *entra*. Marie *téléphona*.　　　　　　　　　　（Kamp et Rohrer 1983）
　　［Pierre entered. Marie called.］
　　ピエールが入ってきた．マリーが電話をした．

これらの単純過去による投錨のあり方を談話的時制解釈モデルを用いて説明すると次のようになる．（25）では第 1 文の単純過去が時間軸上の特定の位置に「ピエールが入った」という事態を投錨した後，第 2 文の単純過去が時間軸上のさらに右側の特定の位置に「マリーが電話をした」という事態を投錨することになる．

このように，談話的時制解釈モデルを用いて複合過去と単純過去の機能を説明すると，ともに自立的な時制形式であるので「投錨」を行う点において両者は共通した機能を持つが，発話様態が異なるため事態を投錨する時間軸の性質も異なることになる．

3.4 「係留」

前節で論じたように，単純過去や複合過去などの自立的な時制形式は事態を直接時間軸上に「投錨」する．それに対して，非自立的な時制形式が安定的な解釈を得るために当該の事態を談話時空間内に相対的に定位する操作を，談話的時制解釈モデルでは「係留」と呼ぶ．係留の操作によって定位される事態は談話時空間内の何らかの要素と関係づけられる必要がある[10]．

常に時間軸に対して事態が定位される投錨とは異なり，係留について考える場合には，「どの要素に対して係留が行われるのか？」という係留先

の選択が問題となる．典型的な場合には，先行する文脈に現れる自立的な時制形式によってすでに投錨された事態と関係づけられることで係留が実現される．自立的な時制形式によって表される事態に対する係留を図示すると（26）のようになる．

(26) すでに投錨された事態Aに対する事態Bの係留

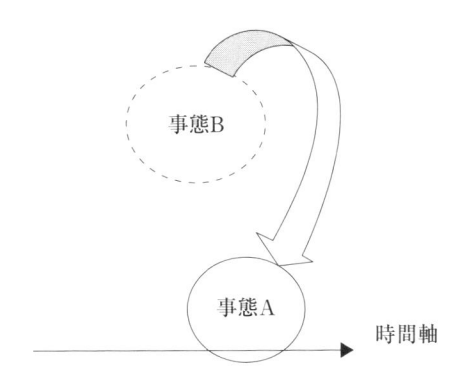

（26）の事態Aは自立的な時制形式によってすでに投錨された事態を表しており，非自立的な時制形式によって表される事態Bはこの事態Aに対して係留されることで解釈が可能となる．ここでは大過去における「係留」の操作を見る．

(27) Il *avait* d'abord *essayé* son costume bleu qu'il jugea trop strict pour ce cocktail de printemps.
　　　　　　　　　　　（Patrick Modiano et Jean-Jacques Sempé, *Catherine Certitude*）
［He had firstly tried his blue suit which he juged too strict for this cocktail party of spring.］
彼はまず青い背広を試着したが，それは春のカクテルパーティには堅苦しすぎると彼は判断した．

（27）において大過去 avait essayé「試着した」は，その後に続く単純過去 jugea「判断した」よりも前に完了したことを表す．（27）における大過去の談話的時制解釈モデルによる説明は次のようになる．

(28) 大過去の談話的時制解釈

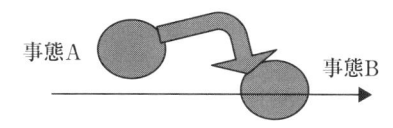

事態Aは大過去によって表される「青いスーツを試着した」という事態を表し，事態Bは単純過去によって表される「判断した」という事態を表している．矢印は，事態Aが事態Bに対して係留していることを表しており，事態Aは事態Bに対する先行性を表す．(27)における大過去のように，自立的な時制形式によって表される事態に対する係留に関しては従来いわれてきた相対時制の概念が当てはまるといえる．

4 半過去による事態の係留

半過去による事態係留のあり方について論じる前に，ここまでの議論の流れを整理しておく．談話的時制解釈モデルにおいては全ての時制形式が事態を談話時空間内に定位する操作を行うと考える．単純過去や複合過去などの自立的な時制形式による「投錨」は当該の事態を直接時間軸上の特定の位置に定位する操作であるため，投錨先は常に時間軸であり問題とならない．

一方，非自立的な時制形式による「係留」は，当該の事態を直接時間軸上に定位するのではなく，談話時空間内の他の要素と関係づけることで解釈を安定させる操作である．大過去による「係留」は，単純過去などの自立的な時制形式によって投錨された事態と関係づけられるのであって，いわば間接投錨と呼びうる操作である．

次に半過去における係留の操作を考える．すでに論じたように半過去の解釈にはさまざまな要素が関与するので，半過去による係留の操作も一通りではない．最も典型的な場合には半過去は他の自立的な過去時制形式とともに用いられ，この2つの時制の間に同時性の関係が成立すると解釈される．この場合には大過去と同様に，半過去によって表される事態は他の

自立的な過去時制形式によって表される事態に対して係留されるので(28)と同様の図式によって表すことができる．次の(29)における第2文の半過去 faisait は第1文の単純過去 entra に対して係留を行い，この単純過去との同時性を表す．

(29) Paul entra. Marie *faisait* la vaisselle.
　　　［Paul entered. Marie was doing the dishes.］
　　　ポールが入ってきた．マリーは皿洗いをしていた．

(30) 自立的な過去時刻に係留する半過去の談話的時制解釈

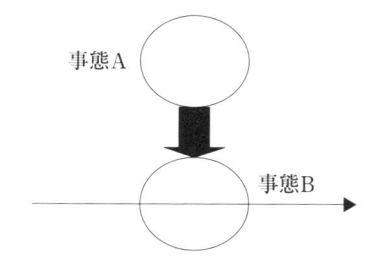

しかし，これは「語り」の発話様態における半過去の係留操作の1つに過ぎず，半過去による事態の係留が常に間接投錨として捉えられるとは限らない．半過去によって表される事態は文脈によって構築される「語りの時空間」に対して係留される場合もある．このことを図示すると(31)のようになる[11]．

(31) 「語りの時空間」に対する事態の係留

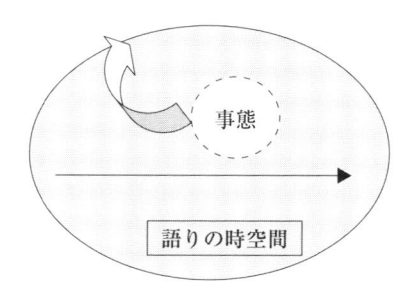

「語り」の発話様態においては発話時点や発話状況，および話し手と聞き手の存在が考慮されないので，「語り」の発話様態において用いられる半過去の解釈は基本的に言語化された要素に基づいて実現されるが，我々の世界に関する百科事典的知識が関与することもある．そして，この場合には談話時空間内にすでに設定された要素を参照することで半過去の解釈が実現されることになる．

一方，「談話」の発話様態で半過去が用いられるときには，発話時に存在する話し手と聞き手の共有知識が考慮される．上で述べたように，半過去による定位の操作は時間軸上に事態を位置づけるようなものではなく，半過去によって表される事態と談話解釈上の要素とを関係づけるという意味において相対的な概念操作なのである．そこで次節では半過去による相対的な事態定位のあり方について論じる．

4.1　半過去による事態の相対的な定位

半過去の解釈において時間的定位とは質的に異なる定位が必要であるという主張は，春木（1999a）や Le Goffic（1995）などに見られる．ここではまず半過去の認識的操作に関する春木（1999a）の主張を見てから，本書における半過去の係留操作について具体的に論じよう．

半過去が用いられるとき，話者はあたかも過去の時空間の中に視点を移動させ，当該の事態を内部から眺めているような印象を与える[12]．これは半過去の表現効果の1つであり，春木（1999a）は半過去が用いられる際の発話者の認識的操作を次のように説明している．

> **半過去の表す基本操作（春木 1999a）**
> 半過去で何らかの事態を述べる場合，発話者の視点は過去空間へと移動している．これは取りも直さず，半過去の使用時には発話空間とは別の認識空間としての過去空間が構成されているということである．つまり，発話者の視点が過去に移

動することによって自ずと過去空間が現出するということである．ここで重要なのは，この二つの操作，**過去への視点の移動と過去空間の構成が不可分の関係にある**という点である．

春木（1999a）の主張によれば，過去空間が構成されることで当該の事態が過去のできごとであることが表されるのは確かであるが，それだけではこれがいったいいつのことであるかを認識することができないということである[13]．半過去の使用によって設定された過去空間は，いわば浮雲のように漂っている状態なのである[14]．

そこで，何らかの形でこの過去空間を解釈可能な状態にする必要がある．これが事態の定位操作ということになるが，春木（1999a）は半過去による定位について「『定位される』 être repéré というのは『位置づけられる』 être localisé という意味ではない」，「半過去が時間的な定位を必要としているにしても，定位というのは非常に漠然としたもの，相対的なものでよいのである」と説明している．

本書においても，**非自立的な時制形式である半過去による事態の定位操作は相対的なものであることが重要である**と考える．ここでは「相対的」ということを2通りに解釈しなければならない．つまり，半過去によって表される事態は時間軸上に直接位置づけられることがないということであり，半過去は他の要素を参照しなければ解釈が成立しないということでもある．

この「他の要素」には，談話解釈上利用可能なさまざまな要素が該当する．自立的な過去時制形式と相対的に解釈される場合には，この過去時制形式との同時性を表す場合が多い．その結果，半過去によって表される事態がいつのことであるのかが相対的に定まることになる．

また，発話状況と過去空間とが対比されることで解釈が成立する場合には，過去によって表される事態がいつのことであるかが明確にされる必要がない．春木（1999a）では，半過去による時間的定位は非常に漠然とした

ものであると主張されている[15]．

時を表す副詞句も半過去の解釈を安定させる要素の1つと考えられるが，半過去の解釈を安定させるためには過去時を表す副詞句が文頭に置かれるだけでは不十分である．ここでは半過去による相対的な事態定位という観点から，先ほど触れた古石 (1983) による引用例をもう1度見てみよう．半過去が用いられた (32) は，冒頭に時を表す副詞句があるにもかかわらず「不完全で，何かしらニュアンスが加わり，…quand Jean m'a appelé とか，…mais aujourd'hui je ne m'ennuie plus, と文を続けなければ何とも座りの悪い感じを与える」のである．

(32) [= (2)] Hier soir, je *m'ennuyais* bien... [Yesterday, I was really bored...]
(ibid.)

つまりこのことは，半過去の解釈を安定させるために必要なのは当該の事態を時間軸上の特定の位置に結びつける操作ではないということを意味している．

春木 (1999a) は，Ducrot (1979) が提示した次の例において文頭に置かれた時の副詞句 autrefois「昔は」が行う時間的定位は，非常に漠然としたものであり相対的なものであることを指摘している[16]．そして，半過去が必要とするのは「意味的充足」であり「意味的定位 (repère sémantique)」を与えることであると主張されている[17]．

(33) Autrefois, la France *s'appelait* la Gaule.
(Ducrot 1979 からの春木 1999a による引用)

[Formerly, France was called Gaul.]
かつて，フランスはガリアと呼ばれていた．

Le Goffic (1995) においても，時空間的定位である repérage と「話し手が存在する今，ここ」としての発話時空間と半過去による時空間とを関係づける定位である arrimage が区別されており，非自立的な半過去による発話の解釈には二重の定位が必要であることが主張されている[18]．

本書においても，春木（1999a）や Le Goffic（1995）が主張するように，半過去による事態定位を半過去によって表される事態とそれ以外の要素とを意味的に関係づける操作として捉えるのが妥当であると考える．そこで次節では，半過去によって表される事態が，その解釈において具体的にどのような要素とどのような形で関係づけられるのかについて論じる．

4.2 半過去による時間的定位と意味的定位

談話的時制解釈モデルにおいては，半過去による事態の定位操作である「係留」を2段階に分けて考える．半過去が行う第1段階の定位は時間的定位であり，半過去に限らず全ての時制形式が備える機能である．これは半過去によって表される事態を，過去とみなされる時空間の中に導入することである．このことは，半過去の基本的性質の1つに過去性を認めるということに他ならない．しかし，半過去による時間的定位は緩やかなものであり，自立的な時制形式である単純過去や複合過去による「投錨」のように，時間軸上の特定の場所に事態を据えつけるようなものではない．

そして半過去による第2段階の定位は，意味的定位である．これは談話解釈上何らかの形で半過去が他の要素との間に相対的な関係を持つことをいう．**談話的時制解釈モデルにおいては，この相対的な関係が「部分」と「全体」として捉えられることが半過去による事態の「係留」操作の本質であると考える．**

半過去によって表される事態が部分性を持つという考え方は Berthonneau et Kleiber（1993）によって示された imparfait anaphorique-méronomique「部分照応的半過去説」として知られている．彼ら（以下，本書では B & K と呼ぶ）の主張に対しては問題点も指摘されているが，本書では B & K の主張する概念に対する修正を行い，半過去の解釈に共通する特性として「部分―全体性」が認められることを主張する．**「部分―全体性」は半過去単独では成立せず，我々の世界に関する百科事典的知識や話し手と聞き手の共有体験などが含まれる広義における共有知識が関与する解釈の場にお**

いてはじめて認識されることになる．

そこで，次節では「部分照応的半過去説」の概要と問題点を確かめ，本書における「部分―全体性」の概念を提示する．その後，具体例に基づいて談話的時制解釈モデルにおける半過去の係留操作を論じる．

4.3 「部分照応的半過去説」の概要

imparfait anaphorique-méronomique「部分照応的半過去説」とは，半過去の本質的な機能を説明するためにB&Kによって示された仮説である[19]．まずは具体例に即してこの仮説の概要を見てみよう．次の（34）では第2文で単純過去が用いられた直後に第3文で半過去が用いられているが，単純過去の事態と半過去の事態の間に同時性が成立するとは解釈されない．

> (34) Jean se mit en route dans sa nouvelle Mercedes. Il *attrapa* une contravention. Il *roulait* trop vite. (*ibid.*)
> [Jean started to drive in his new Mercedes. He got a traffic ticket. He was driving too fast.]
> ジャンは新しいメルセデスに乗って出発した．彼は違反切符を切られた．スピードを出し過ぎて走行していたのだ．

この例で問題となるのは第3文に現れる半過去 roulait の解釈である．単純過去が用いられた第2文が表す「違反切符を切られた」という事態に対して，第3文の「スピードを出し過ぎて走行していた」という事態は先行関係にあるというのが通常の解釈である．

この場合，単純過去と半過去の間に同時性の関係は成立しないが，ここでは「原因とその結果」という意味的な関係によって半過去の定位が保証されるので半過去の解釈が可能となるというのがB&Kによる説明である．つまり，第3文が表す「超過速度で走行していた」という事態は，第2文が表す「交通違反切符を切られた」という事態全体の一部分として解釈されるわけである．ある事態の部分であるからといって必ずしも時間的

同時性を伴うわけではないが，ここではある事態の原因とみなされるという意味で半過去の表す事態が部分を表すことになる．

「原因とその結果」という因果関係が成立することによって（34）の半過去の解釈が可能になることは，次の（35）の容認度が下がることからも明らかである．

(35) Jean se mit en route dans sa nouvelle Mercedes. Il *attrapa* une contravention. ?Il *roulait* avec plaisir.　　　　　　　　　　　　　　　　　　　　　　　　　(*ibid.*)
[Jean started to drive in his new Mercedes. He got a traffic ticket. He was driving with pleasure.]
ジャンは新しいメルセデスに乗って出発した．彼は違反切符を切られた．彼は楽しんで走行していたのだ．

（35）では，第 2 文の「交通違反切符を切られた」という事態の原因として第 3 文の「楽しんで走行していた」という事態を解釈することは難しく，両者の間に因果関係が成立すると判断することはできない．そのため，この半過去は容認度が下がるというのが B & K の主張である．

（34）と（35）において，第 2 文の単純過去と第 3 文の半過去が表している事態同士の時間的な関係は同じであると考えられるので，両者の容認度を決定づけるのは意味的な整合性の有無であるということになる．

「部分照応的半過去説」の特徴は次の 2 点に集約される．1 点目は，半過去を解釈する際に考慮される要素は先行文脈に現れる自立的な時制形式によって導入される特定の「時点」であるという，それまでの半過去についての説明の中で繰り返し述べられてきた考え方を改め，先行詞としてはたらく要素は先行文脈によって導入される「状況」であるとした点である[20]．

そして 2 点目は，先行詞として機能する状況と半過去によって表される事態との間には，前者が「全体」であるのに対して後者がその「部分」を表すという「全体－部分」の関係が成立するという点である[21]．上の（34）および（35）の説明で見たように，この関係は時間的なものである

とは限らず，因果関係のような意味的なものであることもある．

　このように，時間軸上に表示される事態同士の位置関係だけではなく，我々の世界に関する百科事典的知識や，それに基づいて行われる推論などの語用論的要素を考慮に入れた半過去の解釈機序を提示している点において，部分照応的半過去説はそれまでの先行研究とは本質的に異なっている．

4.4 「部分照応的半過去説」に対する批判

　前節で見たように，それまでの先行研究では考慮されることがなかった因果関係のような非時間的な要素を半過去の説明原理に組み込んだという点で，部分照応的半過去説は半過去の機能に対する仮説としては画期的なものである[22]．

　しかしながら，この仮説に対する批判が存在するのも事実であり，それらの中で重要であると考えられるのは次の3点である．まず，半過去が常に照応性を有するとは限らないという批判である．春木（1999b）は，次のような発話空間との関連で解釈される半過去が照応的であるとは考えられないという[23]．

(36) Hier il *pleuvait*, mais aujourd'hui il fait beau.
　　　［Yesterday it was raining, but today it is fine.］
　　　昨日は雨が降っていたが，しかし今日は天気が良い．
(37) Je t'*attendais*. / Je te *cherchais*.[24]
　　　［I was waiting for you. / I was looking for you.］　　　　　　　(*ibid.*)
　　　私はきみを待っていたんだ．／私はきみを探していたんだ．

　春木（1999b）は「照応ということに拘らなければ彼らの説明の基本的な部分を救うことは出来ると思われる」と述べている．つまり半過去はその解釈において常に他の過去時との関連づけを必要とするわけではないので照応的であるとは限らず，半過去には発話空間との対比で解釈が成立す

る用法もあるという事実を指摘しているのである．

　また，半過去の解釈において「部分―全体」の関係が常に成立するとは限らないという批判もある．春木（1999a）は，半過去の典型的な用例と考えられる（38）について，半過去が表すのは部分ではなくてむしろ全体であると主張している[25]．

(38) Quand il m'a appelé, je *dormais*. ［When he called me, I was sleeping.］
　　　彼が私を呼んだとき，私は眠っていた．

　さらに，部分照応的半過去説における「全体」の概念がどのようなものであるのかという点に関して，必ずしも明示的な説明がなされていないこともこの仮説の問題点であると考えられる．

4.5　半過去による「係留」と「部分―全体性」

　前節で見たように，部分照応的半過去説にはいくつかの問題点が見出されることが先行研究において指摘されており，Ｂ＆Ｋの主張をそのままの形で半過去全般の説明に適用することには限界がある．
　しかし，だからといって部分照応的半過去説は本質的に不適切な仮説であると判断してしまうのは早計であり，そこには吟味に値する考え方が示されている．本書では，この仮説の本質は「半過去の解釈において『部分―全体性』が認識される」という点にあり，このことが半過去の解釈における本質的な特性の1つであると考える．
　この「部分―全体性」の成り立ちについて具体的に論じておこう．あるものが部分であると判断されるためには全体が認識されなければならない．**部分は単体では部分たり得ず，全体との相対的な関係が認識されたときにはじめて部分として機能するのである．**
　半過去によって表されるのが部分としての事態であるならば，当然のことながら半過去自体によって当該の事態が属する全体を設定することはできない．談話解釈上利用可能な「半過去以外」の要素を考慮することで，

はじめて全体を設定することが可能となる．そして，**全体を全体として認識できるのは解釈の際に我々が共有知識や言語文脈を参照しながら談話を構築するからであり，解釈の場においてはじめて「全体としての認識枠」を認識することができるのである．**

ここで，部分照応的半過去説において重要視されている半過去の「照応性」が適切であるといえるのかという点について考えてみよう．半過去が常に照応的な時制であるとは限らず，半過去が用いられる発話様態によって照応性の有無は異なる．

「語り」の発話様態において用いられる半過去は，何らかの意味で先行文脈中に存在する過去の要素を参照することで解釈が成立するという意味において，常に照応的である[26]．しかし「談話」の発話様態において用いられる半過去は，すでに談話時空間内に存在する過去の要素を参照して半過去の解釈が成立するとは限らないので，常に照応的であるとはいえない[27]．

したがって，本書では「部分照応的半過去説」から照応性を取り除いた「部分－全体性」を半過去の解釈に対する説明概念として用いる．ここで重要なことは，上で述べたように「部分－全体性」というのは半過去によって表される事態そのものが持つ性質ではなく，半過去の解釈過程において成立するものであるという点である．

「部分－全体性」が成立するためには，解釈過程において発話状況や自立的な過去時制によって表される事態など，談話資源として利用可能な半過去以外の何らかの要素を考慮した結果，「全体としての認識枠」が設定される必要がある．この「全体としての認識枠」のことを談話的時制解釈モデルでは「母時空間」と呼ぶ．このことをまとめると次のようになる．

> **半過去の解釈における「部分－全体性」**
> 半過去が適切な解釈を受けるためには，半過去によって表される事態を含む「全体としての認識枠」が設定される必要がある．この「全体としての認識枠」を「**母時空間**」と呼ぶ．

母時空間の設定方法はさまざまであるが，**半過去によって表される事態と母時空間との間には「部分－全体」の関係が成立する必要がある**．この半過去の解釈機序は，「語り」の発話様態においても「談話」の発話様態においても共通するものである．

そして，この「部分－全体性」が成立することが談話的時制解釈モデルにおける半過去による事態の定位操作である「係留」の内実である．次節からは具体例の分析を通じて，談話的時制解釈モデルによって半過去の解釈をどのような形で説明することができるかを論じる．

5　半過去の具体例の分析

本節では，前節で論じた「部分－全体性」に基づく半過去の係留操作が，具体例の解釈においてどのような形で実現されるかを論じる．「語り」の発話様態における半過去と「談話」の発話様態における半過去では，解釈の際に参照することができる談話資源が異なる．また，半過去によって表される事態を部分として含み持つ「母時空間」の設定機序は具体例によりさまざまに異なる．しかし，「部分－全体性」が成立することで半過去の解釈が成立する点はさまざまな例に共通していることを論じる．

5.1　他の自立的な過去時制との同時性を表す半過去

まずは「語り」の発話様態における半過去の分析から始めよう．

(39) [= (29)] Paul entra. Marie *faisait* la vaisselle.
　　　[Paul entered. Marie was doing the dishes.]
　　　ポールが入ってきた．マリーは皿洗いをしていた．

東郷 (2010) の指摘に見られるように，(39) のような教科書的な半過

去の用例は部分照応的半過去説による説明が難しいことをB&K自身も認めている[28]．しかし東郷（2010）によると，このような半過去にとって先行詞としてはたらく要素は第1文の主語である「認知主体 Paul によって知覚された現場」であると解釈することによって，(39)のように時間的同時性によって解釈が保証されると考えられる半過去の用例もB&Kの主張に基づいて説明することが可能になるという．

この考え方に従うと，談話的時制解釈モデルによる(39)の説明は次のようになる．第1文によって示される Paul が知覚する過去の時空間におけるさまざまな状況が全体としての枠組みである「母時空間」を構成し，半過去によって表される事態はそのさまざまな状況の中の部分として含まれることになる．

このような半過去の解釈においては，知覚の現場という状況に対する「部分－全体」の関係が成立する必要がある．これが(39)のような単純過去とともに解釈される半過去による事態の「係留」である．

ここでは，第1文によって表される事態と第2文によって表される事態の時間軸上の位置関係が同時であることではなく，第1文によって表される事態と，第2文によって表される事態とが，同じ時空間を共有している点が本質的な意味において重要である．

次に，第2節で言及した次の例について考えたい．半過去の使用条件に整合性の原則を認める Molendijk（1996）は，(40)の半過去を不自然であると判断している[29]．「ポールが台所に入った」という事態と「共和国大統領が不義をはたらいていた」という事態が時間的に同時に生起したとしても，ポールの行為と大統領の行為の間には何ら整合的な意味関係は成立していないからである．

(40) [= (11)] Paul entra dans la cuisine. #Le président de la République *trompait* sa femme. (*ibid.*)
 [Paul entered the kitchen. The president of the Republic was cheating on his wife.]
 ポールは台所の中に入った．共和国大統領は妻を裏切っていた．

しかしB＆K（1998）は，もしも Paul が大統領の義兄弟や料理人であり，いつでも自由に台所に出入りできる立場の人間であれば（40）の半過去も容認されると主張している．

B＆K（1998）が設定しているこの状況は示唆的である．つまり，ポールと大統領が近しい親族関係にある場合やポールが大統領の料理人である場合には，第3文の「共和国大統領が不義をはたらいていた」という事態を，台所に入った認識主体であるポールによって知覚された現場として解釈することができるからである．

すなわち，教科書的な例である（39）の場合と同様に，（40）でも第2文の半過去によって表される事態を Paul の知覚する現場の状況という「母時空間」の一部分として解釈しうる場合には「部分－全体性」が成立するので，半過去による事態の「係留」が実現され解釈が可能となるということである．

5.2 「因果関係」を表す半過去

次に，B＆K（1993）によって示された（41）の例を談話的時制解釈モデルに基づいて説明する．（41）では，第2文の単純過去と第3文の半過去は時間的同時性を表すのではなく，原因と結果という因果関係を表すものとして解釈することができる．

(41) [＝(34)] Jean se mit en route dans sa nouvelle Mercedes. Il *attrapa* une contravention. Il *roulait* trop vite. (*ibid.*)
[Jean started to drive in his new Mercedes. He got a traffic ticket. He was driving too fast.]
ジャンは新しいメルセデスに乗って出発した．彼は違反切符を切られた．スピードを出し過ぎて走行していたのだ．

談話的時制解釈モデルによる（41）の半過去の解釈は，次のようになる．

(42) 因果関係によって解釈が可能となる半過去

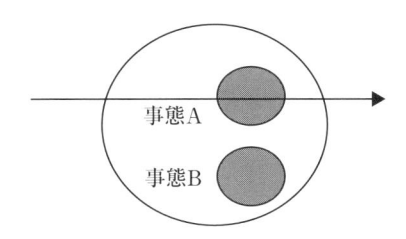

　　(42) の事態 B は第 3 文（Il roulait trop vite）の半過去 roulait によって表される事態を表している．事態 A と事態 B を取り囲むようにして描かれた円は，第 1 文によって表される事態をも含む一連のできごとのまとまりを示し，これは第 3 文の半過去 roulait の解釈における母時空間として認識される．そのため，半過去と母時空間の間に「部分－全体」の関係が成立することになる．

　　ここで最終的に半過去の解釈において「部分－全体」の関係が成立するのは，解釈の際に我々が世界に関する百科事典的知識に基づいて因果関係（原因－結果）を認識することができるからである．つまり，半過去によって表される「超過速度で走行していた」ことを原因として「交通違反切符を切られた」という結果が生じることは，時間的同時性として認識されるのではなく，我々の世界に関する知識に基づく因果関係として認識されるのである．これが (41) の半過去による事態の「係留」である．

　　そのため，我々が持つ百科事典的知識との間に離隔が生じるような内容を表す (43) のような文は，たとえ単純過去および半過去によって表される事態同士が (41) と同じ時間的関係を持つとしても容認度が低くなる．

(43) [= (35)] 　Jean se mit en route dans sa nouvelle Mercedes. Il *attrapa* une contravention. ? Il *roulait* avec plaisir.　　　　　　　　(B&K 1993)
　　　[Jean started to drive in his new Mercedes. He caught a speeding ticket. He was driving with pleasure.]
　　　ジャンは新しいメルセデスに乗って出発した．彼は違反切符を切られた．彼は楽しみながら走行していたのだ．

(44) 解釈の際に必要となる母時空間が成立しない半過去

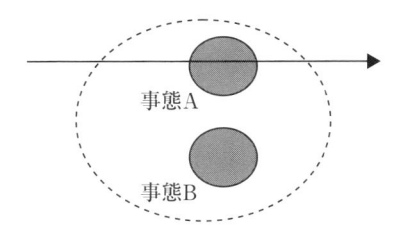

[図: 破線の楕円内に事態Aと事態Bの円が描かれ、時間軸を示す矢印が事態Aを貫いている]

　(44) の事態Bが第3文 (Il roulait avec plaisir) の半過去 roulait によって表される事態を表しているのは，先ほどの (42) の場合と同じである．

　ところが (43) では，百科事典的知識を参照しても「楽しんで運転していた」ことと「違反切符を切られた」こととの間に「原因－結果」の因果関係が成立すると判断することはできない．そのことが (44) では破線で描かれた円によって示されている．この場合には半過去による事態の「係留」が実現されないので，(43) の半過去は容認度が低くなると説明することができる．

5.3 「談話」の発話様態と半過去の解釈

　次に，「談話」の発話様態における半過去の解釈を見る．前節で見た「語り」の発話様態における半過去の場合と同様に，「談話」の発話様態における半過去の解釈においても，我々の世界に関する百科事典的知識である共有知識が参照されることが少なくない．共有知識の内容が誰にとっても同じであるとは考えられず，個人の経験によってさまざまに異なりうる．

　一方，「談話」の発話様態における半過去を解釈する際には，「語り」の発話様態とは異なる談話資源を利用することも可能である．言語化された要素だけでなく話し手と聞き手が存在する時空間に属する非言語的情報を参照することで半過去の解釈が可能となることもある．さらに，話し手と聞き手の双方にとっての共有体験が半過去の解釈に関与することもある．

談話的時制解釈モデルでは，このような要素を考慮し，半過去の解釈が「部分―全体性」の成立に基づいており，半過去によって表される事態が談話時空間内に係留されることを説明することができる．

5.4　非言語的情報を参照して解釈される半過去

発話状況に属する非言語的情報を参照することによって，一見すると単独で用いられているように思われる半過去の解釈が可能になることがある．次の (45) は，文頭に時の副詞句も置かれず，また他の自立的な過去時制が併用されているわけでもなく，半過去の解釈のために参照可能な言語化された要素は何も存在しない．しかし Tasmowski-De Ryck (1985a) によれば，例えば（家の中で）大きな物音が起きてびっくりしているのを見て，話し相手が上階の方を見ながら発話する場合には解釈が可能であるという．

(45)　[= (7)]　Oh, rien, il *fermait* la porte.[30]　　　　　　　　(*ibid.*)
　　　[Oh, nothing, he was closing the door.]
　　　ああ，何でもない，彼が扉を閉めたんだ．

ここでは（扉を激しく閉めたときに生じた）騒音という発話時から見た過去に位置づけられるべき非言語的情報を参照することによって，半過去を用いた (45) の文が解釈可能となる．談話的時制解釈モデルを用いると，(45) の半過去の解釈は次のように説明することができる．この例では半過去によって表されている「扉を閉めた」という事態が，言語化されていないが発話時から見た過去に生じた「大きな音がして揺れが生じた」という事態の原因を表していると解釈される．それは，我々が世界に関する百科事典的知識に基づき「扉を（激しく）閉めると同時に大きな音がして揺れが生じる」ことをひとまとまりの事態として認識することができるからである．

そして，この「大きな音がして揺れが生じた」という非言語的情報は話

し手と聞き手が存在する時空間において認識された事態であり，ある種の共有体験に基づいていると考えることができる．このような発話状況に属する非言語的情報は，「談話」の発話様態においてのみ利用可能な解釈資源である．

(45) の半過去によって表される事態は，過去における非言語的要素に対する原因を表すものとして認識することが可能である．そのため，ここでも因果関係という「母時空間」の一部として認識されることで「部分一全体性」が成立しており，半過去による事態の「係留」が行われていると考えることができる．

5.5 話し手と聞き手の共有体験を参照して解釈される半過去

「談話」の発話様態で用いられる半過去の解釈には，話し手と聞き手の共有体験が関与することもある．Tasmowski-De Ryck (1985a) はこのことを示すさまざまな例を示している．まずは次の例を見たい．

(46) Qu'est-ce qu'il *pleuvait* !　　　　　　　　　　　　　　　　(*ibid.*)
　　　[How it was raining!]
　　　ひどい雨でしたね！

(46) のような半過去が用いられた文によって会話を始めることは難しく，会話の冒頭ではふつう次のように複合過去を用いるのが自然である[31]．

(47) Qu'est-ce qu'il *a plu* !　[How it rained!]　　　　　　　(*ibid.*)
　　　ひどい雨でしたね！

(47) において，話し手は発話時点に視点を置きながらただ単に「雨が降った」という事態が発話時から見た過去に生起したことに言及しているのである．よって，この文の解釈に話し手と聞き手の共有知識は関与しないので，仮に話し手と聞き手が初対面の間柄であり，(47) が会話の冒頭

に現れたとしても解釈が可能なのである.

　ところが Tasmowski-De Ryck（1985a）によると，もしも「雨に降られたことで大変な日に遭った」という体験を話し手と聞き手が共有している場合には，会話の冒頭であっても半過去を用いることが可能であるという.

(48)　[=（46）]　Qu'est-ce qu'il *pleuvait*！[How it was raining!]　　　(*ibid.*)
　　　ひどい雨でしたね！

　談話的時制解釈モデルを用いると，(48)における半過去の解釈は次のような形で説明することができる．この半過去によって表される事態は，話し手と聞き手が記憶する一連の事態連鎖である共有シナリオの一部として認識されている．たとえ言語化されるのはそのうちの一部であったとしても，シナリオの中にはその前後に生起した一連の事態も含まれるのである．その意味において，話し手の聞き手の共有体験に基づくシナリオは，「水は100度で沸騰する」や「フランスの首都はパリである」といった宣言型の共有知識とは質が異なると考えられる.

　(48)では話し手が聞き手との共有体験に言及している点が，(47)のように複合過去が用いられた場合とは異なる．そして，半過去によって表される「雨が降っていた」という事態がこの「話し手と聞き手の共有体験としてのシナリオ」という「母時空間」の中の一部分として解釈されることで，「部分─全体性」が成立するのである．これが，(48)における半過去による事態の「係留」である．このことを図示すると，次のようになる.

(49) 共有体験に基づくシナリオを参照して解釈される半過去

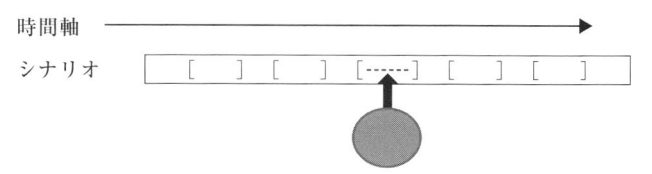

　　　時間軸
　　　シナリオ　［　］［　］［------］［　］［　］

　(49)の円は，半過去によって表される事態を表している．この事態は直接時間軸上に位置づけられるわけではなく，話し手と聞き手が共有するシナリオ上の一要素としてこのシナリオに対して係留される．シナリオ内には言語化されていないさまざまな要素が潜在的に含まれており，半過去はこの中の一要素として認識される．つまり共有シナリオという「全体」に対する「部分」を半過去が表すことになり，「部分―全体性」が成立することが示されている．

　次の(50)に対する適切な解釈状況についても，同じようなことがいえる．Ducrot (1979) は(50)のような半過去が会話の冒頭で単独で用いられると不自然であると判断している[32]．しかし，Tasmowski-De Ryck (1985) によると例えば歴史の先生が講義の冒頭で先週説明した（かつてフランスがガリアと呼ばれていた）時代のことに学生の注意を喚起したい場合には，(51)のように半過去を用いた文を談話の冒頭で用いることができるという．ここでも，話し手である歴史の先生と聞き手である学生との間でシナリオが共有されていることが認められる．

(50) ??La France *s'appelait* La Gaule. 　　　　　　　(Ducrot 1979)
　　　[France was called Gaul.]
　　　フランスはガリアと呼ばれていた．
(51) Donc, Messieurs dames, la France *s'appelait* La Gaule.[33]
　　　　　　　　　　　　　　　　　　　　　(Tasmowski-De Ryck 1985a)
　　　[So, Ladies and Gentlemen, France was called Gaul.]
　　　それで，みなさん，フランスはガリアと呼ばれていたのでしたね．

　談話的時制解釈モデルを用いて(51)の半過去の解釈について説明する

と次のようになる．(51) において半過去によって表される事態が係留される母時空間は，話し手である歴史の教授と聞き手である学生にとっての共有体験としてのシナリオであると考えることができる．ここで参照されるのは先週の講義の内容であり，この内容は話し手である歴史の先生と聞き手である学生の双方が共有する体験または知識を指すものであると考えることができる．

さらに，前島 (1997) が複合過去と対比させながら論じている (52) の「reprise の半過去」も，その解釈に話し手と聞き手の共有体験に基づくシナリオの共有が関与する例であると考えることができる．

(52) Ah, c'est lui dont tu me *montrais* la photo ?　　　　　　　　(前島 1997)
　　　[Ah, it's him whose photo you were showing to me ?]
　　　ああ，きみが私に見せてくれていた写真の人って彼なの？

前島 (1997) によれば，これは「tu m'as montré la photo de quelqu'un は既成事実なのだが，誰の写真だったのかはわからなかったところ，いま目にした人物と同一であることが了解できた」という意味である[34]．

つまり，Tasmowski-De Ryck (1985a) の例と同様に (52) の半過去も解釈の際に話し手と聞き手の共有体験が関与する例であると考えることができる．(52) の談話的時制解釈モデルによる説明は次のようになる．(52) において半過去によって表される事態は，「以前に聞き手から，とある写真を見せてもらったことがある」という話し手と聞き手の共有体験に係留される形で解釈される．半過去によって表される事態は，この共有シナリオという母時空間の中の部分的な要素として認識されている．これが (52) の「reprise の半過去」による事態の「係留」である．

先ほど論じた (46) や (47) の大雨の例と同様に，このような場合にも話し手と聞き手がシナリオを共有していない場合には半過去を用いることができず，次のように複合過去を用いる必要がある．

(53) – J'ai lu le nouveau bouquin de Patrick Chamoiseau. C'est vachement bien. Tu connais

cet auteur ?
- Ben oui, c'est lui dont je t'*ai parlé* l'autre jour. T'as oublié ? (*ibid.*)
[- I read the new book of Patrick Chamoiseau. It is really well. Do you know this author ?
- Uh, yes, it is him of whom I told you the other day. Did you forget ?]
― パトリック・シャモワゾーの新刊を読んだよ．とってもよかった．きみはこの著者を知っている？
― もちろん，先日きみが私に話してくれた人だよ．きみは忘れたのかい？

　これは第2話者である聞き手が話し手との会話の中ですでに当該の作家を話題にしたことがあるにもかかわらず，話し手がそのことを忘れてしまっている場合の発話である．この状況では話し手と聞き手がシナリオを共有していると言うことはできず，この場合には半過去を用いると不自然な発話となる．(53)において聞き手が用いた複合過去 ai parlé「話した」は，当該の事態が過去に生起したことを新情報として談話内に導入していることを表す[35]．

　最後に，必ずしも両者が体験そのものを共有していなくても「話し手と聞き手によるシナリオの共有」が成立する場合があることを確かめる．次の例の解釈状況について考えたい．

(54) Tiens, il *pleuvait*!　[Oh, it was raining!]　　(Tasmowski-De Ryck 1985a)
　　あっ，雨が降ったんだ！

　Tasmowski-De Ryck（1985a）によれば，路面が濡れているのを見て「雨が降ったのだ」と言いたいときの発話としては(54)の文は不自然であり，そのような場合には複合過去を用いることになるという．しかし，同じ(54)の文が次のような状況で発話されるときには容認されるという．

(55) 発話者はポールがウィンドサーフィンをしに出かけたことを知っている．しかし雨のためにできなくなってしまい，ポールは予定していた時間よりも早く帰宅した．発話者はポールに向かって次のように言う．
　　Tiens, il *pleuvait*![36]　　[Oh, it was raining!]
　　あ，雨が降ったんだ！　　　　　　　　　　　　　　　　　(*ibid.*)

この場合には半過去は単なる過去の状況に言及するのではなく,「雨が降ったから（早く帰ってきたの）だね！」というように,現在の状況に対する理由づけの機能を果たしていると考えることができる.

ここで話し手と聞き手が共有していると考えられるシナリオは,例えば「ウィンドサーフィンをしに出かける」→「好天である」→「ウィンドサーフィンを楽しむ」→「帰宅は夕方になる」という想定に対して,「ウィンドサーフィンに出かける」→「雨が降っていた」→「ウィンドサーフィンができない」→「帰宅が早くなる」というようなものであり,半過去によって表される「雨が降っていた」という事態はこのようなシナリオの一部分として解釈されるのである.

談話的時制解釈モデルを用いると,(55)の半過去は上で説明した「話し手と聞き手が共有するウィンドサーフィンのシナリオ」という「母時空間」の中の一部分として解釈され,「部分－全体性」が成立することになる.これが,(55)における半過去による事態の「係留」である.

このように,「談話」の発話様態において用いられる半過去の解釈には発話状況に含まれる非言語的情報や話し手と聞き手の共有体験,そして共有シナリオなどが関与する場合があることが,「語り」の発話様態で用いられる半過去の解釈機序とは本質的に異なる点である.

しかしながらこれまでに具体的に論じてきたように,「談話」の発話様態において用いられる半過去についても,解釈の場において「全体としての枠組み」として機能する「母時空間」が認識される点,さらに半過去によって表される事態は母時空間の中の一部分とみなされ,両者の間に「部分－全体性」が成立する点は,「語り」の発話様態で用いられる半過去の解釈と共通している.

部分と全体との具体的な関係は半過去が用いられる場面によってさまざまに異なりうるし,半過去によって表される事態以外の部分的な要素が母時空間の中に存在することが言語化されるか否かも場合によって異なる.しかし,この**「部分－全体性」が半過去の解釈機序に共通する特性である**という点が重要である.

そして第3章で論じるように，この「部分ー全体性」によって半過去の相対的位置関係が定まり，quand 節による場面の定位機能が実現されることもある．談話的時制解釈モデルを用いると，さまざまな半過去の解釈に共通する一般的な特性である「部分ー全体性」の成立という「係留」操作によって，quand 節に現れる半過去の解釈を統一的な形で説明することが可能となるのである．

6 第2章のまとめ

第2章では，quand 節に現れる半過去の解釈機序を説明するという最終目標の前提となる，仮説①および仮説②の妥当性について論じた．

仮説①　時制形式と事態の定位機能
全ての時制形式は当該の事態を談話空間内に定位する機能を持つ．時制形式による事態定位の方法は一通りではなく，**「投錨」**と**「係留」**に分けることができる．
自立的な過去時制である単純過去や複合過去は，他の要素の助けを借りずに当該の事態を時間軸上に直接定位する機能を持つ．これを「投錨」と呼ぶ．一方，非自立的な過去時制である半過去は，当該の事態を時間軸上に直接定位する機能を持たず，当該の事態を他の要素と結びつけることで相対的な定位を行う．これを「係留」と呼ぶ．

仮説②　半過去の係留操作
半過去は過去時制であり，談話空間内の過去に位置づけられる事態を表す．時間軸上に直接事態を位置づける「投錨」とは異なり，半過去による「係留」は相対的な操作である．半過去が安定した解釈を受けるためには，半過去によって表される事態を部分的な要素として含み持つ全体としての役割を果たす認識枠が解釈上設定される必要がある．この認識枠にはさまざまな種類があるが，言語文脈上構築される認識枠のことを**「母時空間」**と呼ぶ．半過去の「係留」操作は，当該

の事態を過去時に位置づけるだけでなく，当該の事態と母時空間との間に「部分—全体」の関係が成立することによって実現される．

　そのために，第2章では非自立的な半過去による事態定位のあり方を説明するための概念である談話的時制解釈モデルを示した．談話的時制解釈モデルにおいては，全ての時制形式が当該の事態を談話空間内に定位する機能を持つと考える．しかし全ての時制形式が同じ形で事態の定位操作を行うわけではない．

　単純過去や複合過去などの自立的な時制形式は談話空間内の時間軸上に当該の事態を直接定位する機能を持ち，これを「投錨」と呼ぶ．一方非自立的な時制形式である半過去は時間軸上に直接当該の事態を定位するのではなく，談話内の他の要素と関連づけることで事態を定位する機能を持ち，これを「係留」と呼ぶ．

　そして半過去を解釈するためには，半過去以外の要素を参照し半過去によって表される事態との関係づけを行う必要があることを確認した．そのような関係には時間的なものもあるが因果関係のような意味的なものも認められる．

　このことを談話解釈における時制の定位機能という観点から述べると，非自立的な時制形式である半過去が適切な形で解釈されるためには，時間的定位と意味的定位の両方が実現される必要があるということになる．その意味において，複合過去や単純過去が「自立的な時制形式」と呼ばれるのは時間的定位のみによって解釈が成立するからであり，半過去が「非自立的な時制形式」と呼ばれるのは時間的定位のみでは解釈が成立しないからであるということになる．

　半過去による時間的定位の操作は漠然とした緩やかなものであり，当該の事態は時空間内にふわふわと浮遊している状態で捉えられる．このままの状態では安定した解釈を得ることができないので，何らかの方法で意味的に定位する必要がある．意味的定位とは，半過去によって表される事態を部分として含み持つ「全体としての枠組み」としての「母時空間」が解

釈上何らかの形で設定され，半過去によって表される事態と，母時空間との間に「部分―全体」の関係が成立することをいう．

　談話的時制解釈モデルでは，この「部分―全体性」が成立することで半過去による事態の定位操作である「係留」が実現されると考える．この関係は純粋な時間的関係とは限らず，談話解釈の場面に即して，我々の世界に関する共有知識や非言語的情報，さらに話し手と聞き手の共有体験や共有シナリオなどを参照して構築される概念である．本章では，半過去の解釈を考察する際にはこのようなさまざまな要素を組み込んだモデルが必要となることを具体例の分析によって示した．

　第3章では，談話的時制解釈モデルを用いて本書の分析の中心となるquand 節に現れる半過去の用例について具体的な分析を行う．そこで重要になるのは，半過去による係留の操作によって相対的に場面を特定することが可能であれば，quand 節の中で半過去を用いることができるという点である．このことは，本章で論じた「部分―全体性」という半過去の一般的な性質を考慮すればquand 節における半過去を特殊な事例とみなしてアドホックな説明概念を措定しなくても，統一的な説明を行うことが可能となることを意味している．

　quand 節に現れる半過去の解釈を論じる第3章，そして逆従属構文の解釈を論じる第4章を通じて，談話的時制解釈モデルを用いることにより従来の時制論の枠組みでは十分に説明することのできなかった問題を扱うことが可能となるのである．

注

1）　引用文中のフランス語文の英訳および日本語訳は次の通りである．
　　　　quand Jean m'a appelé
　　　　［when Jean called me］
　　　　ジャンが私を呼んだとき
　　　　mais aujourd'hui je ne m'ennuie plus
　　　　［but today I'm not worried any more］
　　　　しかし私は今日はもう退屈していない
2）　Vetters（1993）によると，フランス語学における絶対時制と相対時制の区分は18世紀から行われており，Girard（1747）に端を発することがYvon（1951）に

おいて示されているという.
> Depuis plus de deux siècles, la linguistique française divise les temps verbaux en deux séries, appelées temps absolus d'une part et temps relatifs d'autre part. Selon Yvon（1951 : 268), la distinction remonte à Girard（1747）qui distingue en français deux Présents, deux Prétérits, deux Aoristes et deux Futurs.

3) Declerck（1991）は，英語には過去時制，現在完了時制，現在時制，未来時制の4つの絶対時制があると述べている．

4) この意味において，談話的時制解釈モデルは Reichenbach（1947）流の時制モデルとも性質が異なる．

5) (12) の黒点は発話時を示し，二重円は発話時空間が認識されていることを示している．

6) (13) では事態の生起順序に従って叙述が行われている．ところが (14) では，我々の世界に関する百科事典的知識に基づき，第1文の事態に対して第2文の事態が先行すると解釈されるのである．このような解釈が可能であるのは，複合過去によって表される事態同士の時間的関係が複合過去自体の機能のみによって決定されるのではなく，世界に関する百科事典的知識を参照して判断されるからであると考えることができる．

7) Benveniste（1966）の原文は次の通りである．
> L'énonciation historique, aujourd'hui réservée à la langue écrite, caractérise le récit des événements passés. (*ibid.*)

8) 我々の世界に関する百科事典的知識に基づいて事態同士の生起順序を判断すると，(21) の文は「飛行機が着陸した」という事態のあとに「乗客が降りた」という事態が生起したことを表そうとしていると考えることができるが，実際にはこのような解釈は容認されない．すなわち，単純過去は時間的逆行性（inversion temporelle）を表すことができないのである．

9) 比喩的な説明を行うならば，投錨の操作によって談話内に定位される事態は岸辺に向かって打ち込まれる錨のようなものであり，事態が直接時間軸上の特定の位置に固定されるのである．

10) 比喩的な説明を行うならば，半過去によって表され係留された事態はロープで結ばれた船や風船のようなものである．

11) (31) のような係留の詳細については，本章の後半および第3章，第4章で具体例を分析する際に詳しく論じる．

12) Riegel *et al.*（1994）によると，半過去は事態が内側から眺められていることを表すという．
> Avec l'imparfait en effet, le procès est perçu «de l'intérieur», ce qui permet de le séparer en deux parties et de distinguer ce qui est effectivement réalisé et ce qui ne l'est pas encore（；） (*ibid.*)

13) Damourette et Pichon（1927）や Le Goffic（1986, 1995）においても，半過去は発話時空間とは異なる独自の時空間を設定するという考え方が示されている．彼らは半過去によって設定される時空間が持つ基本的な性質の中に「過去性」を認めていない．しかし，特別な文脈などが存在しない限り，半過去が未来時を表すことはない．やはり過去性を半過去の性質の1つとして認めるべきであるというのが本書における考え方である．春木（1991）でも，Le Goffic（1986）の主張に対して次のように述べられている．
> 「何等らかの有標のコンテクストが存在しない時にはモダルなニュアンスは

現れず，半過去の無標の機能はやはり過去を表すことであることを考えるならば，Le Goffic のように半過去を non-passé と考えると，今度は半過去の過去としての用法が説明できなくなる．何故なら，時間軸上の décalage だけでは過去とも未来とも決め難いからである．」 (春木 1991)

14) Leeman-Bouix（1994）では，半過去は特定の位置に定位されることなく漠然と「浮遊している」過去を表すと述べられている．

> Autrement dit, l'imparfait n'est pas autonome ; il nous renvoie certes dans le passé, mais un passé vague, «flottant», sans repères (on l'a dit : le procès est montré comme un continu sans limites). (*ibid.*)

15) 春木（1999a）の原文は次の通りである．

「これらのことからも分かるように，半過去が時間的な定位を必要としているにしても，その定位というのは非常に漠然としたもの，相対的なものでよいのである．」 (*ibid.*)

16) 春木（1999a）の原文は次の通りである．引用文にある「例（13）」は本書の（33）に相当する．

「例（13）で autrefois という副詞が発話を安定させる理由は，それが漠然とした時間的定位を与えたからではなく，「昔は」と言うことで「今はそうでないが昔は」という現在との比較が行なわれることになり，発話空間との対比で過去空間を作る正当化を与えたからである．それ故，『昔は』という副詞を使うだけで発話が安定することになるのである．」 (*ibid.*)

17) 春木（1999a）の原文は次の通りである．

「半過去に先行または後行する単純過去などがそこで果たしている役割は，今までよく言われてきたよう［原文ママ］半過去で述べられた事行に対して時間的定位を与えることではなく，意味的充足，即ち意味的定位 repère sémantique を与えることである．」 (*ibid.*)

18) arrimage とは，船に積んだ荷物が航行中に移動しないように固定することを指す海運用語である．

19) B&K はその後も，語りの半過去，間接話法で用いられる半過去，モーダルな用法における半過去などにこの仮説を適用し，半過去のあらゆる用法はこの仮説に基づいて説明することが可能であるという主張を行っている．

20) B&K（1993）の原文は次の通りである．

> (...) pour la bonne raison que ce qui motive l'emploi de l'imparfait, ce n'est pas qu'il établit un lien avec un moment déjà connu, mais qu'il met en jeu le contenu même des situations qu'il relie. (*ibid.*)

21) B&K（1993）の原文は次の通りである．

> La relation anaphorique entre la situation antécédent du passé et la situation présentée à l'imparfait est une relation de type partie (imparfait) – tout (antécédent). (*ibid.*)

22) B&K（1993）に対する批判を行っている春木（1999b）も，次の点については一定の評価を与えている．

「今までの照応説の多くが，実例の結果の記述になっていたのに対して，彼らは原理的説明を与えようとしている点では評価できる．また，その照応関係を単に時間的なものではなく，意味的な関係として捉えようとしている点も，同様の考えに立つ筆者としては共感を覚える．」 (春木 1999b)

23) 春木（1999b）は，半過去がどうして非自立的なのかという点についての説明

24) (37) のような半過去は阿部 (1989) によって本格的に取りあげられるようになった用法であり,「Je t'attendais 型の半過去」と呼ばれている. 他の過去時制を伴わず単独で半過去が用いられているように見える点がその特徴であるが, 本書ではこのような半過去については考察の対象外とする.
25) 春木 (1999a) の原文は次の通りである. なお, 引用文中の (15) は本書の (38) に相当する.
   「BK が言うように (15) の第 2 文は具体的には第 1 文に対する状況の一部分を表わしているが, 認識的には (メトニミックに) 過去空間全体を表わしているのであり, 第 1 文はその世界で起こることの 1 つと考えれば, むしろ第 1 文の内容こそが当該の認識空間の部分 (要素) になるのである. 半過去は部分ではなく全体なのである.」 (ibid.)
26) ここでは, Riegel et al. (1994) による照応の定義に従っている.
   Plus précisément, une expression est anaphorique si son interprétation référentielle dépend nécessairement d'une autre expression qui figure dans le texte (.) (ibid.)
27) 東郷 (2012) も「談話」の半過去が照応的ではないことに言及している.
   「Berthonneau & Kleiber (1993) の部分照応としての半過去 (imparfait méronomique) は興味深い仮説ではあるが, récit の半過去には成り立っても, discours の半過去には成り立たないと結論づけなくてはならない.」
   (東郷 2012)
28) ここでの問題点について, 東郷 (2010) は次のように説明している.
   「出来事は単独で起きるものではなく, 必ずそれを取り巻く他の出来事があり, その全体は structure du monde を構成しているというのである. (中略) しかしすぐに気づくことだが, もしそう考えると, 半過去で表された事態は必ず structure du monde の一部なのだから, どんな半過去にも先行詞となる状況を想定できてしまい, 結果として半過去の用例はすべて容認されることになってしまう. しかしこれはもちろん事実に反する.」
   (ibid.)
   なお, structure du monde とは, Houweling (1986) において structure of the world と呼ばれている概念を B&K (1993) が仏訳して用いたものである.
29) Molendijk (1996) は次のように, 半過去の先行詞の定義に「整合性 (cohérence) の原則」を加えている.
   L'antécédent temporel d'une phrase : principe de cohérence
   L'antécédent temporel d'une phrase P est un fait auquel P est relié à l'aide d'un rapport textuel 'logique'. (ibid.)
30) Tasmowski-De Ryck (1985b) にもほぼ同様の例が示されている. 翌日の会議の準備のために作成したメモを紛失してしまい探し回っている Paul が突然大きな声を上げたとき, 事情を知らずに驚く同僚の Marie に対して Pierre が次のように半過去を用いた発話を行うことができるという.
   Oh rien. À mon avis, il *retrouvait* ses papiers.
   (ibid.)
   [Oh nothing. In my opinion, he was finding his papers.]
   ああ何でもない. 私の考えでは, 彼は書類を見つけたんだと思うよ.
31) 東郷 (2008) では Tasmowski-De Ryck & Vetters (1996) において示されている

第 2 章　談話的時制解釈モデルと半過去による事態の係留　127

　　　同種の例が引用され，次のように説明されている．
　　　　「(14) ［昼間に雨が降り，止んだその夜にパーティーで出会った人の会話］
　　　　a. *Qu'est-ce qu'il *pleuvait*, n'est-ce pas ?
　　　　b. Qu'est-ce qu'il a plu, n'est-ce pas ?
　　　しかし，昨日雨が降り，話し手と聞き手がいっしょに雨宿りの場所を探したという経験を共有し，翌日にその出来事について話している場合なら半過去は許容されるという．この観察は半過去が解釈されるべき資源状況が話し手と聞き手で共有されることが，半過去にとって必要な条件であることを示している．」　　　　　　　　　　　　　　　（東郷 2008）
32)　春木 (1991) は同じ例に対して「物語の冒頭の様な特別な場合を除いては，このままでは発することはできない」と指摘し，次のように述べている．
　　　　「(12) の autrefois のように，時間軸上の座標を何等かの形で明示的に示すか，少なくとも (13) のようにこの発話が時間軸上に位置付けられる文脈や状況が存在していることを示す要素が必要なのである．」
　　　　(13) Autrefois, la France *s'appelait* la Gaule.
　　　　(14) Donc, Messieurs Dames, la France *s'appelait* la Gaule. (*ibid.*)
　　　なお，春木 (1991) では例文番号が (13) と (14) になっているが，(12) と (13) の誤りであると考えられる．また，物語の冒頭における半過去の解釈機序については第 4 章で論じる．
33)　(51) の日本語訳から明らかなように，このような場合，日本語では説明を表す「のだ」および話し手と聞き手が共有する知識に言及することを表す終助詞の「ね」が用いられる．しかしフランス語においては，このような発話モダリティが明示的に表現されることはなく，あえて言うならば，半過去がこのような機能を担っていることになる．
34)　前島 (1997) からの引用文の中で用いられているフランス語文の英訳および日本語訳は，次の通りである．
　　　　You showed me someone's photo.　きみは私に誰かの写真を見せてくれた．
35)　東郷 (2008) は，quand 節で半過去が使えないとする Tasmowski-De Ryck の分析に反論し，B&K が示した次の例における半過去は「思い出しの文脈」で用いられていると述べている．
　　　　Quand est-ce, déjà, qu'elle *allait* chez le médecin ? Je ne me rappelle plus.
　　　　［When was she going to the doctor, again ? I don't remember any more.］
　　　　「しかし déjà や Je ne me rappelle plus. が示すように，これは前提なしのいきなりの発話ではなく，聞き手が情報を保持していることを前提とした「思い出し」の文脈で，この例も話し手と聞き手による状況の共有が必要であることを図らずも示しているのである．」（東郷 2008）
36)　Tasmowski-De Ryck (1985b) には (55) とほぼ同種の例が示されており，もしも家から 50km 離れたところへスケートをしに出かけた子どもたちががっかりした様子で帰宅したときには，次のように半過去が単独で用いられた文を発話することができると述べている．
　　　　Tiens, il ne *gelait* pas. (*ibid.*)
　　　　［Oh, it wasn't freezing.］
　　　　あ，凍ってなかったんだ．

コラム3

失われた恋を語る歌には半過去がよく似合う？

　シャンソンの歌詞には半過去が現れることが少なくありませんが，特に過去の思い出を語る場面に多く登場します．まずは，シャルル・トレネの『街角』の歌詞を見てみましょう．

Je revois mon coin de rue	僕の街角を思い浮かべる
Aujourd'hui disparu	今はもう消えてしまった
Je me souviens d'un triste soir	ある悲しい夕べを思い出す
Où le cœur sans espoir	希望のない心で
Je *pleurais* en attendant	待ち続けながら僕は泣いていた
Un amour de quinze ans	15歳の恋
Un amour qui fut perdu	失われた恋
Juste à ce coin de rue	ちょうどこの街角で

　5行目に現れる pleurais「泣いていた」という半過去は，まさに主人公が過去の一場面にタイムワープをして，目の前で泣いている自分の姿を眺めているような印象をもたらしてくれます．過去のできごとが継続中であることを表す半過去を使うと，単に過去に経験したできごとを述べるのではなく，臨場感のある生き生きとした描写を行うことができるのです．

　ジャック・プレヴェールが作詞しイヴ・モンタンが歌ったことで有名な『枯葉』の歌詞にも，このような半過去が現れます．

Oh, je voudrais tant que tu te souviennes	ああ，きみがはっきり覚えていてくれたら
Des jours heureux où nous *étions* amis.	僕たちが恋人だった幸せな日々を
En ce temps-là, la vie *était* plus belle,	あの頃，人生はもっと美しかった
Et le soleil plus brûlant qu'aujourd'hui.	そして太陽は今よりもっと燃えていた

幸せだったあの頃にタイムワープをした主人公は，当時の様子をありありと思い出しているのでしょう．そして，しばし追想にふけります．

C'est une chanson, qui nous ressemble, 　それは僕たちに似た歌
Toi, tu m'*aimais*, et je t'*aimais*. 　　　きみは僕を愛し，僕はきみを愛していた
Nous *vivions* tous les deux ensemble, 　僕たちは2人とも一緒に暮らしていた
Toi qui m'*aimais*, moi qui t'*aimais*. 　　僕を愛していたきみ，きみを愛していた僕

　ここでは aimais「愛していた」，そして vivions「暮らしていた」という半過去が，今はすでに終わった恋を語っています．半過去は「今，ここ」とは切り離された「過去」を表しますから，現在はもうこれらのできごとが続いていないのだということが聴き手に伝わるのです．

　失われた恋には「現在」も「未来」もなく，そこにはただ「過去」の思い出しか残されてはいません．失恋の思い出を語る半過去には，もはや二度と戻ることのできない過去の世界に浸る主人公の後ろ姿が投影されているのかもしれません．

第3章

quand 節に現れる半過去と談話的時制解釈

Théoriquement on sait que la terre tourne, mais en fait on ne s'en aperçoit pas, le sol sur lequel on marche semble ne pas bouger et on vit tranquille. Il en est ainsi du Temps dans la vie.

理屈の上では地球が回っていることを私たちは知っているが，しかし実際にそれに気づくことはない．私たちが歩いている大地は動いていないように思われるから，私たちは落ち着いて暮らしているのだ．人生における「時間」も同じようなものである．

Marcel Proust（1919）, *À l'ombre des jeunes filles en fleurs*

1 はじめに

　第1章で見たように，先行研究によると quand 節の中で半過去を用いる際には強い制約が存在し，「人生の一時期」や「年齢」を表す表現などを除くと quand 節に半過去が現れることは非常に稀であるといわれている．しかし，文学作品などを観察してみると，これらの表現以外にも quand 節の中で半過去が用いられた実例が散見される．

　そこで第3章では，第2章で示した談話的時制解釈モデルを用いて quand 節に現れる半過去の解釈機序について具体的に論じる．第1章で見たように，**半過去を用いて quand 節の機能を果たすためには，この半過去によって表される事態が主節以外の要素によって係留されていなければならない**．第3章における目的は，この係留操作がどのように実現されるかを具体例の分析を通じて確かめながら，次の仮説③および仮説④が妥当であることを示すことである．

> **仮説③　quand 節の機能**
> 　quand 節の機能は，主節の事態が生起したのがいつであるかを示すために場面の特定を行うことにある．そのためには，quand 節において用いられる時制の解釈が主節とは独立した形で得られる必要がある．

> **仮説④　quand 節と半過去**
> 　quand 節の中で半過去が用いられる場合には，主節以外の要素に対して係留を行い，「**部分－全体スキーマ**」に基づく**場面の特定**を行う必要がある．quand 節の中で半過去が用いられる場合には，先行文脈や我々の世界に関する共有知識，話し手と聞き手の共有体験に基づくシナリオなどを参照しな

がら「部分―全体スキーマ」が構築され，半過去によって表される事態はこのスキーマにおける相対的な位置づけが可能となることにより，quand 節による場面の特定が実現される．

　第3章の構成は次の通りである．まず，第2節で先行研究で述べられていたことを再確認し，第3節では quand 節の位置と機能について概観する．続く第4節では「部分―全体スキーマ」を提示する．これは quand 節に現れる半過去によって場面を特定する方法を説明するために用いられる概念である．この「部分―全体スキーマ」を用いると，quand 節の中で半過去が用いられる場合には，解釈上「全体としての枠組み」としてはたらく「母時空間」が設定され，半過去によって表される事態がその母時空間の中で占める相対的な位置関係が定まり，その結果として場面を特定することが可能となるという解釈機序を説明することが可能となる．
　「部分―全体スキーマ」の成立には，共有知識やスクリプト，発話状況に属する非言語的情報，話し手と聞き手の共有体験に基づくシナリオの共有，そして言語文脈など，談話解釈上利用可能なさまざまな要素が活用されることを見る．
　続く第5節では，さまざまな具体例の分析を通じて，この「部分―全体スキーマ」を用いることで quand 節に現れる半過去の解釈機序を統一的に説明できることを示す．第6節では，談話的時制解釈モデルにおける時の副詞句のはたらきについて，quand 節による場面特定を補助するものであり，quand 節には「場面特定」という機能が常に認められることを述べる．さらに第7節では，時間幅のある事態を表す半過去とともに用いられることの多い pendant que 節が，人生の一時期や年齢を表す半過去や，段階的な事態の推移を表す副詞句である déjà や encore と共起しにくいことを確かめる．さらに，pendant que 節とは対照的な quand 節の機能の本質は母時空間内の要素群の中から1つを選び出すことにあることを述べる．第8節では，文法書や先行研究における文単位の考察が不十分であることを再

確認し，時制の解釈機序を考えるうえでは談話資源を視野に入れることが不可欠であることを述べる．最後に第 9 節で本章全体のまとめを行う．

本章を通じて明らかにされるのは，半過去による事態の解釈過程において「部分－全体スキーマ」が構築され場面を特定することが可能であれば，quand 節の中でも半過去を用いることが可能であり，談話的時制解釈モデルを用いるとさまざまな種類の quand 節に現れる半過去の解釈機序を統一的な形で説明することができるということである．

2 先行研究のまとめ

第 1 章で概観した先行研究のまとめを再度確認しておこう．

> **quand 節に現れる半過去（先行研究のまとめ）**
> avoir や être など，状態を表す動詞以外の半過去が quand 節の中で用いられることは非常に少ない．中でも「人生の一時期」や「年齢」を表す表現の出現頻度が高い．それに対して，一時的な事態が継続中であることを表す半過去が quand 節の中で用いられることは稀である．

ところが，文学作品の中ではこのような一時的な継続中の事態を表す半過去が quand 節の中で用いられることがある．それでは，出現頻度が高い「人生の一時期」や「年齢」を表す半過去が quand 節で用いられる際の解釈機序と，それ以外の半過去が quand 節で用いられる際の解釈機序を，どのような形で統一的に説明することができるか？というのが本章において論じるべき問題である．

具体例の分析に入る前に，次節では quand 節の位置と機能の関係について論じておきたい．

3 quand 節の位置と機能

主節に対する quand 節の位置によって，quand 節が果たす機能は異なる．前置された quand 節は，後続する主節に対して quand 節が「場面設定」を行うと考えられる．この「場面設定」は，主節の事態が生じるのがいつであるのかを特定するはたらきが主である[1]．阪上 (1994) は「時況節が主節に対して前置されているときと，主節の主語と動詞の間に挿入されるときは，主節の事行に関わる時間的枠組みを提示する」と述べている．

(1)　Quand je lui ai raconté le comportement de mon camarade hier après-midi, il s'est allumé une deuxième cigarette.　　　　(Bertrand Puard, *La Petite Fille, le coyote et la mort*)
　　　[When I told him the behavior of my friend, he lit a second cigarette.]
　　　私が彼に私の友だちの行動について昨日話したとき，彼は 2 本目の煙草に火をつけた．

それでは，quand 節が後置される場合の機能はどのようなものだろうか？　松山 (1990) によれば，quand 節を後置させるのは主節の事態を「時間的に位置づけたいという発話意図を持つ場合」であり，後置された quand 節は主節に対する時間的定位を行う時間的定位辞 localisateur temporal であるという．松山 (1990) が意図していることは，前置された quand 節は超時的な話題設定機能を持つこともあるのに対し，後置された quand 節にはそのような機能がなく場面を時間的に特定する機能しか持たないということであると考えられる．

しかし，後置された quand 節が常に時間的な機能を持つとしても，主節に対するはたらきかけは一通りではない．後置された quand 節が「場面設定」の機能を果たす場合もあるが，「場面限定」の機能を果たす場合もある．これは，すでに先行文脈で場面設定が行われている場合に，その同じ場面をさらに限定する機能である．

（2） Les traits de l'homme se figèrent quand il découvrit dans la pâle lumière des lampions le visage de l'étrangère qui venait de lui poser cette question.

〔Marc Levy, *L'étrange voyage de Monsieur Daldry*〕

[The traits of the man froze when he discovered in the pale light of the Chinese lanterns the face of the foreigner who had just asked him this question.]

今しがたその男にこの質問をした外国人女性の顔をランプの薄暗い光の中に見出したとき，その男の表情は固まった．

そして後置された quand 節は，前置された主節に対して新たな場面を導入する機能を果たすこともある．これは「逆従属構文」と呼ばれるものである．逆従属構文については第 4 章で詳しく論じる．

（3） Je soulevais le couvercle de la casserole quand la porte s'est ouverte en grand. C'était Betty.

〔Philippe Djian, *37° 2 Le matin*〕

[I was lifting up the lid of the saucepan when the door opened widely. It was Betty.]

私が鍋のふたを持ち上げようとしていると，扉が大きく開いた．ベティだった．

（3）において quand 節が果たしている機能は，主節の内容である「鍋のふたを持ち上げようとしていた」のがいつなのか？　という問いに対して「扉が大きく開いたときである」という解答を与えること，すなわち時間的な特定を行うことではない．

このように quand 節の機能は一通りではないと考えられるが，いずれの場合においても quand 節に現れる時制形式によって場面を特定する必要があると考えられる．

> **quand 節の機能**
>
> 　quand 節は，主節に対して前置されるか後置されるかにかかわらず，談話解釈において場面を特定する機能を持つ．

4 「部分―全体スキーマ」による場面の特定

すでに述べたように，本書では quand 節の機能は場面を特定することにあると考える．そして，quand 節は主節に現れる要素に依存することなく場面を特定する機能を果たさなければならない．

しかし第 2 章で論じたように，半過去による「係留」の場合には半過去単独では事態の定位操作が実現されず，談話解釈上何らかの形で設定される母時空間に対して「部分―全体」の関係が成立する必要があるのであった．そうすると，quand 節の中で半過去を用いることができる場合というのは，quand 節による場面特定の機能を果たすために半過去によって表される事態が主節以外の要素に「係留」される場合ということになる．

そこで本節では「部分―全体スキーマ」という概念を用いて，quand 節の中で半過去が用いられる場合にどのような形で半過去による事態の定位操作である「係留」が実現され，その結果 quand 節の機能である場面の特定が行われるのかを論じる．

4.1 「部分―全体スキーマ」

第 2 章で論じたように，半過去は解釈の場において「部分―全体性」が認識されることによって事態の「係留」が実現されるのであった．この考え方が妥当であるとするならば，半過去によって表される事態が解釈上利用可能な他の要素と何らかの関係を持つことができなければ，quand 節の中で半過去を用いて場面の特定を行うことはできないことになる．

しかし，半過去によって表される事態と同種の複数の事態が潜在的に存在し，半過去によって表される事態をその一部分として含み持つような「全体的な枠組み」としての「母時空間」が解釈の過程で構築されると，その母時空間の中において半過去の事態が占める相対的な位置関係が定まり，その結果として場面の特定を行うことが可能になる．これを「部分―

全体スキーマ」と呼ぶことにする．「部分―全体スキーマ」を図示すると次のようになる．

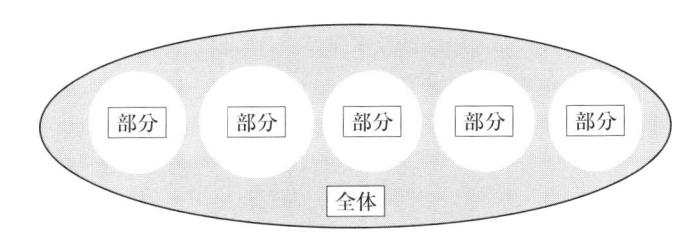

（４）「部分―全体スキーマ」

```
    ┌──┐ ┌──┐ ┌──┐ ┌──┐ ┌──┐
    │部分│ │部分│ │部分│ │部分│ │部分│
    └──┘ └──┘ └──┘ └──┘ └──┘
              ┌──┐
              │全体│
              └──┘
```

　（４）において複数存在する白い円は複数の事態群を表している．一番外側にある網かけの施された楕円は，それらの事態を統一的にまとめあげそれぞれの事態を「部分」として含み持つ「全体の枠組み」すなわち「母時空間」を表している．この「部分―全体スキーマ」が持つ重要な性質は，それぞれの事態が他の事態とは明確に区切られており，段階的に他の事態へと進展していく点である．

　この「部分―全体スキーマ」の構築には大きく分けて次の４つの要素が関与している．すなわち「共有知識」，「スクリプト」，「話し手と聞き手によるシナリオの共有」そして「言語文脈」である．それぞれの要素は由来が異なるが，いずれも文の解釈において重要な役割を果たすものである．また，それぞれの要素が単独で用いられて「部分―全体スキーマ」が構築されるとは限らず，それらの相互作用の結果として「部分―全体スキーマ」が構築されることもある．

　まず，我々の世界に関する百科事典的知識である共有知識に基づく「部分―全体スキーマ」の構築を考えたい．共有知識による「部分―全体スキーマ」の典型例は「年齢表現」と「人間の一生」の関係である．「１歳」や「15歳」のような「年齢表現」は，「人間の一生」という全体に対する部分を表すものとして理解することができる．「人間の一生」は「０歳」→「１歳」→「２歳」→「３歳」…というふうに明確な区切りを持った事

態が段階的に進展していくが，このことは特定の文脈や個人の体験に依存しておらず，誰にとっても同じ配列が当てはまると考えられる[2]．

（5）「年齢表現」の「部分－全体スキーマ」[3]

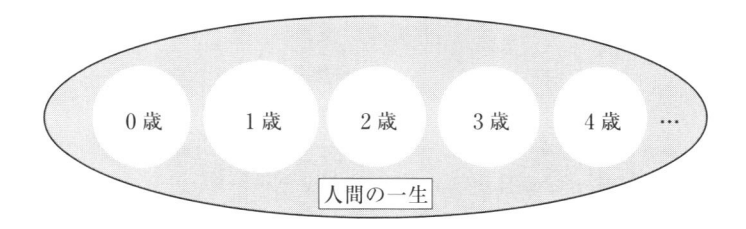

0歳　1歳　2歳　3歳　4歳　…
人間の一生

「人生の一時期」と「人間の一生」の関係も，これに準じるものとして理解することができる．例えば「人間の一生」は「乳児期」→「幼児期」→「学童期」→「思春期」→「青年期」→「壮年期」→「熟年期」→「老年期」のように段階的に進展していく．これらは年齢表現とは異なり，厳密な意味において誰にとっても同じ配列が当てはまるわけではないが，文脈や個人の体験に依存することなく多くの人に共通するスキーマを想定することが可能である[4]．

（6）「人生の一時期」の「部分－全体スキーマ」

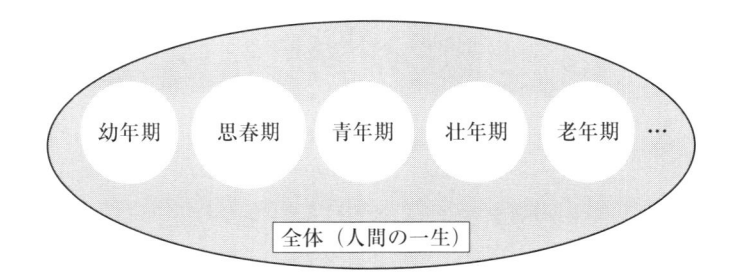

幼年期　思春期　青年期　壮年期　老年期　…
全体（人間の一生）

また，いわゆる「スクリプト」と呼ばれる概念も「部分－全体スキーマ」構築に関与する共有知識に含まれる．Ungerer and Schmid（1996）によると，「スクリプト」というのは「ある段階が次の段階の前提になっているような，決まった順序の出来事でできあがっている」，「繰り返し生じる

出来事の連鎖を特に表すための知識構造」のことである．ここではスクリプトの例として，Schank and Abelson（1977）による「レストラン」のスクリプトを見てみよう．

Schank and Abelson（1977）によれば，「レストラン」のスクリプトには「レストランに入る場面」「注文の場面」「料理を食べる場面」「レストランから出る場面」の4つの場面が含まれる[5]．これを，先ほどの「部分―全体スキーマ」に当てはめると，次のようになる．

（7）「レストランのスクリプト」に基づく「部分―全体スキーマ」

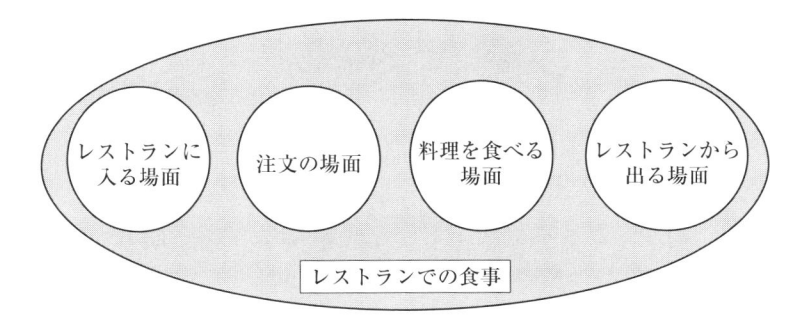

```
  ┌─────────────────────────────────────────┐
  │  ⦿レストランに  ⦿注文の場面  ⦿料理を食べる  ⦿レストランから │
  │   入る場面                    場面          出る場面     │
  │              ┌─────────────┐             │
  │              │レストランでの食事│             │
  │              └─────────────┘             │
  └─────────────────────────────────────────┘
```

ここでは次のことが重要である．すなわち，我々が日常的に経験する人間の行動やものごとの時間的変容の中には，我々の経験に基づいて一般化やパターン化が行われ，談話の解釈においていつでも利用可能な共有知識として蓄えられているものがある[6]．これは，一般的な表現を用いれば「シナリオ」や「ストーリー」と呼ばれるものに相当する．

「スクリプト」として認識される事態連鎖には，「人間の一生」ほどの普遍性や典型性が認められるわけではない[7]．その意味において，「スクリプト」による「部分―全体スキーマ」は文脈とは無関係に誰にでも利用可能な普遍的な概念ではない．そのため実際に談話が解釈される際には，言語文脈の助けを借りることで当該の談話解釈にふさわしい「部分―全体スキーマ」が構築されることが多いのである．

このように，我々の世界に関する百科事典的知識である共有知識の中に

は，部分の集合が全体としてひとまとまりのものとして構造化された形で認識されているものがある．これらの知識は「談話」の発話様態においてはもちろんのこと，「語り」の発話様態においても利用することが可能である．

　一方，「談話」の発話様態においてのみ利用可能な談話資源である「話し手と聞き手の共有体験」を参照して談話の解釈を行うことも可能である．この場合には，話し手と聞き手がシナリオを共有しており，話し手と聞き手の共有知識の中には，共有体験の集合体としての潜在的な「部分―全体スキーマ」が存在していると考えられる．

　しかし，話し手と聞き手の共有体験に基づくシナリオの共有を参照して場面の特定を行う場合には，共有シナリオ内に存在する事態間の詳しい前後関係や段階的推移が必ずしも言語化されなくても当該の事態がいつの何のことであるかを特定することが可能である．そのため，「部分―全体スキーマ」における要素間の精密な相対的関係が考慮されない場合もある[8]．

　そして「語り」の発話様態においては，いつでも誰にでも理解可能なものとは限らないが，特定の言語文脈を構築することで「部分―全体スキーマ」が設定されることもある．これは文学作品などで頻繁に用いられる手法であり，何がこのような「部分―全体スキーマ」の典型例であるかの判断は人によって異なると考えられる．そのため，さまざまな言語的手段を用いることで「部分―全体スキーマ」の認識を可能にするための工夫が行われるのである．

　また，言語文脈によって「部分―全体スキーマ」を構築する場合には，言語による明示的な場面描写の積み重ねのみによって「部分―全体スキーマ」が設定されるとは限らず，先ほど述べたように「スクリプト」の助けを借りることも多い[9]．

4.2 「部分―全体スキーマ」と quand 節による場面の特定

　ここで，前節で導入した「部分―全体スキーマ」の概念と第 2 章で示した半過去による事態の定位操作である「係留」の概念とを組み合わせて，quand 節の中で半過去が用いられた場合の場面特定の方法をどのような形で統一的に説明することができるかを考えたい．

　前節で述べたように，我々の世界に関する共有知識の中には，「人間の一生」や「スクリプト」など，部分的な要素の集合体として認識されているものがある．共有知識は，特定の文脈に依存することなく談話の解釈においていつでも利用可能な談話資源である．

　また文学作品などでは，言語文脈を構築することで物語世界における一連の事態連鎖を認識することが可能になる．このような物語世界における事態連鎖も談話の解釈において利用可能な談話資源の 1 つと考えられる．

　一方，第 2 章で論じたように半過去の解釈が可能になるためには，その過程において「部分―全体性」が成立する必要がある．

　これらのことを組み合わせると，quand 節の中で半過去を用いて場面の特定が可能になる場合について，次のような形で説明することができる．すなわち，quand 節に現れる半過去を解釈する際に共有知識や言語文脈などの談話資源を利用することで「部分―全体スキーマ」が構築され，半過去によって表される事態が占める相対的な位置が定まれば，その結果として quand 節による場面特定の機能を果たすことが可能になるのである．このことを図示すると，次のようになる．

（8）「部分―全体スキーマ」に基づく場面の特定

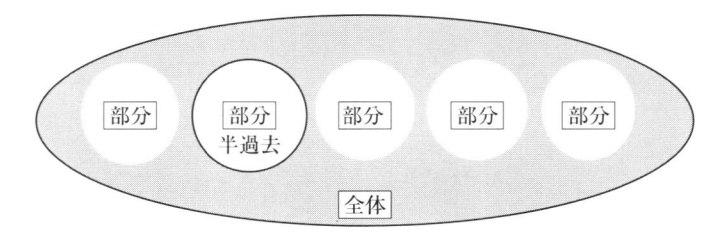

```
      ┌──────────────────────────────────────┐
      │  ○    ┌──┐   ○    ○    ○   │
      │ 部分  │部分│  部分  部分  部分  │
      │      │半過去│                      │
      │      └──┘                        │
      │           全体                    │
      └──────────────────────────────────────┘
```

　（8）において，黒枠によって縁取られた白い円は半過去によって表される事態を示している．その他の白い円は，「部分―全体スキーマ」に含まれる要素群である．これらは明示的に言語化される場合もあれば，潜在的に存在するものの，解釈の際にはそれらが認識されない場合もある．いずれにせよ，「部分―全体スキーマ」において半過去によって表される事態の相対的な位置関係が定まることにより，「いつのことであるかを示す」という場面特定の機能を果たすことができるのである．

　（8）は抽象化された図式であるが，個々の具体例の解釈においては「部分―全体スキーマ」の内容はさまざまに異なる．そこで次節からは具体例の分析を行い，このスキーマを用いることでquand節に現れる半過去によるさまざまな場面特定の方法を説明する．

5　quand節に現れる半過去の実例の分析

　前節で論じたように，quand節の中で半過去が用いられた場合の「場面特定」は「部分―全体スキーマ」に基づく相対的な場面特定である．「部分―全体スキーマ」の構築方法は発話様態の違いによってさまざまに異なる．例えば「談話」の発話様態においては，「話し手と聞き手の共有体験」を利用することが可能である．また，どのような方法においてもいつでも利用可能な共有知識を参照しなければ，半過去が用いられたquand節による場面特定は実現しない．

　以下では具体例の分析を通じ，「部分―全体スキーマ」に基づく場面特

定のさまざまなあり方を検討する．

5.1　共有知識に基づく場面の特定

　ひとくちに「部分―全体スキーマ」といっても，その具体的な構築方法は異なる．しかし重要なことは，用いられることが多いと先行研究において説明されてきた「人生の一時期」や「年齢」を表す半過去の解釈においても，先行研究において稀であると説明されてきた文学作品における「語り」の発話様態における半過去の解釈においても，抽象化されたレベルにおいては「部分―全体スキーマ」に基づく事態の「係留」が成立しているという点である．まずは，「人生の一時期」や「年齢」を表す半過去の用例から分析する．

　1）「人生の一時期」や「年齢」を表す半過去
　岩田（1997）や西村（2011）において指摘されているように，avoir を用いた表現の中では次にあげるような「年齢表現」の出現頻度が高い．これは，先ほど説明したように「年齢表現」と「人間の一生」の関係が「部分―全体スキーマ」の1つとして共有知識に含まれるため，特定の言語文脈とは関係なく解釈の際にいつでも参照可能であることがその理由であると考えることができる．

（9）　Écoutez, je ne veux pas paraître immodeste, mais... enfin, je parle araméen, j'ai appris à réparer le moteur d'avions de chasse de la Première Guerre mondiale, à récolter le miel, à changer les couches du chien de ma voisine, et quand j'*avais* quinze ans j'ai passé un mois de vacances chez mon oncle Joseph et ma tante Miranda.

（Martin Page, *Comment je suis devenu stupide*）

［Listen, I don't want to be showy, but well, I speak Aramic, I learned to repair the engine of fighter aircrafts of the World War I, to harvest honey, to change the diapers of my neighbor's dog, and when I was fifteen years old I spent a month of vacation in the house of my uncle Joseph and my aunt Miranda.］

第3章　quand 節に現れる半過去と談話的時制解釈　　145

　ええと，私は慎みを失いたくはありません，でも，私はアラム語を話します，私は第一次世界大戦の戦闘機のエンジンの直し方，蜂蜜の取り方，隣人の犬のおしめの取り替え方を身に付けました，そして 15 歳だったとき，1 か月間ジョセフおじさんとミランダおばさんの家で過ごしました．

　「人の一生」というのは，明確な区切りを持った同種の時期が積み重なって構成されるものである．そのため，(9) の半過去によって表される年齢表現は，特定の言語文脈に依存することなくどのような場面でも誰にとっても利用な可能な共有知識を参照することで「人の一生」という母時空間に対して係留され，「部分―全体スキーマ」に基づく場面特定が可能になる[10]．

　また，être を用いた場合にも「人生の一時期」を表す表現が多いのは，「年齢表現」の場合と同様に，「人生の一時期」と「人間の一生」という「部分―全体スキーマ」は文脈に依存することなく誰にとっても理解可能であるためであると考えることができる．次の例は，「人生の一時期」を表す半過去が quand 節に現れた例である．

(10) Carol, à l'écart du groupe, observait le carrousel où des chevaux de bois tournaient sous des guirlandes illuminées. Anton s'approcha d'elle et la prit par le bras.
　　– Je sais, c'est un truc de gosse, soupira Carol, mais si je te disais que je n'en ai jamais fait...
　　– Tu n'es jamais montée sur un manège quand tu *étais* petite ? demanda Anton.
　　　　　　　　　　　　　　　　　（Marc Levy, *L'étrange voyage de Monsieur Daldry*）
[Carol, apart the group, was observing the carousel where wooden horses were turning under illuminated garlands. Anton came to her and grabbed her by the arm.
　– I know, it's a kidstuff, sighed Carol, but if I told you that I have never done it...
　– Have you never gone on a merry-go-round when you were young ? asked Anton.]
グループから離れて，キャロルは電飾の施された花輪の下を木馬が旋回しているメリーゴーラウンドを眺めていた．アントンが彼女に近寄り，彼女の腕を取った．
　– 分かっているわ．これはこども向けのものね．でも，もし私があなたに，私が一度もこれをしたことがないと言ったら….

― きみは小さかった頃に一度もメリーゴーラウンドに乗ったことがないの？
アントンは尋ねた．

(11) J'ai seulement pêché quand j'*étais* gosse, dit-il.

（Hubert Mingarelli, *Une rivière verte et silencieuse*）

[I only fished when I was kid, he sait.]

子どもだった頃，私は釣りしかしなかった，と彼は言った．

(12) Mon père étant éditeur de Samuel Beckett, Alain Robbe-Grillet, Claude Simon, Marguerite Duras, Robert Pinget, Pierre Bourdieu et Gilles Deleuze, j'ai été familier de plusieurs grands auteurs reconnus. Quand j'*habitais* encore chez mes parents, il m'a demandé un jour si je tenais mon journal. （Mathieu Lindon, *Ce qu'aimer veut dire*）

[Because my father was the editor of Samuel Beckett, Alain Robbe-Grillet, Claude Simon, Marguerite Duras, Robert Pinget, Pierre Bourdieu et Gilles Deleuze, I was familier with several reputed authors. When I was still living with my parents, he asked me one day if I was keeping my diary.]

私のおじはサミュエル・ベケット，アラン・ロブ＝グリエ，クロード・シモン，マルグリット・デュラス，ロベール・パンジェ，ピエール・ブルデュー，そしてジル・ドゥルーズの編集者だったので，私は何人もの高名な大作家と親しかった．私がまだ実家で暮らしていた頃，彼はある日私に日記をつけているかと尋ねた．

　（10）では「小さかったとき」，（11）では「子どもだったとき」，（12）では「実家で暮らしていたとき」という事態がquand節の半過去によって表されているが，これらは誰にとっても共通する「人生の一時期」を表している[11]．これらの半過去もやはり，特定の言語文脈に依存することなくどのような場面でも誰にとっても利用な可能な共有知識を参照することで「人の一生」という母時空間に対して係留され，「部分―全体スキーマ」に基づく場面特定が可能になる．

　上で見た（10）から（12）の例では，quand節に対する主節の動詞は複合過去であったが，主節の動詞が大過去形に置かれることもある．この場合も，半過去を含むquand節は主節の前に置かれることもあれば主節の後ろに置かれることもある．

(13) On oublie si vite d'où l'on vient. Quand j'*étais* gosse, on avait voulu m'offrir un chiot. Je me souviens que j'avais loupé la classe pour assister à sa naissance.

（Florian Zeller, *Neiges artificielles*）

［We forget too fast from where we come. When I was a kid, they had wanted to offer me a puppy. I remember that I had skipped the class to be present at its birth.］

人は昔の自分をあまりにも早く忘れるものだ．私が子どもだったとき，私に子犬をプレゼントしたいと思ってくれた人がいた．私はその子犬が生まれるところを見るために授業をさぼったことを覚えている．

(14) Elle avait passé quelques années en France quand elle *était* enfant et y revenait de temps en temps pour voir ses cousins.

（Anna Gavalda, *Je l'aimais*）

［She had passed a few years in France when she was a child and sometimes used to return there to see her cousins.］

彼女は子どもだったとき数年間をフランスで過ごし，彼女のいとこたちに会うためにときどきそこに戻って来た．

これらの例においても，主節の大過去によって表される事態が quand 節によって特定された場面において生じたことが表現されている．またこの場合にも，quand 節の半過去によって表される事態は「人の一生」という母時空間に対して係留され，「部分―全体スキーマ」に基づく場面特定が可能となる．

2）一日の中で定まった時間帯に生起する事態を表す半過去

一日の流れの中で定まった時間帯に生起する事態を表す半過去によって quand 節の場面特定が実現されることもある．朝が来ると日が昇り，昼になってやがて日が暮れて夜になる，という一日の流れは，文脈に依存せずに誰でも理解することが可能である．しかし，一日の流れに関する知識の詳細は地域や個人の体験によって異なりうる．そのため，このような半過去が用いられる場合には，言語文脈と共有知識を組み合わせることで最終的な場面特定が実現されることが多い．次の（15）では，「朝食をとっていたとき」という事態が quand 節に現れる半過去によって表されている．

(15) Le lendemain matin l'officier descendit quand nous *prenions* notre petit déjeuner dans la cuisine.　　　　　　　　　　　　　　　　　　　　　(Vercors, *Le silence de la mer*)
［The next day morning the officer went down when we were taking breakfast in the kichen.］
翌朝台所で私たちが朝食を取っていたとき，将校が降りてきた．

　(15) では，まず冒頭に置かれた lendemain matin「翌朝」という時を表す副詞句のはたらきに注意する必要がある．この表現により，一日の特定の時間帯に解釈の幅が狭められると考えられる．そのことも確かに重要な点であるが，談話的時制解釈モデルにおいて重視される時の副詞句の機能の1つは，共有知識を参照可能な状態にするトリガーとしての機能である．

　我々のこの世界に関する共有知識に基づいて，朝に生じるできごととして我々が認識している一連の事態の集合が活性化される[12]．これが，このテクストの quand 節に現れる半過去を解釈する際の全体としての枠組みである「母時空間」を構成すると考えられる．そして，quand 節の半過去によって表される「朝食を取っていたとき」という事態は，この「朝のできごと」という母時空間に対して係留され，他の事態との間でそれがいつのことであるのかを理解することが可能になる．

　次に，岩田（1997）において「事態の開始点を表す」半過去に分類されている例を原典をたどり文脈を添えた形で引用する．

(16) Il était sept heures. Je restai seul dans le bar jusqu'au départ du bateau. Une demi-heure. Il leva l'ancre lorsque la nuit *tombait*. Je sortis du bar et je m'accoudai au bastingage. Je restai là longtemps.　　　(Marguerite Duras, *Le marin de Gibraltar*)
［It was seven o'clock. I stayed alone in the bar until the departure of the ship. A half an hour. He raised the anchor when the nignt was falling. I went out the bar and I leaned on the ship's rail. I stayed there for a long time.］
7時だった．私は出港までひとりでバーにいた．30分後．日が落ちかけたとき彼は錨を上げた．私はバーから出て甲板の手すりに肱をついた．私は長いことずっとそこにいた．

この例において，岩田（1997）が指摘するように半過去が起動相の解釈を受けるのは事実である[13]．しかし談話的時制解釈モデルにおいては，この半過去の解釈機序において本質的に重要な点は，文脈により「7時にバーにいた」→「30分経過した」→「日が落ちかけたとき錨を上げた」という一連の事態連鎖が形成されることにあると考える．そして，当該の半過去はこのうちの一場面を表すことで相対的な形で場面を特定することが可能になるため，quand節に現れた半過去が容認されるのである．
　談話的時制解釈モデルによれば，この半過去によって表される事態は言語文脈を用いて構築される母時空間に対して係留されるので，「部分－全体スキーマ」に基づいて場面特定を行うことができると説明することができる．

3）史実を表す半過去
　共有知識の中にはいわゆる歴史的事実も含まれる．次の例を見たい．

(17)　- Tenez ! juste au-dessus de nous, voilà le *Chemin de saint Jacques*（la voie lacté）. Il va de France droit sur l'Espagne. C'est saint Jacques de Galice qui l'a tracé pour montrer sa route au brave Charlemagne lorsqu'il *faisait* la guerre aux Sarrasins.
　　　　　　　　　　　　　（Alphonse Daudet, «Les Étoiles», *Lettres de mon moulin*）
　　［Look ! just above us, there is the Road of saint Jacques（the milky way）. It goes from France straight to Spain. It's saint Jacques de Galice who traced it to show his route to the brave Charlesmagne when he was doing the war to the Saracens.］
　　ほら，私たちの頭上には，サン・ジャックの道（天の川）があります．
　　この道はフランスからまっすぐスペインに向かっています．勇敢なシャルルマーニュがサラセン人たちと戦っていたときに彼に道を示すためにこの道を作ったのは，ガリスのサン・ジャックなのです．

　ここでは，歴史上の事実に関する我々の百科事典的知識を参照する形でlorsque節が解釈されることになる．シャルルマーニュがサラセン人たちと戦ったことは有名な史実であり，具体的な年月日は不明であったとしても，それが歴史上いつ頃の何のことであったかを特定することができる．

そのため，半過去が用いられた lorsque 節によって場面の特定を行うことが可能となる．

談話的時制解釈モデルによれば，この例における lorsque 節の中の半過去は，我々の共有知識に含まれる「歴史に関する知識の総体」という母時空間に対して係留されるので，「部分−全体スキーマ」に基づく場面特定が可能であると説明することができる．

5.2 言語文脈に基づく場面の特定

次に，先行研究において単独では容認度が低いと判断された例に適切な言語文脈を添えることで容認度が向上すると述べられている例について具体的に論じる．続いて，文学作品において用いられた例を具体的に分析する．

1) 作例に基づく考察

まずは，次の (18) を見る．これは岩田 (1997) において容認度が極めて低いと判断された例であるが，(19) のように適切な文脈に置かれることで容認度が向上すると述べられている．ここでは，se promener「散歩する」という活動動詞の半過去が用いられている．

(18) ??J'ai vu un ours quand je *me promenais* dans la forêt. (*ibid.*)
　　　[I saw a bear when I was taking a walk in the forest.]
　　　私が森の中を散歩していたとき，私は熊を見た．

(19) Je suis allé en Suède. Tu sais ce qui s'est passé ? J'ai vu un ours quand je *me promenais* dans la forêt. (*ibid.*)
　　　[I went to Sweden. Do you know what happened? I saw a bear when I was taking a walk in the forest.]
　　　私はスウェーデンに行きました．何が起こったかきみは知っている？　森の中を散歩していたとき，私は熊を見たのです．

この例では，第1文で私がスウェーデンに行ったことが語られており，「スウェーデン旅行中のできごと」という「母時空間」が設定される．quand 節が表す事態は，その中の1つとして解釈することが可能である．この場合，全体にあたるのが「スウェーデン旅行」であり，「森の中を散歩していた」という事態はその一部をなすと解釈することができる．

ここで重要なことは，**後置された quand 節の解釈を安定させるために必要な要素は，主節の複合過去によって表される事態ではなく，それよりも前に文脈上に導入されている「スウェーデンに行ったこと」という，より大きな枠組みとして機能する事態である**という点である．

もしも後置された quand 節における半過去の解釈を支える要素として，主節で用いられた自立的な過去時制である複合過去が機能するのであれば，(18) の容認度が低い理由を説明することができない．

そうではなくて，ここで quand 節の半過去によって表される事態は，あくまでも第1文で示された「全体的な枠組み」である「母時空間」に含まれる部分として解釈されることにより事態が係留されるので，その結果として「部分―全体スキーマ」に基づく場面特定が可能になるのである．

適切な文脈を与えることで容認度が向上するのは後置された quand 節だけではない．次に，適切な言語文脈を構築することで前置された quand 節に現れる半過去が解釈可能となる例を見る．西村（2011）において容認されないと判断された (20) に対して，(21) では先行文脈が添えられている．

(20) *Quand je *me promenais* dans la forêt, j'ai rencontré mon professeur.
　　　[When I was taking a walk in the forest, I met my teacher.]

(*ibid.*)

　　　私が森の中を散歩していたとき，私は私の先生に出会った．

(21) Il y avait un congrès de philosophie à Fontainebleau pendant le week-end. Le dimanche après-midi on était libre et on a profité pour explorer la région : le château, les bords de Seine, la forêt, bien sûr.
　　　Quand je *me promenais* dans la forêt, j'ai rencontré mon professeur.

(Frenchlingへの曽我祐典氏による投稿00511番)

[There was a congress of philosophy in Fontainebleau during the weekend. On Sunday afternoon we were free and we enjoyed exploring the region : the castle, the banks of the Seine, the forest, of course. When I was taking a walk in the forest, I met my professor.]
週末にフォンテーヌブローで哲学の学会があった．日曜日の午後は暇だったので，その地域を見て回ることができた．城やセーヌの河岸や，森をもちろん見ることができた．私が森の中を散歩していたとき，私は私の先生に出会った．

(21)では第1文において「週末にフォンテーヌブローで学会があった」と述べられ，母時空間の設定が行われる．そして第2文で「日曜日の午後に城や，セーヌ河岸や，森など，あちこちを見て回った」ことが具体的に述べられる．この流れにおいて第3文の前置された quand 節において「森の中を散歩していたとき」という事態が半過去で表現されるならば，それがいつの何のことを指しているのかを特定することが可能である．したがって，この半過去によって表される事態は「週末のフォンテーヌブローでのできごと」という母時空間に対して係留され，この母時空間内での相対的位置が定まることで「部分－全体スキーマ」に基づく場面特定が可能になるのである．

また，次の(22)では前置された quand 節の中で descendre l'escalier「階段を下りる」という達成動詞の半過去が用いられているが，単独で用いられる場合には容認度が極めて低い．

(22)　??Quand je *descendais* l'escalier, le plafond s'est effondré.
(Frenchlingへの曽我祐典氏による投稿00511番)
[When I was going downstairs, the ceiling fell down.]
私が階段を下りていたとき，天井が崩落した．

ところが，次のような先行文脈を添えると同じ文が容認されるようになる．

(23)　J'ai quitté l'hôtel à dix heures. J'ai pris mes valises. Et quand je *descendais* l'escalier, le

plafond s'est effondré. (*ibid.*)
[I left the hotel at ten o'clock. I took my suitcase. And when I was going downstairs, the ceiling fell down.]
私は 10 時にホテルのチェックアウトを行った．私はスーツケースを手にした．そして私が階段を下りていたとき，天井が崩落した．

　ここでも先ほどと同様に，(22) も (23) も全く同一の文であるため，(23) で quand 節に現れる半過去が容認される理由を後続する主節に現れる複合過去に求めることはできない．(22) と (23) で異なる点は先行文脈の有無のみであるから，**両者の容認度の違いは先行文脈の有無に起因する**と考えるべきである．(23) は，話し手が説明を積み重ねながら言語文脈を構築することで，quand 節に現れる半過去の解釈に必要な「部分―全体スキーマ」が成立する例である．

　まず第 1 文で自立的な時制である複合過去を用いることで，「ホテルのチェックアウトを行う」という過去の事態が投錨される．ここでは直示的な時の副詞句である à dix heures が存在することにも注目しておきたい．ここでは時の副詞句が時間的定位を補助することになる[14]．その意味で，「ホテルを出発する」という事態は「夜が明ける」や「朝食を取る」のような事態とは性質が異なる．

　しかし，ここで時の副詞句よりも重要なはたらきをしているのは，J'ai quitté l'hôtel「ホテルのチェックアウトをした」という言語化された事態である．この文の存在により，共有知識を参照することで「ホテルのチェックアウトのスクリプト」と呼びうる一連の事態連鎖を想定することが可能となり，これが quand 節に現れる半過去の解釈において「母時空間」としてはたらくことになる[15]．

　そして第 2 文では「荷物を手に取る」という過去の事態が導入される．ホテルをチェックアウトしたのであるから，荷物を持った後に続く事態として想定される選択肢の幅は狭められる．

　さらに第 3 文では，前置された quand 節に現れた半過去によって「階段

を下りていた」という事態が表現されている．このとき聞き手あるいは読み手は，これが今チェックアウトを済ませたホテル内の階段のことであり，これから荷物を持ってホテルの外に出ようとしているときのことであると容易に理解することができる．

そして，この半過去によって表される事態が「ホテルのチェックアウトのスクリプト」という母時空間の一部分をなすものとして解釈されることで，「部分―全体スキーマ」に基づく場面特定が可能になるのである．

(24) ホテルのチェックアウトのスクリプト

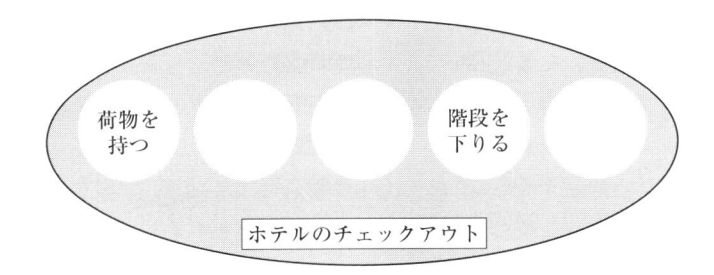

（図：「ホテルのチェックアウト」という楕円の中に複数の円があり，左に「荷物を持つ」，右に「階段を下りる」と示されている）

(23) の場合にも，複合過去が用いられた文が直後に存在するという事実によって，quand 節に現れる半過去が解釈されるしくみを適切な形で説明することはできない．このような文を理解するためには，**我々の世界に関する百科事典的知識に含まれるスクリプトを参照しながら言語文脈を構築し，解釈における選択肢の幅を狭めながら妥当な解釈に到達する過程が欠かせない**のである．

2）文学作品からの引用例に基づく考察

前節で見た例はいずれも作例であり，「部分―全体スキーマ」構築に必要な最低限の文脈を考えたものである．文学作品において quand 節の中で半過去が用いられる場合には，場面特定が容易になるような言語文脈を構築するために，さらに精緻で効果的な表現上の工夫が施されることが多い．

すでに見たように朝倉（2002, 2005）をはじめとする先行研究において，

quand 節に現れる半過去には être が用いられた例が多いと言われている．そのことは確かに事実であるが，quand 節において être の半過去が用いられた場合の解釈機序は一通りではなく，さまざまであると考えられる．ここではいくつかの例を具体的に分析しながら，そのことを確かめる．

次の例は，主人公のロック歌手が仲間たちとともにレストランでコンサートの打ち上げパーティーを行っている場面からの引用である．主人公は打ち上げパーティーについて来たカメラマンの女性を口説こうとしたが，酔いが回りすぎてうまくいかない．そして，トイレでひとりきりになったときに鏡に向かって彼女の名前を口にする，という場面である．

(25) À un moment, quand j'*étais* dans les chiottes du resto, j'ai prononcé lentement son nom devant la glace au-dessus des lavabos mais au lieu de respirer un bon coup et de m'asperger la gueule avec de l'eau froide（…）

(Anna Gavalda, *Je voudrais que quelqu'un m'attende quelque part*)
［At a moment, when I was in the toilet of the restaurant, I pronounced slowly her name in front of the mirror underneath the washstands but instead of taking a deep breath and of spraying my mouth with cold water in order to tell her in face（…）］
あるとき，私がレストランのトイレにいたとき，私は洗面台の上にある鏡の前でそっと彼女の名前を口にしたが，深呼吸をして口を冷たい水ですすぐかわりに（…）

レストランで食事をしていることは言語文脈から明らかであり，レストランを利用しているときにトイレに行くことはよくあることである．そこで何が行われるかはさまざまであるが，そこが皆のいるテーブルを囲む場面とは質の異なる区切られた空間であることは容易に理解することができる．そして，この主人公のように，本人の目の前ではできない「女性の名を口に出す」という行為をトイレの中でひとりでこっそりと行う場面を想定することは容易である．この例を解釈する際には，言語文脈とともに我々の世界に関する百科事典的知識を考慮する必要がある．

次の (26) においても，quand 節に être の半過去が現れている．当該の文だけを見ていてもよく分からないが，言語文脈を考慮することで quand

節に現れる半過去が解釈可能となるしくみを適切な形で説明できるようになる.

主人公は兵役の休暇中であり，自分の誕生日を祝ってくれる家族のもとへ帰省している．兄が連れて来ていた彼女のことが気になり，酔いが回ったついでに「自分に譲ってくれないか」と兄に頼んだ．兄は「彼女はベビーサッカーで勝った方のものだ」と提案した．すべり止めのためにと思って手に小麦粉をつけたのが逆効果となり，指先で固まってしまった，という場面である．

(26) J'ai joué comme un pied. La farine, au lieu de m'empêcher de transpirer, ça me faisait comme des petites boulettes blanches au bout des doigts.
En plus, Marie et les autres sont descendus quand on en *était* 6 partout et à partir de ce moment-là, j'ai lâché prise.　　　　　　　　　　　　　　　　　　(*ibid.*)
[I was bad at playing. The flour, instead of preventing me from sweating, it was serving for me as small white pellets at the end of my fingers.
In addition, Marie and the others went down when we were 6 all and from this moment, I gave up.]
私はへまをしでかした．小麦粉は，汗をかくのを防ぐかわりに，指先で白く小さな玉のようになってしまった．その上，私たちが6対6の同点だったときにマリーたちが降りてきた．そしてその瞬間から，私は降参してしまった．

この話の流れの中でquand節を解釈すると，「6対6の同点だったとき」というのがどういう場面なのかは明確である．やはり，この例を解釈する際には，我々の世界に関する百科事典的知識と文脈をともに考慮する必要がある．

次の(27)は，朝倉(2005)において文単位で示された例文の原典をたどり，状況が分かる程度の文脈とともに引用したものである．

(27) Quand elle arriva du côté du bunker, elle aperçut un petit garçon qui revenait de la pêche.
Il se retourna pour l'attendre.
«Bonsoir !» dit Lullaby.

«Salut !» dit le petit garçon.

(...)

Ils firent le chemin ensemble, en parlant un peu. Quand ils arrivèrent au bout du chemin, comme il restait encore quelques minutes de jour, ils s'assirent dans les rochers pour regarder la mer. (...) Il raconta à Lullaby l'histoire de ses lunettes. (...)

Pendant ce temps, le soleil se couchait. Ils virent le phare s'allumer, puis les réverbères et les feux de position des avions. L'eau devenait noire.

Alors, le petit garçon à lunettes se leva le premier. Il ramassa sa gaule et son sac et il fit un signe à Lullaby avant de s'en aller.

Quand il *était* déjà un peu loin, Lullaby lui cria :

«Fais-moi un dessin, demain !»

Le petit garçon fit oui de la tête.

(Jean-Marie Gustave Le Clézio, «Lullaby», dans *Mondo et autres histoires*)

［When she arrived on the side of the bunker, she noticed a young boy who was returning from the fishing. He turned around in order to wait her.

"Good evening!" said Lullaby.

"Hey!" said the little boy.

(...)

They walked the path together with talking a little. When they arrried at the end of the path, as a few minutes of daytime were still remaining, they sat in the rocks in order to watch the sea. (...) He told to Lullaby the story of his glasses. (...)

During this time, the sun was sinking. They saw the lighthouse light up, then the street lights and the sidelights of the planes. The water was becoming dark. Then, the little boy with glasses stood up first. He picked his fishing pole and his bag and he waved to Lullaby before going away.

When he was already a little far, Lullaby shouted to him : "Draw a picture for me, tomorrow!"

The little boy nodded.］

彼女がトーチカのほうに辿り着いたとき，彼女は釣りから帰ろうとしている少年を見つけた．彼は振り返り，彼女を待った．

「こんばんは！」リュラビーは言った．

「やあ！」その少年は言った．

(...)
彼らは少し話しながら一緒に歩いて行った．彼らが道の端に辿り着いたとき，まだ日没まで数分時間があったので，彼らは海を眺めるために岩の間に腰を下ろした．彼はリュラビーに彼の眼鏡の話をした．
その間に，太陽は沈みかけていた．彼らは灯台が，そして街灯や航空灯が点灯するのを見た．水は黒くなっていった．
そして眼鏡の少年が先に立ち上がった．彼は釣竿とかばんを取りあげ，立ち去る前にリュラビーに合図をした．
彼がすでに少し遠くにいったとき，リュラビーは彼に叫んだ．
「明日，私に絵を描いてね！」
少年はうなずくしぐさで返事をした．

この例でも，眼鏡をかけた少年が登場する場面から順に段階的な場面描写が積み重ねられた結果，quand 節の中で半過去が用いられた文に到達する．ここでは，déjà「すでに」という副詞句が用いられていることも重要である．déjà が用いられる際には段階的に推移する場面連続が想定されていることが前提となるため，ここでは déjà が相対的な場面特定を助けるはたらきを担っていると考えることができる[16]．

このように，一文だけを言語文脈から切り離して考察してもよく分からないが，文脈をたどることではじめて「彼がすでに少し遠くに離れてしまったとき」がいつのどういう場面であるのかという相対的な位置関係を容易に特定することができるようになるのである[17]．

次の（28）においても，quand 節に être の半過去が現れている．これは地下鉄のホームにおける一場面を描写したものである．主人公の私は地下鉄のシャトレ駅の中を移動中に母親に似た女性を見つけ，後をつけてしまう．

（28）Elle allait s'endormir sur le banc, mais, quand le bruit de la rame n'*était* encore qu'un tremblement lointain, elle s'est levée. Je suis montée dans le wagon, derrière elle.

(Patrick Modiano, *La Petite Bijou*)

[She was going to fall asleep on the bench, but, when the noise of the trains was still only

a distant shiver, she stood up. I got into the train, behind her.]
彼女はベンチの上で寝入りかけていたが，列車の音がまだ遠くでかすかにしか聞こえていないのに，彼女は起き上がった．私は彼女のあとから電車に乗った．

　(28) における quand 節の中の半過去 était「～だった」は人生の一時期ではなく継続中の一時的な事態を表している．ここでは ne ～ encore que「まだ～でしかない」という事態の段階的な推移を前提とするアスペクト表現が用いられていることに注目すべきである．

　たとえ言語的に明示されていなくとも「列車の音だけがまだ遠くでかすかにしか聞こえていない状態」の前に「まだ音すら何も聞こえない状態」が存在することは，我々の世界に関する百科事典的知識を用いることによって想定可能である．また，やがて「列車が姿を現す」，「駅に停車して扉が開いて乗客が乗り降りする」，「扉が閉じて再び列車が走り出す」という場面が続くことも容易に想定することができる．

　ここでも半過去によって表されている事態そのものは一時的なものであるが，地下鉄の駅において多くの人が経験する，ある一連の場面が順次展開していく様子を想定することが可能である．(28) における quand 節の中半過去は，「地下鉄乗車のスクリプト」と呼びうる「母時空間」の中の一部分を表していると解釈することができる．したがって，quand 節の半過去は「地下鉄乗車のスクリプト」に対して係留しているので，「部分－全体スキーマ」に基づいて quand 節による場面特定が可能となる．

　このように，いずれの場合にも quand 節の中に現れる être の半過去によって表される事態はそれぞれの物語世界に対して係留されるので，「部分－全体スキーマ」に基づいて場面特定を行うことができる．そして，quand 節において être の半過去が用いられることが多いといっても，用例によりその解釈機序はさまざまに異なることが分かる．

　ここからは，être 以外の動詞の半過去が quand 節の中で用いられた場合の解釈機序について順に見ていきたい．次の例では，飛行機が墜落しそう

になりながらも目標物が見つかり操縦士たちが希望を見出すという場面において，quand 節の中で désespérer「絶望する」という動詞の半過去が用いられている．

(29) Les escales qui nous répondaient renonçaient à nous renseigner sur nous-même : «Pas de relèvement... Pas de relèvement...» car notre voix leur parvenait de partout et de nulle part. Et brusquement, quand nous *désespérions* déjà, un point brillant se démasqua sur l'horizon, à l'avant gauche. Je ressentis une joie tumultueuse, Néri se pencha vers moi et je l'entendis qui chantait !

(Antoine de Saint-Exupéry, *Terre des hommes*)

[The ports of call which were responding to us was giving up informing us of ourselves: "No bearing... No bearing..." for our voice was reaching from everywhere and from nowhere. And suddenly, when we were already giving up hope, a brilliant point unmasked itself on the horizon, ahead on the left. I felt a tumultuous joy, Néri leaned against me and I heard him singing!]

私たちに応答していた空港は私たちに情報を提供することをあきらめかけていた．「測定値なし…，測定値なし」なぜなら，私たちの声が，彼らにはあらゆるところから聞こえてきて，どこからも聞こえてこなかったからだ．すると突然，私たちがすでに絶望しかけていたとき，光り輝く点が左手前方の地平線上に姿を現した．私は，激しい喜びを感じた．ネリは私の方に体を傾けてきたが，私には彼が歌を歌っているのが聞こえた．

(29)における quand 節の中の半過去 désespérions「絶望していた」は人生の一時期として解釈される事態ではなく，時間的な幅の短い一時的な状態を表している．人が絶望するときというのはいろいろな場合が考えられるので，この文単独で「場面特定」の機能を果たすことは難しい．

ところが，ここでは引用箇所の前段階からの一連の話の流れの中で，操縦していた飛行機が順調に航行していた段階から，やがて異常事態が発生し，墜落しそうになるという事態の段階的推移を想定することが可能である．半過去 désespérions は，このような一連の流れの中に相対的に位置づけられることになり，そのことにより結果的に「場面特定」を行うことが

可能になるのである．

　ここでは，いわば「飛行機墜落のスクリプト」と呼びうるものが半過去の解釈に際して参照される全体としての枠組みである「母時空間」としてはたらいている[18]．ここでは，「部分―全体スキーマ」の構築に際して「飛行機墜落のスクリプト」に加えて言語文脈の支えが必要となる．

　この例の解釈において重要なことは，quand 節の半過去によって表される事態を一連の事態連鎖における他の同種の事態から明確に区別することが可能であり，事態連鎖の全体に対する一部分をなしていると解釈することができるという点である．

　まず，quand 節の前に置かれた副詞句の Et brusquement「そして突然」のはたらきに注目したい．「突然」ということは，予想していなかったことが生じるのであるから，それ以前の場面とその後の場面が認識のうえで明確に切り離されていると考えることができる．

　さらに，半過去を修飾する副詞の déjà「すでに」も重要な役割を果たしている．先ほど見た (28) の encore と同様に，déjà が用いられる際にも段階的に推移する場面連続が想定されていることが前提となる[19]．

　すでに述べたように，quand 節の中で用いられた半過去が「場面特定」の機能を果たすためには，全体としての枠組みとしての「母時空間」が設定されることに加え，当該の半過去が表す事態が段階的に推移する他の事態と並列的に存在することが想定される必要がある．

　このように，(29) の例ではそれほど典型性が高いとは考えられないスクリプトに基づいた解釈が必要となるので，quand 節の半過去が他の事態と明確に切り離されれていることを表すために，副詞句などの言語表現が効果的に用いられていると考えることができる．

　(29) における quand 節の解釈を談話的時制解釈モデルの観点から説明すると次のようになる．quand 節の中で用いられた半過去 désespérions によって表される事態は，文脈に含まれる副詞の助けなどを借りながら，明確な区切りを持つ一連の事態連鎖の中に含まれる部分として解釈される．そして，この事態は「飛行機墜落のスクリプト」に対して係留され，この

スクリプトの中での相対的な位置づけが定まることで，「部分―全体スキーマ」に基づく場面特定を行うことが可能となる．

「地下鉄乗車のスクリプト」や「飛行機墜落のスクリプト」よりも典型性が低く，言語文脈に対する依存度が高いと考えられる例もある．次の例では，主人公を含む子どもたちが鉛筆を使ってものを書くゲームをしている場面であり，具体的な場面展開が文脈によって示されている．

(30) - M'sieu ! Côme copie !
 - C'est pas vrai, sale menteur ! a répondu Côme et Fabrice lui a donné une gifle. Côme, il est resté un peu étonné et puis il a commencé à donner des coups de pied à Fabrice, et puis Fructueux a voulu prendre mon crayon juste quand j'*allais* écrire «Autriche» et je lui ai donné un coup de poing sur le nez, alors Fructueux a fermé les yeux et il a donné des claques partout （...）.

(Jean-Jacques Sempé et René Goscinny : *Les vacances du Petit Nicolas*)
［ - Sir ! Côme is copying !
 - That's not true, dirty liar ! answered Côme and Fabrice gave him a slap. Côme remained surprised a little and then he began to give kicks to Fabrice, and then Fructueux wanted to take my pencil just when I was going to write "Austria" and I gave him a punch on his nose, so then Fructueux closed his eyes and he gave slaps everywhere （...）.］
 - 「先生！コムがカンニングをしています！」
 - 「まさか．うそつきめ！」コムが答えると，ファブリスは彼に平手打ちを食らわせた．彼はしばしきょとんとしていたが，ファブリスを足で蹴り始めた．そして私が「オーストリア」と書こうとしていたときフリュクチューは私の鉛筆を使いたがったので，私は彼の鼻に拳を食らわせた．するとフリュクチューは目を閉じ，あちこちに平手打ちを食らわせた（…）．

この引用箇所における「紙と鉛筆を配る」，「字を書く」，「友達が自分の鉛筆を奪う」という一連の場面展開は文脈上で明らかである．そのような中で，「ちょうど『オーストリア』を書こうとしていたとき」というのはいつのことであるのかが，文脈をたどることによって相対的に定まることになる．

第3章　quand 節に現れる半過去と談話的時制解釈　163

次の（31）はパリの市内を移動する場面についての描写である．主人公の私は，かつて親しくしていた女性であるルキとの思い出を回想している．次の場面も，かつてルキと体験した内容の追憶である．

(31) Je préfère remonter à pied les Champs-Élysées un soir de printemps. (...)
Ce soir-là, tu as eu la gentillesse de venir me rejoindre dans le quartier de l'Étoile. (...) Nous sommes allés dans le restaurant au coin de la rue François-Ier et de la rue Marbeuf. (...) Il faisait encore jour. (...) Vers dix heures, quand nous *descendions* les Champs-Élysées, je me suis demandé si la nuit tomberait jamais et si ce ne serait pas une nuit blanche comme en Russie et dans les pays du nord. (...) Il restait encore des taches de soleil sous les arcades de la rue de Rivoli. (...)
Au Palais-Royal, la nuit était tombée.

(Patrick Modiano, *Dans le café de la jeunesse perdue*)

[I prefer to go up the Champs-Élysées an evening of spring. (...) That evening, you had the kindness of coming to join me in the quarter of the Étoile. (...) We went to the restaurant at the corner of the François-Ier street and the Marbeuf street. (...) It was still bright. (...) At about ten o'clock, when we were going down the Champs-Élysées, I wondered if the nignt never comes and if it wouldn't be the midnight sun as in Russia and the north countries. (...) Sun stains were still remaining under the arcades of the Rivoli street. (...) At the Palais-Royal, night had fallen.]

私は春の日の夕方，シャンゼリゼ通りを歩いて行くほうが好きだ．その日の夕方，きみは親切にもエトワール界隈で私と落ち合ってくれた．（…）私たちはフランソワ1世通りとマルブフ通りの角にあるレストランに行った．（…）まだ日が出ていた．（…）10時頃，私たちがシャンゼリゼ通りを下っていたときに，決して夜になることがなく，ロシアや北方の国々のような白夜になるのではないかと私は思った．（…）リヴォリ通りのアーケードの下にはまだ太陽の跡が残っていた．（…）パレ＝ロワイヤルに着いたときには夜になっていた．

（31）における quand 節の中の半過去 descendions「シャンゼリゼ通りを下っていた」も具体的な展開中の事態を表しているが，ここでは話し手である私と聞き手であるきみがともにエトワール界隈からシャンゼリゼ通り

を経てパレ＝ロワイヤルに到着するまでの事態が段階的に描写されている．

ここでは文頭に vers dix heures という時を表す副詞句が置かれていることに注目したい．この「10 時頃」という時の副詞句がここで果たしている役割は，単なる時刻を特定するはたらきというよりはむしろ，「まだ完全に日は落ちていないが夜に向かいつつある時間帯」という情報を提供することにあり，その結果として quand 節による場面特定がより容易に実現されるようになると考えることができる．

この時刻表現は，Il faisait encore jour「まだ日が出ている」と la nuit était tombée「夜になった（完全に日が落ちてしまった）」の間に置かれており，これらの表現と相対的な関係を持つことで，当該の半過去による事態の相対的な位置関係を特定することに役立っていると考えられる[20]．このような形で具体的に描写される事態連鎖において「シャンゼリゼ通りを下っていたとき」という事態の相対的位置が定まることにより，quand 節による場面特定が可能となる．

これまでに見てきた例と同様に，(31) において quand 節の半過去による場面特定が可能となる本質的な要因は，言語文脈により一連の場面連鎖を想定することが可能であり，その結果として半過去によって表される事態をこの場面連鎖の中の一部分として相対的に位置づけることが可能であるという点にある．この「パリの街中の移動」は典型的なスクリプトとしてパタン化されているとは言い難いものの，互いに区別される複数の具体的な場面描写を積み重ねることで物語世界が構築されており，この物語世界に対して半過去によって表される事態を係留することが可能である．そのため，(31) の quand 節の中で用いられた半過去は「部分―全体スキーマ」に基づいて場面を特定することができるのである．

本節で見たことから明らかなように，「部分―全体スキーマ」に基づく場面特定という概念を用いることで，用いられる動詞の種類にかかわらず quand 節に現れる半過去の解釈機序を統一的な形で説明することが可能となるのである．

5.3 発話状況に基づく場面の特定

次に,「語り」の発話様態においては見られず,話し手と聞き手の間の相互作用によって成立する「談話」の発話様態において見られる現象を考察する. 第2章で見たように,発話状況における非言語的情報を参照することで半過去の解釈が可能となる場合があることが Tasmowski-De Ryck (1985a) によって指摘されている.

(32) Oh, rien, il *fermait* la porte.　　　　　　　　　　　　　　(*ibid.*)
　　　[Oh, nothing, he was closing the door.]
　　　ああ,何でもない,彼が扉を閉めたんだ.

(32) の文は,家の中で突然激しい揺れが生じて驚いている相手に対する発話であれば容認されるのであった. この場合,半過去の解釈に関与する明示的な言語的要素は何も存在しないが,「激しい揺れ」という非言語的情報を話し手と聞き手が共有しているので半過去の解釈が可能となる.

quand 節の中で用いられた半過去に関しても,同様の解釈機序が見られる場合がある. 次の例は前置された quand 節の中で継続中の事態を表す半過去が用いられた例であるが,単独で用いられる場合には容認度が極めて低い.

(33) ??Quand je *passais* dans la rue, une tuile m'est tombée sur la tête.
　　　　　　　　　　　　(Frenchling への曽我祐典氏による投稿 00506 番)
　　　[When I was walking in the street, a tile fell on my head.]
　　　私が通りを歩いていたとき,1枚のタイルが頭上に落下した.

ところが,次のような発話状況の中で用いられる場合には同じ文が容認されるようになる.

(34) [〈quand IMP, 主節〉の発話者Bは頭に怪我をしている]
　　　A : Qu'est-ce qui s'est passé ?
　　　B : Quand je *passais* dans la rue, une tuile m'est tombée sur la tête.

［A : What happened ?
　B : When I was walking in the road, a tile fell on my head.］ 　　　　　　（*ibid.*）
　A：何があったのですか？
　B：私が通りを歩いていたとき，1枚のタイルが頭の上に落ちて来たんです．

　ここで quand 節に現れる半過去が容認されるのは，後続する主節における複合過去によって解釈が安定するからではない．そうではなく，(34)における quand 節に現れる半過去の解釈が可能になるのは次の事実によるという点に注目する必要がある．ここでは発話者Bが頭に怪我をしていることを発話者Aも発話状況において目撃しており，このことが話し手と聞き手の双方に対して共通の非言語的情報となる．

　さらに，Aによる「何があったのですか？」という発話とこの非言語的情報が組み合わされ，推論が行われる．ここでは，Bが頭に怪我をしているのを見たAは次のような推論を行うと考えられる．Bが頭に怪我をしているということは何らかの原因があるはずである．ここで，ある事態が生じることで別のある事態が生じるという原因と結果の関係によって関連づけられる一連のできごとが考えられ，全体としての認識枠である母時空間が設定される．

　ところが，この母時空間内の要素である結果としての「Bが頭に怪我をした」は設定されているが，Aはその原因を知らないので「何があったのですか？」という疑問文を発話する必要がある．ここで，発話状況に含まれる非言語的によって，AとBの談話領域にはBが頭に怪我をした，という事態が発話時点よりも以前のある時点に設定される．さらにAが「どうしたの？」と発話することで，この事態に先行する事態が問題とされる．

　このような状況の中で，Bが「道を歩いていたときに」と発話すれば，quand 節によって表される事態は，すでに解釈領域に設定されている「Bが頭に怪我をした原因となる事態」と関連づけられて解釈されることになる．時間的には，怪我をしたのが過去のことであるので，その原因となる事態が生じたのはさらに過去のこととなる．

ここで大切なことは，半過去によって表される事態は談話時空間内に漠然とした過去の状況として導入されるのではなく，適切な形で定位を受けることになるという点である．換言すると，quand 節に現れる半過去によって表される事態は怪我をした原因となる事態として，一連の事態連鎖である原因と結果という母時空間に対して「係留」されることになる．

その結果，quand 節によって表される「道を歩いていたとき」という事態は，話し手と聞き手の双方にとって「いつの何のことであるか？」が明確に定まることになる．「ある事態が生じた結果Bが頭に怪我をした」という一連の事態連鎖としての「部分－全体スキーマ」に係留することで場面が特定されるのである．

このことを説明するためには，Aによる先行発話である Qu'est-ce qui s'est passé ?「何があったのですか？」を考慮するだけでは不十分であり，今述べてきたような形で言語的情報と非言語的情報をともに考慮したうえで談話解釈が実現されることに着目する必要がある．

5.4　話し手と聞き手の共有体験に基づく場面の特定

ここでは，「談話」の発話様態においてのみ利用することが可能な「話し手と聞き手の共有体験」に基づいて場面特定が可能となる具体例を考察する．

第2章で見たことであるが，話し手と聞き手が何らかの体験を共有することにより，共有シナリオに基づいて半過去の理解が可能となる場合がある．Tasmowski-De Ryck（1985a）はこのことを説明するために次の例をあげている．

(35) Qu'est-ce qu'il *pleuvait*, n'est-ce pas ?　　　　　　　　　　　　(*ibid.*)
　　　[How it was raining, wasn't it ?]
　　　ひどい雨でしたよね？

Tasmowski-De Ryck（1985a）によると，お互いに知らない人同士の間で

の発話としては (35) は成立しないが，話し手と聞き手が共に何らかの活動に参加し，雨のせいでひどい目にあった者同士の間で発話される場合には解釈が可能になるという．この場合，半過去を解釈する際に参照されるのは対話者同士の共有体験と呼ぶべき要素であり，このことは**話し手と聞き手によるシナリオの共有**を意味するのであった．

同様にして，前置された quand 節の中で用いられる半過去によって表される事態が話し手と聞き手の共有体験に基づく共有シナリオに対して係留されることで場面特定が可能となる例も見られる．つまりこの場合には，quand 節に現れる半過去によって表される事態は「共有シナリオ」という母時空間に係留され，当該の事態と「共有シナリオ」という母時空間との間に「部分－全体スキーマ」が成立することにより場面特定が可能となるのである．

共有シナリオに基づく半過去の解釈の場合には，半過去によって表される事態の前後に連鎖的に存在することが想定される事態群が明示的に言語化されないことも多いが，**話し手と聞き手はこれらを実際に体験しているため，ひとつひとつを言語化しなくても半過去の事態が共有シナリオ内において占める相対的位置を特定することが可能になる**．

当然のことであるが，半過去の解釈に話し手と聞き手によるシナリオの共有が関与する場合には，この半過去は後続する主節に対して係留するわけではない．このことは，次のように quand 節に半過去が現れながらも後続すべき主節が存在せず，いわゆる「言いさし表現」になっている例が存在することからも明らかである．次にあげるのは映画の台詞からの引用である．

偶然空港で知り合ったローズとフェリックスは，ストライキのため搭乗予定の飛行機が欠航となり，とある経緯から航空会社がフェリックスのために用意した部屋で一夜を過ごすことになった．彼らはルームサービスを注文し，食事をしている．ローズは小皿の中でかき混ぜたドレッシングをサラダにかけながら発話する．

(36) - Tout à l'heure, quand vous *étiez* à l'infirmerie ...
  - Vous faites quoi là ? C'est quoi ça ?!
       （Christopher Thompson et Danièle Thompson, *Décalage horaire*）
  [- Just now, when you were in the infirmary...
  - What are you doing there? What is it ?!]
  - さっき，あなたが医務室にいたとき…
  - あなたは何をしてるの？これは何？！

　ここでは quand 節の中で半過去が用いられているが，第2話者によって話が遮られてしまい，結果として言いさし表現になってしまっている．もしも quand 節に現れる半過去が後続する主節の過去時制に係留される形で解釈されるならば，この言いさし表現は解釈できないことになってしまう．

　しかしこの場面では，本来この後に続くと考えられる主節が実際に発話されなくても，quand 節に現れる半過去を解釈することが可能である[21]．なぜならばこの映画の中では，この場面よりも前に，空港ラウンジにおいて軽い心臓発作を起こしたフェリックスが医務室に行き，医師の診察を受ける彼をローズが待合室で待っている場面が存在するからである．

　そのため，第1話者であるローズも第2話者であるフェリックスも，quand 節に現れる半過去によって表される「あなたが医務室にいたとき」というのがいつの何のことであるかを特定することが可能である．これはまさに話し手と聞き手がシナリオを共有している例であり，quand 節の半過去はこの共有シナリオに係留することで場面特定の機能を果たすことが可能になるのである．

　(36) では「言いさし表現」になっており quand 節に後続する主節が省略されているが，前置された quand 節の中で半過去が用いられた後に主節が続く例も存在する．次の例は，戦時中ともにレジスタンス運動に参加していたフランソワ・ミッテランとマルグリット・デュラスの対談からの引用である．仲間のジャン・ミュニエがゲシュタポに捕まりそうになりながらも何とか逃げ切ったときのことを2人は回想している．

(37) M. D. ― Mais, rue Dupin, il y avait une sacrée longueur à faire avant d'être à l'abri rue de Sèvres ?

F. M. ― Oui, mais rue Dupin il n'y avait pas encore de gardes, la rue n'était pas encore gardée. La police allemande n'avait pas prévu ce qui les attendait là-haut. Munier a pu descendre sans difficulté. Comme moi, d'ailleurs, quand j'*étais* dans le bureau de poste au rez-de-chaussée, j'ai pu partir sans que personne ne m'arrête...

(Marguerite Duras et François Mitterand, *Le bureau de poste de la rue Dupin*)

[M. D. ― But, Dupin street, there was a great length to do before being protected at Sèvres street ?

F. M. ― Yes, but at the Dupin street there was not yet a guard, the street was not yet guarded. The german police had not predicted what was waiting them up there. Munier could go down without difficulty. Like me, by the way, when I was in the post office of the first floor, I could leave without getting arrested.]

M. D. ― でも，デュパン通りだと，セーヴル通りの安全な所に行くまでとんでもない距離があったでしょう？

F. M. ― ええ，でもデュパン通りにはまだ見張りがいなかったのです．その通りはまだ警備されていませんでした．ドイツ警察は上階で彼らを待ち受けていたものを予測していなかったのです．ミュニエは難なく（建物の外に）降りることができました．私もそうでしたけどね，1階の郵便局にいたとき，誰にも捕まらずに出かけることができました．

ここで前置された quand 節で表現されている「デュパン通りの郵便局にいたとき」という事態は，ミッテランの発言としてすでに先行文脈に登場している．

(38) Et j'étais, moi, dans la poste en dessous du 5 rue Dupin, au-dessous de l'appartement, au moment même où il a été arrêté. (*ibid.*)

[And I was, I, in the post office underneath the apartment, at the same moment when he was arrested.]

そして，彼が捕まったとき，私はアパルトマンの下の，デュパン通り5番地の下の階の郵便局にいました．

聞き手のデュラスも，話の流れと自らの体験からミッテランが「デュパン通りの郵便局にいたとき」というのがいつのことであるかが分かっているので，ここでは quand 節の半過去によって表される事態は，話し手と聞き手の共有シナリオに係留する形で解釈されることで場面特定の機能を果たすことができる．

なお，前置された quand 節に現れる半過去においても，用いられる動詞が être や avoir に限られるわけではない．次の (39) において前置された quand 節に現れているのは，discuter「議論する，話し合う」という活動動詞の半過去である．

父親と 2 人きりでつつましく暮らしている主人公の少年プリモは，久しぶりに父親とふたりで外食をし，バーレストランから帰宅する途中で教会の中に入り長椅子に座っている．プリモが先ほどのバーレストランでのことを思い出し，父親に尋ねる場面である．

(39) – Tu t'es souvenu de combien de truites tu avais attrapées à la main, n'est-ce pas ? demandai-je soudain.
 – Qu'est-ce que tu dis, quand ça ?
 – Tout à l'heure, au bar, quand tu *discutais* avec les deux hommes, tu t'en es souvenu, je crois.
 – Tu as entendu ce qu'on disait.
 – Non, mais j'ai l'impression que c'était ça.
 – Tout juste, Primo. 　　　　　(Hubert Mingarelli, *Une rivière verte et silencieuse*)
[– Did you remember how many trouts had you caught by hand ? I asked suddenly.
 – What do you say, when was it ?
 – Just now, at the bar, when you were discussing with the two men, you remembered it, I believe.
 – You heard what we were saying.
 – No, but I have the impression that it was so.
 – Dead right, Primo.]
 – 何匹のマスを手で捕まえたか覚えているの？僕は突然彼に尋ねた．
 – お前は何を言っているんだ？それはいつの話だ？

- さっき，バーで，父さんが2人の男の人と議論をしていたとき，父さんはそのことを覚えていたよ．
- 俺たちが話していたことが聞こえたのか？
- いいや，でもそういうことだった気がするんだ．
- まさにその通りだ，プリモ．

(39)においても，前置された quand 節の文頭に現れた副詞句の tout à l'heure「先ほど」は発話時に近い過去を表しており，時間的位置を特定するのを助けるはたらきをしているといえる．

この例の quand 節に現れる半過去によって表される事態も，すでにこの場面よりも前に細かい描写がなされており，プリモも父親も経験していることである．プリモがデザートを食べている間に父親はバーカウンターのそばで見知らぬ男たちと話をしている．その様子をプリモは少し離れたテーブルから眺めている．

(40) Mon père tenait la discussion devant le comptoir. C'est lui que les deux hommes écoutaient. Ils hochaient la tête pour l'approuver. (...) Je ne savais pas de quoi mon père leur parlait. J'étais trop loin pour l'entendre.

Mais je voyais qu'ils étaient tous les deux unanimes. Il n'existait à mon avis qu'un seul sujet sur lequel ils puissent être autant d'accord avec lui.

Celui des truites bleues qu'il avait attrapées à la main quand il avait mon âge. (...)

(Hubert Mingarelli, *Une rivière verte et silencieuse*)

[My father was keeping the discussion in front of the counter. It is to him that the two men were listening. They were nodding to agree with him.

(...) I didn't know what my father was telling to them. I was too far to hear what he said. But I was seeing that they were both unanimous. In my opinion, there was only one subject on which they can agree as much with him. The subject of the blue trouts which he had caught by hand when he was my age. (...)]

私の父はカウンターの前で議論をしていた．2人の男が聞いていたのは彼の話だった．彼らは彼に対する賛意を示すために首を縦に振っていた．(…)

父が彼らに何を話しているのかは私には分からなかった．彼の話を聞くには私は離れすぎていたのだ．しかし，私には彼らは2人とも納得しているよう

に見えた．私の考えでは，これほど彼らが彼の言うことに同意できる話題は1つしかなかった．彼が私の年齢だったときに手で捕まえた青いマスのことだ．(…)

つまり，この例における quand 節に現れる半過去によって表される事態も，話し手と聞き手が共有するシナリオに係留する形で解釈され，「部分－全体スキーマ」に基づいて場面特定の機能を果たすことが可能になると説明することができる．

次の (41) も文学作品において前置された quand 節の中で半過去が用いられたものである．

(41) Et tout à l'heure, quand nous *traversions* cette esplanade, de l'autre côté du boulevard de Sébastopol, j'ai pensé : «C'est ici que finira ton aventure.»

（Patrick Modiano, *La ronde de nuit*）

[And just now, when we were crossing this esplanade, on the other side of the Sebastopol boulevard, I thought: " It's here where will finish your adventure."]

そして先ほど，私たちがセバストポール大通りの向こう側でその広場を横切っていたとき，私は考えた．「きみの冒険が終わることになるのはここでだろう．」

ここでは，traverser cette esplanade「この広場を横切る」という達成動詞に分類される動詞句が半過去に置かれている．先ほど見た (39) と同様に，文頭に現れた副詞句の tout à l'heure「先ほど」は発話時に近い過去を表しており，時間的位置を特定するのを助けるはたらきをしているといえる．

この部分だけを見ていてもよく分からないが，この前の文脈をたどると quand 節の半過去によって表される事態がいつの何のことであるのかが明確になる．主人公はル・ケディヴとフィリベールという2人の男とともに，パリの街中を移動している．

(42) Nous traversons le boulevard de Sébastopol et débouchons sur une grande esplanade.

(*ibid.*)

[We cross the Sébastopol boulevard and come out on a large esplanade.]
私たちはセバストポール大通りを渡ると，大きな広場に出る．

そして，広場を囲むように建っていたナチスにより破壊された家々の跡地を具体的に眺める場面が続く．

(43) Aux traces qu'ils ont laissées, on devine l'emplacement des escaliers, des cheminées, des placards. Et la dimension des chambres. L'endroit où se trouvait le lit. Il y avait ici une chaudière. Là un lavabo. (...)　　　　　　　　　　　　　　　　　　　　(*ibid.*)
[At the traces which they left, we guess the location of the stairs, the fireplaces of the cupboards. And the dimension of the bedrooms. The place where was the bed. There was a boiler here. There a washbasin. (...)]
残された跡から，階段や暖炉や戸棚があった場所が推測できる．そして部屋の大きさ．ベッドが置いてあった場所．ここにはボイラーがあった．あそこには洗面台．(…)

その後，人と待ち合わせをしていたカフェに到着する．そのカフェの中での発言が先ほど見た (41) である．ここで「広場を横切っていたとき」というのは，例えば破壊された家の階段はどこで，暖炉はここにあっただろう，ベッドはここに置いてあった，洗面台はあそこで，などといろいろな想像をしていた場面であることが，文脈を参照することにより明らかである．この例においても，半過去によって表される事態が係留される「部分－全体スキーマ」は言語文脈によって構築されると考えられる．

次に，後置された quand 節に現れる半過去によって表される事態が共有シナリオに対して係留される例を見る．後置された quand 節が主節の補足説明を行うタイプの構文は，先行文脈によってある事態が生起したことがすでに分かっていて，その事態が生起したときの状況を quand 節の中の半過去によって限定したい場合に用いられる．

そのため，後置された quand 節の中で半過去が用いられる例は，語りの文脈よりも話し言葉に現れることが多いと考えられる．また，小説の中では会話場面に現れることが多い．次の (44) は，後置された quand 節に現

れる半過去が小説の会話部分で用いられた例である．

　商事会社に勤務する主人公のアメリは，とある仕事のことでテンシ部長とともにオモチ副社長室に呼び出された．アメリは口答えをし，テンシ部長はアメリを庇うような発言をしたので，2人とも副社長から耐え難いほどの叱責を受けてしまった．副社長室から退室したアメリが「誰が私のことをオモチ副社長に告げ口したのでしょうか？」とテンシ部長に尋ねると，意外な答えが返ってきた．密告者は，アメリが敬慕の念を抱いていた直属の上司であるモリフブキだったのである．アメリはそのことを知り「フブキと会って話がしたい」とテンシ部長に伝える．

(44) － (...) Il faut que je lui parle.
　　－ Le croyez-vous vraiment ?
　　－ Bien sûr. Comment voulez-vous que les choses s'arrangent, si on n'en parle pas ?
　　－ Tout à l'heure, vous avez parlé à monsieur Omochi, quand il nous *abreuvait* d'injures. Avez-vous l'impression que les choses s'en sont trouvées arrangées ?
　　－ Ce qui est certain, c'est que si on ne parle pas, il n'y a aucune chance de régler le problème.

（Amélie Nothomb, *Stupeur et tremblements*）

［－ (...) I must talk with her.
　－ Do you really believe it ?
　－ Of course. How do you want the situation be arranged if we don't discuss?
　－ Just now, you talked to Mr. Omochi, when he was insulting us. Do you have the impression that the situation was arranged?］
　－ What is clear is that if we don't discuss, there is no chance to solve the problem.］
－私は彼女と話さなければなりません．
－あなたは本当にそう思いますか？
－もちろんです．話し合わないのならば，どうやって事態を改善したいのですか？
－さきほど，あなたはオモチ副社長と話しましたね．彼が私たちに罵詈雑言を浴びせかけていたときに．あなたは事態が改善したと思いますか？
－確かなことは，もしも話し合わなければ，問題を解決する機会は全くない

ということです.

　(44) の例では，主節の事態は複合過去によって投錨されており，後置された quand 節はさらにその場面を限定している．同時に，文頭に現れた副詞句の tout à l'heure「先ほど」は発話時に近い過去を表しており，時間的位置を特定するのを助けるはたらきをしているといえる.

　この副社長とのやり取りの場面はすでに話し手と聞き手がともに経験済みであり，それがいつの何のことであるのかを特定することが可能である．すでに設定済みの場面の中の一部分をさらに絞り込み限定するのが，ここでの後置された quand 節のはたらきであり，半過去によって表される事態は話し手と聞き手の共有シナリオに係留する形で解釈されることになる.

　このように，「談話」の発話様態において quand 節の中で半過去を用いる場合には，話し手と聞き手の共有体験に基づく「シナリオの共有」が見られることが多い．過去の共有体験を振り返り，「あのとき」という形で場面特定を行うわけである.

6　quand 節による場面の特定と時の副詞句のはたらき

　ここで，談話的時制解釈モデルにおける時の副詞句のはたらきと quand 節による場面特定の機能について論じておきたい．第 1 章で見たように，岩田 (1997) では時の副詞句が先行する場合には，時の副詞句が先に時間軸上に結びつくことによって時の定位を行い，後続する quand 節の事態も「同じ点に時の定位をすることが可能になる」と述べられている．確かに，時の副詞句が事態の定位に関与していることは事実であると考えられる.

　しかし，すでに (15) や (31) の例を分析した際に説明したように，談話的時制解釈モデルでは，lendemain matin「翌朝」や vers dix heures「10 時頃」のような時を表す副詞句が，解釈の幅を狭めると同時に共有知識を活

性化するトリガーとしての機能を果たすことで，結果的に quand 節による場面特定の機能実現を促進しているという点を重視している．

そして，上で見た (44) の他にもこれまでに分析した例の中には tout à l'heure「つい先ほど」「今さっき」という副詞句が文頭に置かれるものが複数見られた．岩田 (1997) の説明に従って，仮に tout à l'heure という時の副詞句によって指し示される時点を時間軸上に定めようとするならば，発話時を中心とした比較的幅の広い「時間帯」を想定せざるをえない．しかも，tout à l'heure は常に過去の時点を表すとは限らず，文脈次第で発話時以降の未来時を表すこともできるのである[22]．

したがって，談話的時制解釈モデルにおける時の副詞句 tout à l'heure のはたらきは，quand 節における場面特定に際してはあくまでも補助的なものであると考えられる．その直後に用いられた quand 節は，tout à l'heure が用いられることで狭められた範囲に存在する複数の場面の中から特定の場面を指し示す機能を持っていると考えられる．そして，これらの quand 節における半過去の解釈においては，話し手と聞き手の共有体験に基づく「シナリオの共有」が重要な役割を果たしていることが多いのである．

つまり，このような **quand 節**は tout à l'heure と同じ時点に時の定位をするということではなく，**「場面の絞り込み」**という積極的な機能を果たすということである．このはたらきは，主節が前置され quand 節が後置された場合の機能である「場面限定」と本質的には変わらないものであると考えられる．

その意味において，主節に対して quand 節が前置された場合にも後置された場合にも，事態の定位に関しては「場面特定」という共通した機能が見られると考えるのが妥当であるといえる．

7　quand 節と場面の選択機能

このようにさまざまな実例の考察により明らかとなることは，場面を特定することが quand 節の機能であり，半過去を quand 節の中で用いる場合

には，半過去によって表される事態が解釈上さまざまな形で設定される母時空間に対して係留され，母時空間内の他の要素との相対的位置関係が定まることで場面を定位する機能が果たされることになる．

これは，quand 節の本質的な機能が「談話の進行において 1 つの場面を提示する」ことにあるということを示唆しており，半過去を用いて場面を提示するためには，談話において設定される母時空間の中から 1 つの要素を特定する必要があることを意味していると考えられる．

この quand 節の機能は，「～している（していた）間に」という意味を表す pendant que 節の機能とは対照的である．半過去の使用に対して制約が存在する quand 節とは異なり，pendant que 節の中では時間幅のある事態を表す半過去が用いられることが多い．

(45) Pendant que la petite *dormait*, je défis mes cartons où il y avait toute ma vie.
（Eliette Abécassis, *Un heureux événement*）
［While my baby was sleeping, I undid my boxes where there was all my life.］
赤ちゃんが寝ている間に，私は私の全人生が入っている段ボール箱を開けた．

ところが，「人生の一時期」や「年齢」を表す半過去が用いられる場合には，quand を pendant que に置き換えることが難しいのである．

(46) ??*Pendant que* j'étais petit, j'ai visité le Sénégal.
［While I was little, I visited Senegal.］
私が小さかった間，私はセネガルを訪れた．
(47) ??*Pendant qu*'elle avait vingt-cinq ans, elle s'est mariée avec un médecin.
［While she was twenty-five years old, she married a doctor.］
彼女が 25 歳だった間，彼女はある医者と結婚した．

また，段階的な事態の展開を表す副詞句である déjà や encore を含む場合にも pendant que 節の容認度が下がる．

(48) ??*Pendant que* j'habitais *encore* chez mes parents, il m'a demandé un jour si je tenais mon

journal.[23]

[While I was still living with my parents, he asked me one day if I was keeping my diary.]

私がまだ実家で暮らしていた間に，ある日彼は私に日記をつけているかと尋ねた．

(49) ??*Pendant que* nous désespérions *déjà*, un point brillant se démasqua sur l'horizon, à l'avant gauche.[24]

[While we were already giving up hope, a brilliant point unmasked on the horizon, ahead on the left.]

私たちがすでに絶望しかけていた間に，光り輝く点が左手前方の地平線上に姿を現した．

このようなことから，pendant que 節は当該の事態のみに焦点を当て，主節の事態と quand 節の事態を並べて提示する機能を持っているのに対して，quand 節の場合には関連のある要素群の集合の中から1つを選択することがその本質的な機能であると考えることができる．

つまり，quand 節と pendant que 節は，ある意味において互いに役割分担を行っているということができるのである．

8 先行研究における記述や説明の偏向とその原因

本章では作例や文学作品からの引用例に基づき，quand 節に現れる半過去の解釈機序を考察した．先行研究において稀であると言われて来た継続中の事態を表す半過去が quand 節に現れる例も取りあげたが，それぞれの具体的な解釈機序は異なるものの，談話資源を利用することで「母時空間」が設定され，半過去によって表される事態が「母時空間」において占める相対的な位置関係を特定することが可能であれば，quand 節の中で半過去を用いることが可能になることを明らかにした．そして，その際の解釈機序は，半過去の解釈に共通する「部分－全体性」に基づく「部分－全体スキーマ」の概念を用いて説明することができる．

ここで，先行研究における記述が必ずしも事実を正確に捉えたものに

なっていないのはなぜか，その理由を考察しよう．

　本書を通じて繰り返し主張していることであるが，あらゆる言語現象の中でもとりわけ時制が関わる問題を考察する際には，個々の時制形式が備える機能と同等にそれが解釈される状況を重視する必要がある．

　文法書を含む先行研究において，quand 節に現れる半過去はほとんどが「人生の一時期」や「年齢」を表す être や avoir に限られ，他の動詞が用いられることは稀であるという記述が見られるのは，このような半過去はそれが用いられた文だけを文脈から切り離して解釈することが可能であるからであるというのが理由の 1 つであると考えられる．換言すると，これらの半過去を含む文は一見すると単独で用いられているように思われるので，その解釈も文単独で行われるように考えられがちなのである．

　ところが，このような考え方が適切ではないことは本章における考察により明らかとなったことである．本章における考察によれば，「人生の一時期」や「年齢」を表す半過去を解釈する際に参照される「部分―全体スキーマ」は言語文脈に基づいて構築されるものではなく，我々の世界に関する百科事典的知識に基づいて成立するものである．この百科事典的知識は文脈とは関係なくいつでも利用可能であるので，「人生の一時期」や「年齢」を表す être や avoir の半過去が quand 節に現れる場合には，どのような文脈で用いられても容認されることが多く，その結果として文単位の考察によって容認度を判定することが可能となっているのである．

　一方，「人生の一時期」や「年齢」表現以外の半過去が quand 節で用いられる場合には，解釈の場において利用可能なさまざまな種類の談話資源の有無が解釈の可否を左右する重要な鍵を握ることになる．そのような談話資源に基づき，適切な言語文脈を構築したり，話し手と聞き手が存在する発話状況における非言語的情報を活用したり，話し手と聞き手の共有体験や共有シナリオを参照したりすることによって，quand 節に現れる半過去の解釈が可能となり，その結果として quand 節による場面特定が可能となるのである．

　なお，本章において分析の対象としたのは，作例および 20 世紀に書か

れた文学作品や映画のシナリオからの引用例が中心である．そのため，近年の言語変化により quand 節の中で半過去が用いられるようになったのではないかと推測されるかもしれない．

しかし実際には次のように，バルザックやモーパッサンのような 19 世紀の作家たちによって書かれた作品においても quand 節の中で半過去が用いられているのである[25]．

(50) Qu'est-il donc arrivé de si pressant pour que tu sois venue me chercher ici quand dans quelques instants nous *allions* être rue d'Artois ?
(Honoré de Balzac, *Le Père Goriot*)
[What did he so pressing so that you came to call for me here when in a few minutes we were going to be on the Artois street?]
すぐ後で私たちはアルトワ通りで会おうとしていたのに，お前がわざわざ私に会いにここに来るほど差し迫ったことが何か起きたのか？

(51) Au milieu de mes voluptés, quand je *jouissais* d'une fortune de six millions, je fus frappé de cécité.
(Honoré de Balzac, *Facino Cane*)
[In the middle of my delight, when I was enjoying a fortune of six millions, I was struck blindness.]
逸楽のさなか，私が 600 万の財産をほしいままにしていたとき，私は突然失明したのだった．

(52) «Si vous saviez, madame, quels bons moments m'a fait passer *La vie Française*, quand j'*étais* là-bas dans le désert.»
(Guy de Maupassant, *Bel-Ami*)
[If only you knew, madam, what good moments did *La vie Française* make me spend, when I was there in the desert.]
「私がそこで砂漠の中にいたとき，『ラ・ヴィ・フランセーズ』は私に何とよい時を過ごさせてくれたか，お分かりいただけましたら．」

したがって，quand 節に現れる半過去の用法は言語変化を経て近年になって顕著に見受けられるようになった言語現象であるとは必ずしもいえないのである．

文法書においては文単位の観察に基づく記述が中心となることが多いが，本書の考察対象である quand 節に現れる半過去の例を見ても明らかな

ように，言語現象の本質に迫るためには具体的な談話の中で文の解釈を捉えなければならない．談話的時制解釈モデルは，このようなことを考慮したうえで時制の解釈機序を適切な形で説明することを可能にするのである．

9 第3章のまとめ

第3章では，第1章で提示した仮説③および仮説④が妥当であることを示すために，第2章で提示した談話的時制解釈モデルを用いて quand 節に現れる半過去の解釈機序について論じた．

> **仮説③　quand 節の機能**
> quand 節の機能は，主節の事態が生起したのがいつであるかを示すために場面の特定を行うことにある．そのためには，quand 節において用いられる時制の解釈が主節とは独立した形で得られる必要がある．
>
> **仮説④　quand 節と半過去**
> quand 節の中で半過去が用いられる場合には，主節以外の要素に対して係留を行い，「部分―全体スキーマ」に基づく場面の特定を行う必要がある．quand 節の中で半過去が用いられる場合には，先行文脈や我々の世界に関する共有知識，話し手と聞き手の共有体験に基づくシナリオなどを参照しながら「部分―全体スキーマ」が構築され，半過去によって表される事態はこのスキーマにおける相対的な位置づけが可能となることにより，quand 節による場面の特定が実現される．

先行研究における説明とは異なり，実際には quand 節に現れる半過去にはさまざまな種類があり，それぞれの解釈機序は異なるが，あらゆる用例に共通しているのは，**主節に含まれない談話資源を活用することで quand 節に現れる半過去によって表される事態がいつの何のことであるかを相対的に特定することが可能である**という事実である．

このことは，先行研究で述べられてきた「quand 節によって時の定位を行うためには点的な完了時制を用いる必要があり，未完了時制である半過去によって時の定位を行うことはできない」というような，半過去の未完了性だけに着目した考え方を修正しなければ説明することができない．

　そのため本章では，時の定位には自立的な時制による「投錨」と非自立的な時制による「係留」という 2 種類の異なる方法があるという第 2 章で論じた仮説に基づき，談話解釈において一連の事態連鎖をひとまとめにした母時空間が設定されれば，半過去が「部分―全体スキーマ」に対して事態を係留することで quand 節による場面特定の機能を果たすことが可能になるということを，具体例の分析を通じて論じた．

　従来，先行研究で例外的な扱いを受けてきた「人生の一時期」や「年齢」を表す半過去が quand 節の中で問題なく容認されることも，その他の一時的な継続中の事態を表す半過去が quand 節の中で容認される場合があることも，談話的時制解釈モデルを用いれば統一的な形で整合的に説明することができる．

　「人生の一時期」や「年齢」を表す半過去は，我々が共通して持つこの世界のあり方に関する百科事典的知識を参照することで解釈されるのである．百科事典的知識は特定の言語文脈に依存することがなく，いつでも誰でも利用可能な談話資源である．そのため，「人生の一時期」や「年齢」を表す半過去は，一文単位で取り出しても解釈が可能であり，文法書において取りあげられることも多かったのではないかと考えられる．

　しかし，文学作品から収集した実例や，先行研究において容認度が低いと判断された例文から再構成された作例の観察に基づくと，適切な解釈状況に置かれれば，「人生の一時期」や「年齢」を表さない半過去であっても quand 節の中で用いることができることが明らかとなった．話し手と聞き手の共有体験や共有シナリオを参照したり，話し手と聞き手が存在する発話状況における非言語的情報を参照したり，適切な形で構築された言語文脈を参照したりすることで，半過去によって表される事態がいつの何のことであるかを特定することが可能となれば，quand 節の中で半過去を用

いることができるのである．

　共有体験や共有シナリオに基づいてquand節に現れる半過去が解釈される場合には，半過去が係留する母時空間は共有知識の中に含まれるが，その内容は言語文脈から独立したものとして話し手と聞き手が常に把握しているものである．そのため，このような半過去を解釈する際には，母時空間内に存在する要素群を厳密に言語化しなくても，quand節に現れる半過去を解釈することが可能である．

　一方，言語文脈を構築することでquand節に現れる半過去が解釈される場合には，話し手と聞き手の共有体験やシナリオの共有に基づく場合とは異なり，順を追って段階的に母時空間内の要素群を言語化して，半過去によって表される事態が占める相対的な位置関係を特定できるようにしなければならない．

　しかし，言語文脈によって母時空間が構築される場合であっても，明示的に言語化された要素だけを参照しているわけではなく，我々の世界に関する百科事典的知識に含まれるスクリプトを参照しながら母時空間が構築されることが多い．そのため，程度の差はあるにせよ，そこには共有知識の関与が認められるのである．

　このことは第2章で論じたように，半過去の解釈過程において「部分―全体性」が成立するという半過去全般に共通する性質に由来するものである．「半過去が表す事態が解釈可能となるためには，当該の事態を部分として含み持つような全体としての枠組みである母時空間が解釈上設定される必要がある」という考え方は，quand節に現れる半過去の解釈を説明するうえでも妥当な概念であることが，本章における考察を通じて明らかとなった．

　先行研究の枠組みの中では，quand節に現れる半過去が容認される場合は限定的であり，それは用いられる動詞の意味的特性の特殊性によるものであるという形で説明されてきたと言ってよい．しかし，広義の談話におけるさまざまな解釈資源を視野に入れた談話的時制解釈モデルに基づいてこの現象を捉えることで，quand節に現れる半過去が容認される事例は決

して特殊で例外的なものとして捉えられるべきではなく，より一般的な半過去による事態の定位操作である「係留」という解釈機序に則った言語現象であると考えることができる．

　言語現象全般について当てはまることであるが，とりわけ時制が関わる言語現象を説明するためには文脈や共有知識などの語用論的要素を考慮し，談話の構築を視野に入れた考察を行うことが重要であるとよくいわれる．しかし，それが具体的にはどのようなことを意味しているのか？という問いに対する解答の一例が，本章における例文の分析により示されたといえるだろう．

注

1) しかし，前置された quand 節による場面設定は必ずしも時間的なものであるとは限らない．松山（1990）では談話構造の観点から，quand 節の内容を話題化する場合には quand 節が前置されると述べられている．quand 節の内容が原因を表し主節の事態が結果を表す場合には quand 節が前置され，談話内に超時的に話題を導入する話題設定辞 localisateur discursif としての機能を果たすのである．

　　　Quand le vent souffle, les feuilles frissonnent.
　　　[When the wind blows, the leaves tremble.]
　　　風が吹くと，木の葉が揺れる．

　この例のような場合には，quand 節の「風が吹く」という事態が原因となり，主節の「木の葉が揺れる」という事態が結果として生じると解釈される．松山（1990）のこの主張は妥当であると考えられるが，本章で扱う例文は quand 節と主節のいずれにおいても過去時制が用いられたものに限られるので，超時的な話題設定機能は問題とならない．

2) 年齢表現や人生の一時期の表現の特徴について岩田（1997）では次のように述べられており，はっきりとした境界を持つ期間として捉えられるような事態であるために quand 節による定位が可能となると考えていることが分かる．しかし本書では，明確な境界を持つことに加え，一連の事態群が段階的に進展していくことも重要な点であると考える．そのことによって相対的な事態定位が可能となるのである．

　　　「20歳という年齢は19歳と21歳と境界を接する1つの期間である．」
　　　「我々は〈若い頃〉〈今〉〈年老いた時〉のように対立する概念によって人生を区切っている．つまり，このような表現を使うときには概念と概念の間にはっきりとした境界が引かれている．」　　　　　　　　　(*ibid.*)

3) 図中の右端にある「…」は，潜在的に存在することが想定される同種の事態群を示している．

4) 例えば，「幼児期は何歳から何歳まで」というふうにその開始点と終結点を具体的かつ厳密に定義することは難しいが，人間の一生が（5）のような形で順

次段階的に進展することは誰にでも容易に理解することができる．
5）Schank and Abelson（1977）において，それぞれの場面の特徴はさらに細かく記述されているが，それらの詳細は本書の主旨とは関係がないので省略する．
6）Irandoust（1998）にも次のような記述が見られる．例えば「切符を買う」「ホームで待つ」「客車に乗り込む」などの一連の事態は「電車に乗る」というより大きな行為の部分として認識され，この行為は「旅に出かける」というより大きな行為の部分を構成しているというように，構造化された知識がテクスト理解に関与しているのである．

> Par exemple, une séquence rapportant les actions *acheter un ticket*, *attendre sur le quai*, *monter dans un wagon* peut être récapitulée par une macroproposition comme *prendre le train*, elle-même pouvant constituer une condition à une action plus globale comme *partir en voyage*. La compréhension de textes est donc modélisée sous forme d'un processus d'organisation séquentielle et hiérarchique des données sémantiques du texte. (*ibid.*)

7）例えば「レストランのスクリプト」についていえば，利用するために事前予約が必要なレストランでは，(7)のような典型的な流れが当てはまると考えられる．しかしファミリーレストランのようなところでは，店の外に大勢の人が列を作って順番を待っているような場合に，列に並んでいる間に注文が取られ，その後に入店するということも大いにありうることである．そのような場合には，(7)の流れに反する形で場面が進行することになる．
8）このことを端的に説明するならば，話し手と聞き手の対話において共有体験に言及する場合には，「あ，あのことね！」とひとことで了解できればそれで十分であるということである．このような場合には，いちいち「何月何日のどこどこで誰と誰がいたときに体験したあのこと」というふうに具体的に説明する必要はないのである．
9）後に具体例を分析する際に詳しく観察するが，「スクリプト」の概念を利用しながら言語文脈によって「部分―全体スキーマ」を構築する際には，時の副詞句，déjà「もう」や encore「まだ」といったアスペクト表現など，さまざまな言語的表現手段を用いることで，相対的な位置関係の把握がより容易になるように工夫されることが多い．
10）このことを端的に説明するならば，話し相手が「私が15歳だったときに…」と言うのを聞いて，「へぇ，知らなかった！ きみには15歳だった頃があるんだ．それはいつのこと？」と質問する人はいない，ということである．
11）先ほど述べたように，この「人間の一生」という全体とその部分としての「人生の一時期」の関係は普遍的なものである．人生における時期というのは，それぞれ明確な開始点と終結点を持たないと考えられるが，例えば「幼年期」「少年期」「青年期」「壮年期」「老年期」などのように「人生全体」の中での配列がある程度定まっており，その配列は特定の文脈がなくても理解することが可能である．
12）例えば「ベッドから外に出る」，「寝間着から着替える」，「顔を洗う」，「朝食を取る」，「新聞を読む」などの一連の事態がこの「朝のできごと」という集合の中に含まれる．
13）岩田（1997）によれば，このような例の半過去は "avoir commencé à"「～し始めた」を用いて書き換えることができるという．つまり，岩田（1997）の説明では，この半過去は未完了の事態ではなく開始点という「点的」な事態を表して

14) ホテルのチェックアウトを行う時刻に関する普遍的な共通認識というものを想定することは難しい．午前中に行われることが多いとしても，午後や夕方にホテルを出発することも十分にありうる．
15) それは「フロントに鍵を返却する」「精算を行う」「荷物を持ってホテルの外に出る」「タクシーやバスに乗って次の目的地に移動する」というようなものであると考えられる．
16) déjà のはたらきについては，encore とともに（29）の例を分析する際にふたたび論じる．
17) また，ここではすでに少し遠くに離れてしまったからこそ，主節で述べられるように Lullaby は少年に大きな声で叫んだのである．ここでは，quand 節の事態と主節の事態の間に因果関係が成立することが認められる．
18) この「飛行機墜落のスクリプト」には「人間の一生」ほどの普遍性はないが，例えば「飛行機が管制塔と音信不通になり異常事態であることが判明したとき」，「私たちが絶望的な心境に陥っているとき」，「飛行機が墜落し，完全に希望が失われたとき」など，継起的に生起する一連の事態推移を想定することはそれほど難しいことではない．
19) 金水（2000）は日本語の「まだ」および「もう」が用いられる条件として，「時間の進展とともに推移・変化する状態が前提される」「発話に先立って推移の段階についての想定があり，その想定と発話によって主張される段階が食い違っている」「想定より主張が遅れている場合は『まだ』，進んでいる場合は『もう』が用いられている」という3点が必要であるとしている．これらの条件は「まだ」に相当する encore，そして「もう」に相当する déjà にも該当すると考えられる．
20) なお，この部分を適切に解釈するためには，パリの春における日没時刻がだいたい何時頃であるか，といった百科事典的知識も必要となる．仮に日本における春の日没時刻しか念頭になければ，この文脈における vers dix heures「10時頃」のはたらきを十分に理解することは難しいはずである．
21) ここでは quand 節に現れる半過去が解釈できるだけでなく，言いさし表現となってしまい実際には言語化されなかった主節の内容を推測することも可能である．それは，「医務室の場面」から「食事の場面」までの間に存在する場面展開によって，フェリックスが医務室から出てくるのを待っている間に，ローズがフェリックスから借りて持っていた携帯電話にフェリックスの知人（元恋人）から電話がかかってきて，彼女に大事な伝言を残したことを推測することができるからである．ローズは，その伝言の内容をフェリックスに伝えようとして話を切り出したのだが，サラダにはドレッシングをかけずオリーブオイルとレモン汁をかけて食べたいと思っているフェリックスが，断りもなく勝手にドレッシングをかけてしまったローズの話を遮ったのである．
22) 例えば次のような場合には，動詞が単純未来形になっていることから tout à l'heure が未来時を表すことは明らかである．

  Attendez un peu, je vous verrai tout à l'heure.
  ［Wait a little, I will see you later.］
  少しお待ちください．すぐに来ますので．
23) (48) は，すでに分析を行った (12) のうち，quand 節に現れる半過去の例文に手を加え，quand を pendant que に書き換えたものである．

(12') (...) *Quand j'habitais* encore chez mes parents, il m'a demandé un jour si je tenais mon journal.
［When I was still living with my parents, he asked me one day if I was keeping my diary.］
私がまだ実家で暮らしていたときに，ある日彼は私に日記をつけているかと尋ねた．

24) (49) は，すでに分析を行った (29) のうち，quand 節に現れる半過去の例文に手を加え，quand を pendant que に書き換えたものである．

(29') (...) *Quand* nous *désespérions* déjà, un point brillant se démasqua sur l'horizon, à l'avant gauche.
［When we were already giving up hope, a brilliant point unmasked on the horizon, ahead on the left.］
私たちがすでに絶望しかけていた間に，光り輝く点が左手前方の地平線上に姿を現した．

25) (50) ～ (52) についても，文脈を考慮すれば本章の主張に従って quand 節に現れる半過去の解釈機序を説明することが可能である．しかし，ここでの目的はこれらの例の分析を示すことではないので具体的な説明は省略する．

コラム 4

「語りの when 節」とは？

　あなたは when 節をどうやって日本語に訳すでしょうか．when 節は主節の前に来ることもあれば後ろに来ることもありますが，どちらの場合にも when 節を先に訳してから主節を訳すと自然な訳になることが多いのではないでしょうか．このことは，次の『ダ・ヴィンチ・コード』からの引用例を見ても明らかでしょう．

(1) When they reached the intersection at Rue de Rivoli, the traffic light was red, but the Citroën didn't slow.
　　彼らがリヴォリ通りの交差点についたとき信号は赤でしたが，シトロエンは速度を緩めませんでした．
(2) Langdon always hesitated when he got this question.
　　この質問を受けると，ラングドンはいつも口ごもるのでした．
(3) When Sophie inserted the key, the second gate immediately opened.
　　ソフィーが鍵を差し込むと，第 2 の門がすぐに開きました．
(4) Teabing felt a joyous sense of homecoming when he saw the misty hills of Kent spreading wide beneath the descending plane.
　　降下する飛行機の下に広がる霧の立ちこめたケントの山々を見ると，ティービングは帰郷の喜びを感じました．

　ところが when 節が主節の後ろに来る場合には，主節を先に訳してから when 節を訳したほうが自然な訳になることがあります．このような場合，主節では動詞の進行形や完了形が使われることが多く，when 節では意外なできごとが表現されるのがふつうです．

(5) We were dusting for prints near the Rolls when I saw the ladder lying on the floor.

私たちがロールスロイスのそばで指紋採取をしていたとき，私ははしごが
　　　床に置いてあるのに気づいたのです．
（6）New York editor Jonas Faukman had just climbed into bed for the night when the
　　　telephone rang.
　　　ニューヨークの編集者ジョナス・フォークマンがちょうどベッドにもぐり
　　　込んだところで，電話が鳴りました．

　このような when 節は文学作品の中で使われることが多く，「語りの when 節」と呼ばれます．まるで私たちの目の前で予想外のできごとが突然起こり，それをきっかけとして新たに物語が展開していくような印象を与えるのが「語りの when 節」の特徴です．

　「語りの when 節」では when の前に「, 」が置かれたり，suddenly「突然」のような副詞が使われることもあります．次に紹介するのは『ふしぎの国のアリス』の一場面です．

（7）For a minute or two she stood looking at the house, and wondering what to do next,
　　　when suddenly a footman in lively came running out of the wood（…）.
　　　1, 2 分の間彼女は立ち尽くしてその家を眺め，それから次に何をしよう
　　　かと考えていると，突然森の中からひとりの従僕が走り出してやってきま
　　　した．

　このような when は and then に置き換えられることが多いので，時を表す副詞節ではなく関係副詞節であると解釈されることもあります．それよりも大切なのは，主節のできごとと「語りの when 節」のできごとはお互いにつながりのあるものとして捉えられていなくて，これらが明確に切り離されて認識されているということです．

　そしてこのような場合には，主節と when 節の意味上の重みが逆転してしまい，主節のできごとよりも when 節のできごとのほうが，その後の物語の展開において重要な役割を果たしているという点も見逃せません．

　先ほど見た（6）ではその後，電話での会話の内容が続いていきますし，（7）ではその後，従僕がドアをノックし，家の中から出てきたもうひとりの従僕に手紙を渡します．このように，これらの例では「語りの when 節」の中で表現されるできごとがきっかけとなり，その後の物語が動いていくのです．

　本書で考察しているフランス語の quand 節にも同じような用法があり，

quand inverse「逆従属の quand 節」と呼ばれます．そこで本書では，「逆従属の quand 節」とそれに先立つ主節をひとまとめにして「逆従属構文」と呼ぶことにします．そして第 4 章では，この「逆従属構文」に現れる半過去について詳しく論じます．

第4章

逆従属構文に現れる半過去と談話的時制解釈

Et l'amour, où tout est facile,

Où tout est donné dans l'instant ;

Il existe au milieu du temps

La possibilité d'une île.

そして愛しているときには，何でも叶うように思え，

どんなものでもすぐに手に入る心地になる．

愛とは，時間という河の流れの

真ん中にある動かない島．

Michel Houellebecq（2005），*La possibilité d'une île*

1 はじめに

　第 4 章では，逆従属構文における半過去の解釈機序について論じる．逆従属構文とは次の（1）のようなものであり，前置された主節に半過去が現れ，後置された quand 節に現れる単純過去または複合過去によって突発的な事態の出現を表すと解釈される構文のことである．

（1） Je *marchais* en plein désert depuis deux heures, quand tout à coup, devant moi, un groupe de maisons blanches se dégagea de la poussière de la route.
　　　　　　　　　　　（Alphonse Daudet, «Les deux Auberges», *Lettres de mon moulin*）
　　　［I had been walking in the middle of the desert since two hours, when suddenly, in front of me, a group of white houses came out of the dust of the road.］
　　　私は 2 時間前から砂漠の直中を歩いていた．すると突然，私の前に，通りの砂埃から一群の白い家並みが姿を現した．

　従来の相対時制の捉え方のように，絶対時制によって表される事態すなわち投錨されている事態に対してのみ係留の操作が行われると考えると，（1）のような逆従属構文の解釈機序を適切な形で説明することができない．

　しかし，第 2 章で示した談話的時制解釈モデルによる説明に従えば，半過去は係留の操作によって談話空間内に事態を相対的に定位するはたらきを持つことになるので，逆従属構文に対して新たな説明を与えることが可能になる．

　そこで第 4 章では，談話的時制解釈モデルを用いることで，逆従属構文に現れる半過去がどのような形で事態を定位するかを適切な形で説明できることを確かめる．

　第 4 章の目的は，次の仮説⑤が妥当であることを示すことである．

仮説⑤逆従属構文における半過去の解釈
　逆従属構文とは，語りの発話様態で用いられる構文である．語りの発話様態においては，明示的な言語的手段によらずとも「語りの母時空間」が設定されているものと解釈される．そのため，逆従属構文において前置された主節に現れる半過去は，先行する文脈に投錨された事態が存在しなくても，この語りの母時空間内の一場面に対して事態を係留することで解釈が行われる．

　第 4 章の構成は次の通りである．まず第 2 節で先行研究において逆従属構文の特徴として指摘されていることを確かめた後，第 3 節において逆従属構文が用いられるのは語りの発話様態によることを見る．第 4 節では「語り」の発話様態においては，潜在的であれ顕在的であれ解釈の際に常に「語りの母時空間」が設定されることを確かめる．第 5 節では逆従属構文における半過去の解釈を説明する．逆従属構文における半過去によって表される事態は，この語りの母時空間内に存在する一場面に対して係留され，この一場面との間に「部分－全体性」が成立することで解釈が可能となることを具体例の分析を通じて確かめる．そして第 6 節では，quand 節の中で半過去が用いられる構文と逆従属構文とを比較し，前者においては主節の事態と quand 節の事態との間に因果関係が成立することがあるが，後者においては 2 つの事態の間に因果関係が認められないことを確かめる．最後に第 7 節で逆従属構文における後置された quand 節の中で半過去が用いられる例を観察し，逆従属構文の特性と quand 節の中で半過去が用いられる構の特性とが組み合わされる場合もあることを確かめた後に，第 8 節で本章のまとめを行う．

2 逆従属構文の特徴

まずは文学作品に現れる逆従属構文の典型例を観察してみよう．

(2) C'était en revenant de Nîmes, une après-midi de juillet. Il faisait une chaleur accablante. A perte de vue, la route blanche, embrasée, poudroyait entre les jardins d'oliviers et de petits chênes, sous un grand soleil d'argent mat qui remplissait tout le ciel. Pas une tache d'ombre, pas un souffle de vent. Rien que la vibration de l'air chaud et le cri strident descigales, musique folle, assourdissante, à temps pressés, qui semble la sonorité même de cette immense vibration lumineuse ... <u>Je marchais en plein désert depuis deux heures, quand tout à coup, devant moi, un groupe de maisons blanches se dégagea de la poussière de la route.</u> C'était ce qu'on appelle le relais de Saint-Vincent (...).

(Alphonse Daudet, «Les deux Auberges», *Lettres de mon moulin*)

[It was when I was returning from Nîmes, an afternoon of July. It was terribly hot. As far as the eye can see, the white, blazing road was rising in clouds between the gardens of olive trees and the gardens of small oak-trees, under a large sun of mat silver which was filling the whole sky. I had been walking in the middle of the desert since two hours, when suddenly, in front of me, a group of white houses came out of the dust of the road. It was what we call the hotel of Saint-Vincent (...).]

7月のとある日の午後，ニームから帰る途中だった．耐え難い暑さだった．見渡す限り，白い道は焼けつくように熱く，空一面を満たしているくすんだ銀色の太陽の下，オリーブと小さな樫の木の庭の間で埃を立てていた．物陰ひとつなく，風のひとそよぎもなかった．熱い大気のゆらめきと，甲高いセミの鳴き声以外には何もなかった．それは調子はずれで，耳を聞こえなくするくらいにやかましくせかせかとしたリズムの音楽であり，この広大な光の振動の響きのように思われる．私は2時間前から砂漠の直中を歩いていたが，すると突然，私の目の前で，通りの砂埃から一群の白い家並みが姿を現した．それはサン・ヴァンサンの宿場と呼ばれているところだった．

逆従属構文にはいくつかの典型的な特徴が見られる．青井（2013）によると，「主節で示された事行が，従属節で示された事行によって，思いが

けない展開をみたり，意外な出来事を示したりする」という[1]．

まず，quand 節に対して前置される主節に現れる半過去に見られる意味的な特徴を確かめたい．坪本（1998）は英語の「語り」の when 節の形式的特徴として，先行する主節において be able to，過去完了形，be + ing が用いられると述べている．これらは，フランス語の逆従属構文についても当てはまる特徴であると考えられる．青井（2013）によると，quand 節に対して前置される主節に現れるのは半過去などの継続相を表す動詞が多く，中でも aller + 不定法，s'apprêter à + 不定法，se disposer à + 不定法，être sur le point de + 不定法など「今まさに〜しようとする」という意味を表す動詞が多いという．青井（2013）は，「この前望形（formes prospectives）は，単に継続相を表すだけでなく，これからまさにある行為が開始されるという状況を強調する効果があり，それが従属節で示される予想外の出来事と緊密に結合している」と述べている．

また，Olsson（1971）は，tout à coup や soudain など「突然」という意味を表す副詞句が用いられることで，後置される quand 節の事態が予想外であることが強調されると述べている．quand の前に統語的・意味的な切れ目を表す「,」が置かれることも少なくない．

そして，Sandfeld（1965）において説明されているように，逆従属構文における接続詞の quand は et alors「そしてそのとき」と同じ意味を表す．また，朝倉（2002）も「従属節が突発的な事実を表わすならば，文の主要な内容は従属節に移り，quand，lorsque は et alors に近づく」と説明している．

さらに，quand 節の中で主語と動詞の倒置が起こることもある．福地（1985）によれば，次の（3）では when 節の中で倒置が起こっているので when 節の内容は断定されているという[2]．

（3）He was doing the dishes when in came John.　　　　　　（福地 1985）
　　　彼が皿洗いをしていると，ジョンが入ってきた．

このことはフランス語についても当てはまると考えられるので，通常の

副詞節としての quand 節が主節の内容に対する前提を表すのに対して，(3) の quand 節は断定を表すという意味において，逆従属構文の quand 節が通常の quand 節とは異なる機能を持っていると考えることができる．Vogeleer (1998) でも，逆従属の quand 節が断定を表すことはこの構文の本質的な特徴であると述べられている[3)]．

Vogeleer (1998) は，次のように前置された quand 節の中で不定冠詞つきの名詞を主語に立てることはできないが，逆従属構文の中では不定冠詞つきの名詞を主語に立てることが可能であることを指摘し，逆従属構文における quand 節が新たな事態を導入する機能を持つことを示している．

(4) *Quand un homme entra, je lisais le journal.　　　　　(Vogeleer 1998)
　　　[When a man entered, I was reading the newspaper.]
　　　ある男が入って来たとき，私は新聞を読んでいた．
(5) Je lisais le journal quand un homme entra.
　　　[I was reading the newspaper, when a man entered.]　　　(*ibid.*)
　　　私が新聞を読んでいると，ある男が入って来た．

また坪本 (1998) は，「語り」の when 節が用いられるときには when 節の内容が後続文脈につながっていくことが多い点を指摘している[4)]．これも，フランス語の逆従属構文に共通する特徴であると考えられる．

ここで重要なことは，先行する主節によって表される事態と後続する quand 節または when 節によって表される事態とが，認識のうえで明確に切り離されているという点である．このような特徴を持つ逆従属構文を解釈する際には，語り手があたかも物語世界に身を置き，突発的な予期せぬ事態の出来を実際に目の当たりにしているかのような効果が生じることになる．

それでは，逆従属構文における半過去の解釈は談話的時制解釈モデルにおいてどのように説明されるのであろうか？　第 5 節からは，談話的時制解釈モデルによって主節に現れる半過去による係留の方法を説明することで，逆従属構文が持つ特徴的な意味効果が生まれるしくみを説明すること

も可能となることを示す．

3 逆従属構文と発話様態

　次に，逆従属構文が用いられる場合の発話様態について考えよう．先ほど言及したように，青井（2013）は逆従属構文の主節には「前望形（formes prospectives）」の動詞が多く現れると述べている．これは，逆従属構文によって表される事態が，前向きの視点によって捉えられていることを示唆している．すでに第2章で論じたように，語りの発話様態において話し手は一方向を向き，前望的な視点によって事態を完了したものとして捉えていることを表すために単純過去が用いられるのであった．このことと逆従属構文において「前望形」の動詞が多用されることとの間には親和性がある．

　また Olsson（1971）は，単純過去と比較すると quand 節の中で複合過去が用いられることは稀であると述べている[5]．この事実も，話し手が「語り」の発話様態を選択する場合に逆従属構文が用いられることが多いことを示していると考えることができる．

　そして，「語り」の発話様態において用いられる半過去の解釈に際しては，視点が語りの世界の中に置かれると考えられる．Vogeleer（1998）では，次の（6）において解釈の際の視点は主節の主語である Jean に付与されると説明されている．すなわち，（6）を解釈する際に我々は Jean が存在する時空間の中に身を置き「ミシェルが入って来た」という事態を眺めているかのような印象を抱くのである．

（6）Jean lisait le journal quand Michel entra.　　　　　　　　　　（*ibid.*）
　　［Jean was reading the newspaper when Michel entered.］
　　ジャンが新聞を読んでいると，ミシェルが入って来た．

　実際には，「談話」の発話様態で逆従属構文が用いられることもあり，その場合には後置された quand 節の中で複合過去が用いられることにな

る.

(7) Je me suis promenais dans la forêt quand j'ai vu mon professeur.
［I was taking a walk in the forest when I saw my professor.］
森の中を散歩していると，私は私の先生に会った.

　しかし，この文の解釈には話し手と聞き手の共有体験など「談話」の発話様態に固有の談話資源は関与しないため，このような複合過去は現在では単純過去と同等のはたらきをしていると考えることができる．そこで本書では，基本的に逆従属構文は「語り」の発話様態で用いられるとみなして議論を進める．

4　「語り」の発話様態と「語りの母時空間」の設定

　逆従属構文の主節に現れる半過去の解釈を考えるうえで重要なのは，係留先となる要素が何であるかという問題である．これには2つの可能性がある．1つは，後続する quand 節に現れる単純過去や複合過去によって表される事態に係留するという考え方である．しかしこの考え方は，逆従属構文の解釈においては主節の事態と quand 節の事態が認識の上で切り離されているという事実にそぐわない．

　そこで，時制の解釈は常に左から右に処理されるという原則を立て，逆従属構文の主節に現れる半過去は，すでに設定済みとなっている主節以外の要素に対して事態を係留するという，もう1つの考え方が出てくる．この考え方を採用するためには，当該の半過去の解釈に先立って設定される要素とはどのようなものであるかを明らかにしなければならない．

　まずは物語冒頭に現れる半過去の解釈を考えよう．「語り」の発話様態においては，発話時を中心として展開される現実の世界は考慮されておらず，発話時空間とは切り離された「語りの母時空間」が想定されると考えることができる．

　「語りの母時空間」の設定方法は一通りではない．明示的な言語表現に

よって「語りの母時空間」の存在が示されることもある．次のような表現が，その典型例である．次の（8）は『赤ずきんちゃん』の冒頭部分からの引用である．

（8）*Il était une fois* une petite fille qui habitait au milieu d'une profonde et sombre forêt avec sa mère et son père, qui était bûcheron. La petite fille portait toujours un manteau rouge avec un capuchon bien chaud, et on l'appelait le Petit Chaperon rouge.
［Once upon a time there was a little girl who lived in the middle of a deep and dark forest with her mother and her father, who was a woodcutter. The little girl would always wear a red coat with a very hot hood, and people called her Little Red Riding Hood.］
昔々あるところに，深く薄暗い森の中でお母さんと樵のお父さんと一緒に暮らしているひとりの少女がおりました．その少女はとても温かいずきんのついた赤いコートをいつも着ておりました．それで皆から赤ずきんちゃんと呼ばれておりました．

（8）では，Il était une fois ～「昔々～がおりました」という昔話の冒頭で用いられる定型的な構文が登場することにより，解釈文脈上に「語りの母時空間」が構築されることが明示される．

しかし，常に Il était une fois ～「昔々～がおりました」という構文によって物語が開始されるとは限らず，物語の冒頭に半過去が単独で現れることも少なくない．ここでもう一度第2章で言及した次の（9）に対するVogeleer（1996）の説明を確かめよう．

（9）Il pleuvait.［It was raining.］
雨が降っていた．

Vogeleer（1996）は，この文がもしも話し手と聞き手の間で展開される談話の冒頭で用いられるならば非常に不自然であるが，文学作品の冒頭で用いられるのであれば全く問題がないと述べているのであった．これは，文学作品を解釈する際には，たとえ視点移動を促す言語的要素が明示されなくても，読み手は視点を物語世界の時空間内に置くことができることを承知しているからであるという[6]．

この場合，たとえ半過去が用いられた文が物語の冒頭に単独で現れたとしても，その内容が物語の母時空間内のできごとであることは容易に理解することができるので，読み手は「それはいつのこと？」という疑問を抱くことなく自らを語りの世界の中に投影させて文の解釈を進めていくのである．

また，Vet (1991) は次の『白雪姫』の冒頭部分に現れる半過去の解釈について論じている．

(10) Il *neigeait*. Les flocons *tourbillonnaient* comme des papillons blancs. Si joli *était* le spectacle que la reine, pour mieux le voir, se pencha à la fenêtre. (Vet 1991)
　　　［It was snowing. The flakes were swirling like white butterflies. The sight was so beautiful that, in order to see it better, the queen leaned out of the window.］
　　　雪が降っていました．綿雪の小片がモンシロチョウのようにひらひらと舞っていました．その光景があまりにもきれいだったので，王女はもっとよく見ようとして，窓に身を乗り出しました．

このように物語が半過去によって開始され，その後半過去による描写が続くことは珍しくないが，このような半過去による事態の定位，すなわち係留の操作はどのような形で実現されると考えるべきであろうか？

Vet (1991) は (10) について，話題を示す明示的な副詞句は存在しなくても，第1文の半過去 neigeait が過去における「とある場所」で「とある時」において「雪が降っていた」ことを表すと容易に解釈することができると述べている．Vet (1991) はこのような時空間を示すために「時空領域 (space-time region)」という概念を用いている．同様にして，第2文の半過去 tourbillonnaient および第3文の半過去 était も，この同じ時空領域に関する累加的な情報を与えていることになると説明されている．

本書では Vet (1991) の説明を妥当であると認め，物語の冒頭においては言語的に明示されることがなくても潜在的な「語りの母時空間」における一場面が設定され，物語の冒頭に現れる (10) のような半過去によって表される事態は，この「語りの母時空間」内の一場面に対して係留される

と考える．

　半過去によって表される事態は時間軸上に直接定位されるわけではないので，特に文脈上の指定がなければ語りの母時空間内にふわふわと漂うような形で存在すると解釈される．これらはいずれも物語の母時空間内の一部分として解釈されるので，ここでも半過去によって表される事態と「語りの母時空間」内の一場面との間に「部分－全体」の関係が成立しているということができる．

　Vogeleer（1996）や Vet（1991）の主張に基づけば，「語り」の発話様態においては必然的に「語りの母時空間」が設定されると考えることにより，「語り」の発話様態における半過去の解釈を説明することができるようになる．

　つまり，逆従属構文の主節に現れる半過去は，「語り」の発話様態において常に潜在的に存在が想定されている「語りの母時空間」内の一場面に対して事態を係留するのだと考えることができる．

　ここで重要なことは**逆従属構文において前置された主節に現れる半過去によって表される事態は，後続する quand 節に現れる自立的な時制によって表される事態に係留されるのではないという点である．**

　このことは，次のように逆従属において後続する quand 節が言いさし表現になっている例が存在することからも明らかである．

(11)　Nous *relions* depuis deux heures et j'*étais* en train de leur raconter mon séjour à Lisbonne quand je ...　　　　　　　　　　　　　　　　（Anna Gavalda, *L'Échappée belle*）
　　　［We were joining since two hours and I was going to tell them my stay at Lisbon when ...］
　　　私たちは2時間前から連絡していて，私が彼らに私のリスボン滞在のことを話していた最中に，私は…

　この例において，本来ならば後続するはずの quand 節が言いさしになっているからといって，これらの半過去が解釈できないわけではない．やはりここでは，主節の半過去である relions や étais によって表される事態は

「語りの母時空間」内の一場面に対して係留されていると考えることができる．そして，まさに今新たに何かが起ころうとしているその瞬間に，話が途切れてしまったのである．

このことからも，逆従属構文の主節に現れる半過去の事態は，quand 節の事態とは意味的に切り離されていることが分かる．したがって，このような例における半過去の解釈は後続の quand 節によって支えられているという考え方は不適切である．そうではなくて，当該の事態が「語りの母時空間」内の一場面に対して係留されることで半過去の解釈が可能になると考えるべきなのである．

5 逆従属構文の主節に現れる半過去による事態の係留

それでは，談話的時制解釈モデルによる逆従属構文の分析を示してみよう．逆従属構文は文学作品の中で用いられることが多いが，ここでは先ほど典型的な例として示した（12）を再度取りあげる．

(12) [=（2）] C'était en revenant de Nîmes, une après-midi de juillet. (...) Je *marchais* en plein désert depuis deux heures, quand tout à coup, devant moi, un groupe de maisons blanches se dégagea de la poussière de la route. C'était ce qu'on appelle le relais de Saint-Vincent (...). (Alphonse Daudet, «Les deux Auberges», *Lettres de mon moulin*) [It was when I was returning from Nîmes, an afternoon of July. (...) I was walking in the middle of the desert since two hours, when suddenly, in front of me, a group of white houses came out of the dust of the road. It was what we calle the hotel of Saint-Vincent (...).]

7月のとある日の午後，ニームから帰る途中だった．耐え難い暑さだった．(…) 私は2時間前から砂漠の直中を歩いていたが，すると突然，私の目の前で，通りの砂埃から一群の白い家並みが姿を現した．それはサン・ヴァンサンの宿場と呼ばれているところだった．

（12）では quand 節に先行する主節の中で半過去 marchais「歩いていた」が用いられているが，「歩く」という行為は等質的で継続可能な活動を表

している．そして後置された quand 節により「一群の白い家並みが突然姿を現した（un groupe de maisons blanches se dégagea）」ことが表現されている．

　この例において，主節の半過去 marchais によって表される「歩いていた」という事態はどのような形で談話時空間内に係留されるのだろうか．文単位の分析を行おうとすれば，この半過去 marchais によって表される事態は後続する quand 節に現れる単純過去 se dégagea「姿を現した」によって表される事態に係留されると考えざるをえない．しかし，先ほど述べたようにそのような考え方では主節と従属節が意味的にも統語的にも断絶しているという逆従属構文の特徴を適切な形で説明することができないのである．

　そこで前節で論じたように，ここで主節の半過去 marchais によって表される事態の係留先は，冒頭から順次物語が進行するにしたがって構築され，大きな枠組みとしてはたらく「語りの母時空間」であり，当該の事態はその物語世界全体の一部をなしていると考える必要がある．このような形で係留操作が実現されるからこそ，統語的には主節の中で用いられているにもかかわらず，半過去が表す事態は背景化され，後続する quand 節によって表される事態の突発性が強調されることになるのである．

　まず，冒頭から数行にわたる描写により架空の物語空間が母時空間として設定される．

(13) 語りの母時空間の設定

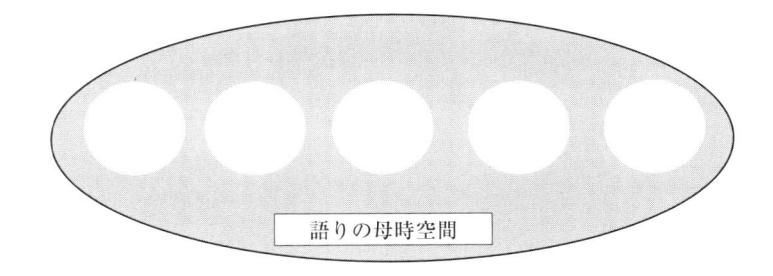

語りの母時空間

(13) における網かけの施された楕円は「語りの母時空間」を表してお

り，この中には潜在的な場面の集合体が存在すると考えられる．網かけの施された楕円の中に描かれた複数の円がこれらの場面群を表している．これらは言語化されなければ潜在的な存在として想定されるにすぎないが，時制解釈の際には任意の一場面が問題となる．

　この場面には時空パラメータが与えられており，任意の時間における任意の場所を示すものである[7]．半過去によって表される事態は，この時空パラメータつきの場面と相対的に解釈されることになる．

　そして主節の解釈に進むが，この半過去によって表される事態は（13）で示した文脈上すでに設定済みの語りの母時空間の中に存在する一場面との間に「部分−全体性」が成立することで係留が実現され，この場面に同化し背景化してしまう．

（14）逆従属構文における主節の半過去の係留

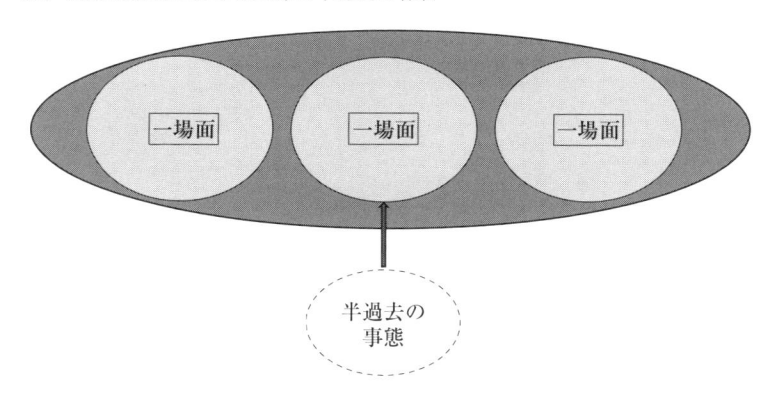

　この半過去の事態と一場面との関係を取り出して図示すると，次のようになる．

（15）半過去の事態と一場面との「部分－全体性」

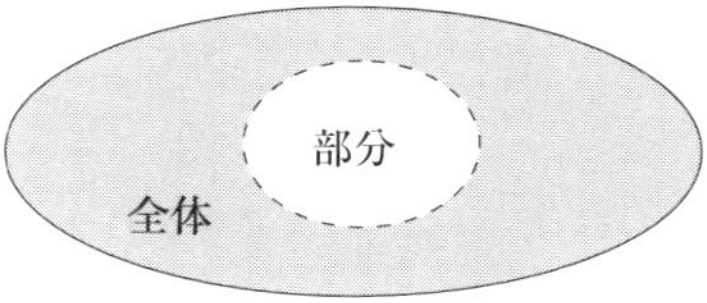

（15）において重要なことは，**この半過去によって表される事態は後続する quand 節の単純過去によって表される事態に対して係留されるわけではない**という点である．逆従属構文では主節の事態と quand 節の事態が切り離されているからこそ，quand 節によって表される事態が突発的に出現する意味効果が生まれ，「描写の具体性」が感じられるのである．そして，quand 節の事態は単純過去のはたらきによって時間軸上に投錨されることになる．

（16）単純過去による事態の投錨

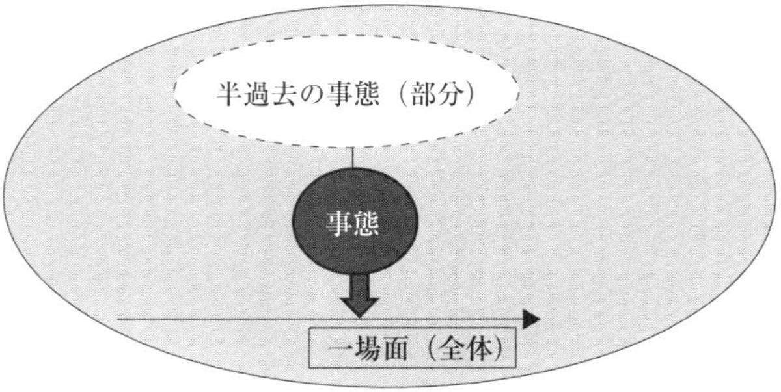

（16）では，後置された quand 節の単純過去によって表される事態が時間軸上に投錨されていることが矢印によって示されている．そして，すでに（15）で語りの母時空間内の一場面に係留された半過去の事態とこの単純過去の事態とが quand の意味によって同時性の関係を持つことが，2つの事態を結ぶ実線によって示されている．

このように，談話的時制解釈モデルを用いることで，時間関係としてはあくまでも同時性が保たれているものの，事態の定位という観点からは逆

従属構文における主節の半過去と quand 節の単純過去が独立しているということを適切な形で説明することが可能になる．

　主節の半過去の事態が語りの母時空間内の一場面に対して係留されることは，次のような文の解釈を考えるとより一層明らかとなる．

（17）J'*étais* encore en train de pleurer quand nous sommes arrivés chez le docteur et que nous attendions dans le salon.
（Jean-Jacques Sempé et René Goscinny, *Histoires inédites du Petit Nicolas*）
［I was still going to cry when we arrived at the doctor's house and that we were waiting in the waiting room.］
僕はまだ泣いている最中だったが，私たちはお医者さんのところに到着し，私たちは待合室で待っていた．

　（17）では quand 節が2つつながっているが，これらの節において事態は時系列に沿って並べられている．泣きながら医院に向かって移動している場面から医院に到着する場面，そして待合室で待っている場面というふうに，次々と場面の連鎖が起こっていくが，（17）の主節に現れる半過去の事態が係留される場面，quand 節に現れる複合過去の事態が投錨される場面，さらに que 節の半過去の事態が係留される場面は，それぞれ別個のものとして認識されるのである．

　次に，（18）のようにふつうは逆従属構文とはみなされない例における半過去の解釈を考えたい．

（18）J'*étais* seul quand on a enterré mon père et j'ai passé la nuit couché sur sa tombe.
（Patrick Modiano, *La ronde de nuit*）
［I was alone when they buried my father and I spent the night lying on his tomb.］
父を埋葬したとき私は孤独だったので，彼の墓の上で一夜を過ごした．

　このような例の解釈においては，主節の半過去がいつ生じたかを表すために quand 節は時間的限定を行うと考えられることが多いが，談話的時制解釈モデルにおいては逆従属構文と同じように解釈が行われるとみなす．すなわち，この主節の半過去によって表される事態も語りの母時空間内の

一場面に対して係留され，そのあとに quand 節の事態が複合過去によって時間軸上に投錨されることになる．

上で見た例においては，quand 節に対して前置された主節に現れる半過去は，後続する quand 節に現れる自立的な過去時制に対してではなくて，先行文脈によって構築された語りの母時空間内の一場面に対して事態を係留するのであった．

また，物語の冒頭に逆従属構文が現れることもある．次の例は，フローベールの『ボヴァリー夫人』の第 1 章の冒頭部分からの引用である．

(19) Nous *étions* à l'Étude, quand le Proviseur entra, suivi d'un nouveau habillé en bourgeois et d'un garçon de classe qui portait un grand pupitre.

(Gustave Flaubert, *Madame Bovary*)

［We were studying, when the Principal entered, followed by a new student wearing in bourgeois and by a boy of the class who was carryinga large desk.］

私たちは自習室にいた，すると校長先生が入ってきて，その後ろからブルジョワ風に装った新入生と大きな机を持った小使いが入ってきた．

談話的時制解釈モデルでは，このような半過去によって表される事態も語りの母時空間内の一場面に対して係留されると考える．(19) において語りの母時空間の設定を促す言語的要素は明示されないので，潜在的に存在するものとして設定される．しかし，その内容はほとんど空のままである．そして，ここでは後から主節の事態が述べられることにより，それが自習室の中であることが判明するのである．

このように，物語の冒頭に現れる逆従属構文における半過去も，語りの母時空間内に存在する一場面に対して事態を係留する点はその他の逆従属構文の場合と共通している．物語の冒頭ではその一場面に関して言語化された内容はほとんど存在しないが，我々の世界に関する百科事典的知識などを参照して，当該の一場面の内容が充填されることになる．逆従属構文の半過去はこのような場面の部分として解釈されることになる[8]．

ここまで論じてきたことをまとめると，次のようになる．逆従属構文の

解釈において，主節の半過去によって表される事態は語りの母時空間内に存在する一場面に対して係留され，半過去によって表される事態とこの場面との間に「部分－全体性」が成立する．そして後置された quand 節の事態は，半過去の事態とは切り離された形で時間軸上に投錨される．

「語り」の発話様態においては「語りの母時空間」が常に設定されるので，半過去がどのような位置に現れても適切な解釈が可能になると考えることができる．そのため西村（2011）が述べるように，quand 節の中で半過去を用いることができない場合には逆従属構文を用いる必要があると説明されることになる[9]．

談話的時制解釈モデルを用いることで，半過去による事態の係留のしくみと構文が持つ機能との組み合わせにより，このことを適切な形で説明することができる．次の（20）の例を取りあげたい．

(20) Je me promenais dans la forêt quand j'ai vu un ours.
　　　［I was taking a walk in the forest when I saw a bear.］
　　　森の中を散歩していると，私は熊を見た．

ここで，主節の半過去 me promenais「散歩していた」を解釈する際に明示的に「語りの母時空間」が設定されなくても，読み手または聞き手は潜在的に「語りの母時空間」が設定されていることを想定し，その架空の世界の中に存在する任意の一場面に対して当該の事態を係留して解釈を進めるのである．（20）の解釈に際しては，語り手が物語世界の内部に視点を置き，事態の展開を眺めているかのような意味効果が生まれる．そして第3章で述べたように，後置された quand 節の機能によって新たな場面が導入され，物語が展開していくことが理解されるのである．

6　逆従属構文と quand 節に半過去が現れる構文の比較

前節で論じたように，quand 節の中に半過去が現れる構文とは異なり，逆従属構文はその解釈を特定の文脈に依存することがないのでいつでも用

いることができる．実際に，作文の教科書や文法書などにそのような記述が見られることもある．しかしながら，適切な文脈に置かれればquand節の中で半過去を用いることが可能となるのも事実である．

それならば，逆従属構文とquand節の中で半過去が用いられる構文との違いはどこにあるのであろうか．両者の文脈上の意味の違いを考察してみよう．

quand節に現れる半過去が主節の事態に対する因果関係を表す場合もある．まずは次の例を見てみよう．

(21) La douleur a commencé quand je *faisais* du sport.
　　［The pain began when I was doing sports.］
　　私がスポーツをしていたとき痛みが始まった．

この文が用いられる典型的な状況としては，病院の診察室で医師に向かって病状を説明する場面が考えられる．あるいは，体調が悪いことを友人に説明する場面を考えることもできる．いずれにせよ，この文が用いられるときには「痛みが始まった」ことは先行文脈で明らかにされていることが前提となっており，「それがいつのことであったのか？」を説明するために（21）が発話されるのである．

そしてこの文を用いる場合，痛みの原因がスポーツにあると話者が考えていることが伝わる．つまり，quand節の事態と主節の事態を因果関係において捉えているということである．

一方，（21）を逆従属構文に書き換えると次のようになる．

(22) Je *faisais* du sport quand la douleur a commencé.
　　［I was doing sports when the pain began.］
　　痛みが始まったとき，私はスポーツをしていた．

「痛みが始まった」という事態と「スポーツをしていた」という事態が時間的な同時関係にあることを表すという点においては，（21）が伝えようとしていることと（22）が伝えようとしていることの間に違いはない．

しかし，(22) が表そうとしている2つの事態の意味的な関係は (21) とは異なる．特に書き言葉で用いられる際には，「スポーツをしていたとき」にたまたま「痛みが始まった」というふうに2つの事態を生起順に並べて言語化しただけであり，両者の間に因果関係が存在するという解釈には至らない．つまり，話者が「痛みが始まった」のは「スポーツをしていた」からであるとは確信していない場合に (22) の文が用いられるのである[10]．

ここで，因果関係の有無と構文の対応関係をまとめると次のようになる．後置された quand 節の中で半過去が用いられる場合には，話者が主節の事態と quand 節の事態の間に因果関係が成立すると考えていることが伝わる．一方，逆従属構文が用いられる場合には，話者が主節の事態と quand 節の間に因果関係が成立するとは考えていないことが伝わる．

このことは，「語り」(narration) と「説明」(explication) という談話構成のあり方の違いを考慮することによって整合的に説明することができる．Moeschler (2000) は複合過去が用いられた文連続を例にあげながら，「語り」(narration) はできごとを生起した順に並べることに対応し，因果関係を表すことが随意的であるのに対して，「説明」(explication) はできごとの順序を逆転し，できごとの間の因果関係を表すことに対応していると述べている[11]．

ここで問題としている例に話を戻すと，いずれの例においても主節の事態と quand 節の事態の間には同時性の関係が成立するので，Moeschler (2000) で言われている「語り」と「説明」の区別は直接的には当てはまらない．

しかし，現実世界におけるできごとの生起順としては，まずスポーツを始め，そしてスポーツをしている最中に痛みが生じたと解釈されるのが自然な流れである．したがって，話者が事態を認識した順に従って言語化しているのが逆従属構文の (23) であり，事態を逆順に言語化しているのが quand 節で半過去が用いられた (24) の例である．

(23) ［＝（22）］ Je *faisais* du sport quand la douleur a commencé.
　　　　［The pain began when I was doing sports.］
　　　　痛みが始まったとき，私はスポーツをしていた．
(24) ［＝（21）］ La douleur a commencé quand je *faisais* du sport.
　　　　［The pain began when I was doing sports.］
　　　　私がスポーツをしていたとき痛みが始まった．

　すでに述べたように，(23) の逆従属構文において2つの事態の間に成立する因果関係は随意的なものであるのに対して，(24) の quand 節に半過去が現れた例においては2つの事態の間に因果関係が成立すると解釈されることのほうが多いので，Moeschler (2000) の「語り」と「説明」の区別が当てはまることになる．

　ここで注意しておきたいことは，**このような因果関係はあくまでも語用論的なものであり，quand 節の中で半過去を用いる場合の可能条件とはならない**ことである．第3章で見たように，quand 節の中で半過去が用いられる場合には，言語文脈上構築された母時空間や共有知識などを参照しながら，主節以外の何らかの要素に対して事態を適切な形で係留することができなければならない．その意味において，quand 節の機能の本質は主節の解釈に関わる場面を特定することにあるといえる．

　一方，逆従属構文が用いられる場合には，主節と quand 節の事態の間にそのような因果関係が成立しないことが多い．むしろ，そのような必然性を消し去り主節の事態と quand 節の事態との組み合わせの意外性を強調するために用いられるのが逆従属構文であり，その意味において quand 節の中で半過去が用いられる構文とは対照的である．逆従属構文の (25) によって表されるのは，私が散歩をしていたら驚いたことに熊に遭遇したという事実である．

(25) Je me promenais dans la forêt quand j'ai vu un ours.
　　　［I was taking a walk in the forest when I saw a bear.］
　　　森の中を散歩していると，私は熊を見た．

このように，quand 節の中で半過去が用いられる構文と逆従属構文を比較すると，用いられる頻度に差があるだけではなく，話し手による2つの事態の捉え方が構文の選択に反映されているということができる．

7 逆従属構文として解釈される quand 節に現れる半過去

逆従属構文の分析を締めくくるにあたり，最後に逆従属構文における後置された quand 節の中で半過去が用いられる例を見てみよう．

(26) Hier j'ai assisté à un accident de vélo juste en face de chez moi. Un conducteur de taxi s'est rabattu sur la bande cyclable pour déposer son passager, qui a ouvert la portière juste quand *arrivait* un Chinois à vélo qu'il a renversé. Le Chinois n'a pas perdu connaissance, mais il était tout pâle. (Catherine Cusset, *New York, journal d'un cycle*)
〔Yesterday I witnessed a bicycle accident just in front of my house. A taxi driver turned the car on the cycling infrastructure in order to drop off his passenger, who opened the door just when was arriving a Chinese on bicycle whom he knocked over. The Chinese didn't lose consciousness, but he was looking pale.〕
昨日，私はちょうど自宅の正面で自転車事故を目撃した．タクシーの運転手が乗客を降ろすために自転車通行帯のほうに急に進路変更を行い，乗客がドアを開けたときにちょうど自転車に乗った中国人の男が近づいてきて転倒してしまった．その中国人の男は意識を失ってはいなかったが，顔色が真っ青だった．

この例において後置された quand 節の中では，逆従属構文の特徴の1つである主語と動詞の倒置が起こっている[12]．この半過去 arrivait「到着しようとしていた」は予想外の事態が出現したことを表していると解釈することが可能である．ここでの quand 節は半過去 arrivait を用いることで当該の事態が展開中であることを表している．

そして，先行する主節よりもむしろ従属節である後置された quand 節が表す内容のほうに重点が置かれていると解釈することができる．

実際に，(26) ではできごとの生起順に描写が展開されており，話者が

目撃したできごとが次々と展開していく様子を話者の視点から眺めているような印象を受ける．すなわち，「タクシーの運転手が急に路肩に車を寄せる」，「乗客が扉を開ける」，「ちょうどそこに自転車に乗った中国人が近づいて来る」，「その中国人が転倒してしまった」という一連の話の流れである．

ここでquand節の前に置かれた関係節は，さらにその前の節に現れている人物について描写しているので，quand節をこの関係節に対して前置させることは情報構造の観点から不自然であると判断される．一方，後置されたquand節の主語である自転車に乗った中国人は新情報であることが不定冠詞によって明示されている．そして，quand節の後に置かれた文においては，この中国人が主題となり描写が続いて行く．

つまり，この例においては情報構造の観点からこのような形でquand節を用いることが適切であると判断される．そうであっても，やはりquand節で用いられている半過去arrivait「近づいてきていた」によって表される事態は，ここでは「自転車事故」という一場面の中に位置づけられるものであることに変わりはない．その意味において，談話において一連のできごとが展開する枠組みとして機能する母時空間が設定され，半過去がその場面の中の一部分を表していることは，逆従属のquand節に現れる半過去にも共通する特徴であるということができる．

ある構文が用いられる場合には，「時制の機能としての事態定位が実現されるか否か？」ということが本質的に重要なことである．それに加えて，前後の文脈をふまえて「どのように事態を捉えていることを表す構文を用いるのがふさわしいか？」が判断されるのである．特に文学作品においては，さまざまな形でそれらの工夫が凝らされた結果として語りの母時空間が構築されていることが本章における分析により明らかとなった．

8 第4章のまとめ

第4章では，仮説⑤の妥当性を示すために逆従属構文における半過去の

解釈について論じた．

仮説⑤逆従属構文における半過去の解釈
　逆従属構文とは，語りの発話様態で用いられる構文である．語りの発話様態においては，明示的な言語的手段によらずとも「語りの母時空間」が設定されているものと解釈される．そのため，逆従属構文において前置された主節に現れる半過去は，先行する文脈に投錨された事態が存在しなくても，この語りの母時空間内の一場面に対して事態を係留することで解釈が行われる．

　まず，逆従属構文が用いられるのは「語り」の発話様態においてであることを論じた．「語り」の発話様態においては，解釈の際に「語りの母時空間」が常に設定される．そして，逆従属構文の主節に現れる半過去によって表される事態は，後続の quand 節に現れる完了時制によって表される事態に対してではなく，この語りの母時空間に対して係留されることで解釈が成立することを論じた．
　談話的時制解釈モデルを用いることで，逆従属構文における半過去の解釈も，さまざまな半過去に共通する「係留」の概念により，その他の半過去の解釈と同様にして統一的な形で説明することが可能であることが明らかとなった．
　そして，逆従属構文と quand 節の中で半過去が用いられる構文を比較して，主節の事態と quand 節の事態との関係を考察した．quand 節の中で半過去が用いられる場合には，主節の事態と半過去の事態との間に因果関係が認められることがあるが，逆従属構文が用いられる場合にはそのような因果関係が成立せず，むしろ2つの事態が同時に生起することの意外性を強調したいときに逆従属構文が用いられることを確かめた．もっとも，因果関係に関する quand 節を含む構文と逆従属構文の特性は絶対的なものではない．
　一方で，逆従属構文においては主節の半過去によって表される事態と

quand 節によって表される事態の間に積極的な因果関係が認められることはない．これは，逆従属構文が「語り」の発話様態によって語りの世界の内部に視点を置き，主節と quand 節の 2 つの事態を切り離し，後者が予想外の事態として突発的に生起することの意外性を表すために用いられる構文であることと表裏一体である．

　最後に，逆従属構文における後置された quand 節の中で半過去が用いられる例について論じた．このような構文における quand 節は，予想外の事態が生起したことを表すが，やはり第 3 章で論じたように，このような半過去の解釈においても「母時空間」が設定される必要があることを確かめた．

　ここで，quand 節が前置された場合と後置された場合では後置された quand 節に半過去が現れることが多いと岩田（1997）が指摘している点について，ひとこと述べておきたい．本章で論じたように，quand 節が後置された構文の中には，主節の事態とは切り離された新たな事態を導入する逆従属構文が含まれる．そのため，後置された quand 節のほうが，前置された場合よりも用法としての幅が広いと考えられるのである．

　そして，quand 節の中で事態を定位するために工夫が必要であるため用いられる頻度がそれほど高くない半過去をあえて用いる場合というのは，他の手段では表すことができない意味関係をどうしても表したい場合であることが多いと考えられる．「語り」と「説明」について述べるならば，後置された quand 節に現れる半過去は「説明」により因果関係を表すことを見た．そしてこの因果関係は，逆従属構文によっては表されないのであった．そのため，前置された場合と比較すると，後置された quand 節の中で半過去が用いられ，主節の事態に対する因果関係を表す文が用いられることのほうが多いと考えられる．

注

1） 青井（2013）の原文は次の通りである．
　　　　「逆転の quand は，quand あるいは lorsque で導かれる時況節が，quand 節の後にあるというだけではない．主節で示された事行が，従属節で示さ

218

　　　　れた事行によって，思いがけない展開をみたり，意外なできごとを示し
　　　　たりすることを指している。」　　　　　　　　　　　　　　　　　（ibid.）
2）　福地（1985）の原文は次の通りである．原文の（88）は本章の（3）に相当す
　　る．
　　　　「つまり（88）の when 節は，主節の内容が起った時を指定すると言うよ
　　　　り，when 節自身が伝達の中心として断定されていると言える。」　（ibid.）
3）　Vogeleer（1998）の原文は次の通りである．
　　　Cette propriété sémantique d'exprimer une assertion est la caractéristique essentielle du
　　　quand inverse － celle qui le distingue du *quand* canonique.
　　　　　　　　　　　　　　　　　　　　　　　　　　　　　　　　　　（ibid.）
4）　坪本（1998）の原文は次の通りである．
　　　　「このように『語り』の when 節は，典型的に，後続文脈との間にひとつ
　　　　づきの叙述を形成する．
　　　　（9）はその関係を図式化したものである．
　　　　（9）［S 1 ....］　when　［S 2 ...］...後続文脈…
　　　　　　　　　　　　　　　　　　　　　　　　　　　　　　　　　　　　　　　」
5）　Olsson（1971）の原文は次の通りである．
　　　Une combinaison entre quand + p. simple / imparfait et quand + p. composé / imparfait
　　　révèle que dans cette dernière combinaison le quand» inverse» est plutôt rare （3
　　　exemples）.　　　　　　　　　　　　　　　　　　　　　　　　　　　（ibid.）
6）　Vogeleer（1996）の原文は次の通りである．
　　　Lorsque nous avons affaire, en tant que lecteurs, à un texte littéraire, nous admettons que le
　　　point de vue peut se déplacer dans le temps et dans l'espace, même lorsque l'auteur ne nous
　　　prépare pas préalablement à ce transfert.
　　　　　　　　　　　　　　　　　　　　　　　　　　　　　　　　　　（ibid.）
7）　ここで重要な点は，この場面の概念は Carlson（1980）による局面レベルにお
　　いて捉えられるものであるということである．
8）　東郷（2008）では談話冒頭の半過去について次のように述べられている．
　　　　「談話冒頭の半過去では，先行詞の状況は文脈的に与えられるのではな
　　　　く，話し手（書き手）と聞き手（読み手）の協調によって語用論的に構
　　　　築されると考える。」　　　　　　　　　　　　　　　　　　　（ibid.）
　　　なお，ここでの「先行詞」とは，すでに第2章で扱った B & K による部分
　　　照応的半過去説において半過去の解釈を可能にするために必要とされる要素の
　　　ことである．
9）　西村（2011）の原文は次の通りである．
　　　　「進行中の行為・できごとを示す半過去は quand と相性が悪い．したがっ
　　　　て，半過去を含む部分の冒頭から quand を削除し，複合過去を含む部分
　　　　の冒頭に移す。」　　　　　　　　　　　　　　　　　　　　　（ibid.）
10）　ただし，（22）の文が口頭で発話される場合には，主節の Je fesais du sport が強
　　　調されるような音調で発話されれば，（21）と同様に主節の事態と quand 節の
　　　事態との間に因果関係が感じられるようになる．
　　　　　JE FAISAIS DU SPORT quand la douleur a commencé.
　　　　　［I was doing sports when the pain began.］
　　　　　私がスポーツをしていたとき，痛みが始まった．
11）　Moeschler（2000）は次の例を示し，（a）が「語り」であり（b）が「説明」

であると述べている．
　　　（a）Max a poussé Jean. Il est tombé.
　　　［Max pushed Jean. He fell down.］
　　　マックスはジャンを押した．彼は転んだ．
　　　（b）Jean est tombé. Max l'a poussé.
　　　［Jean fell down. Max poushed him.］
　　　ジャンは転んだ．マックスが彼を押したのだ．

(ibid.)

12）（26）において quand 節の中で主語と動詞の倒置が生じている理由のひとつとしては，主語に関係節（qu'il a renversé）が伴われていることも考えられる．

コラム 5

半過去は名カメラマン？

　同じようなできごとを描写する場合でも，半過去を使うか単純過去を使うかによって読み手が抱くイメージはずいぶん変わります．『怪盗紳士ルパン』から似たような 2 つの場面を紹介しましょう．どちらも扉が開き，そこから人々が出てくる場面なのですが，まずは「出てきた」というできごとが単純過去（sortirent）を使って表現される場面を見てみましょう．

　La porte de cet hôtel s'ouvrit. Un groupe d'invités, hommes et dames, *sortirent*. Quatre voitures filèrent de droite et de gauche (...).
　その館の扉が開きました．男性と女性の招待客たちが出てきました．4 台の馬車があちこちに走り去っていきました．

　このように「開いた」，「出てきた」，「走り去った」というできごとがすべて単純過去（s'ouvrit, sortirent, filèrent）を使って表現されると，次々とストーリーが展開していくように感じられます．「出てきた」というできごとはスポットライトを浴びることもなく，立て続けに起きるできごとの 1 つとして表現されているだけです．
　それでは，「降りてきた」というできごとが半過去（descendaient）を使って表現されるとどうなるでしょうか．

　Les portières s'ouvrirent. Quelques personnes *descendaient*. Mon voleur point.
　電車の扉が開きました．数名が降りてきました．強盗はいませんでした．

　これはルパンを追いかけている警官たちが駅のホームで電車の到着を待ち受ける場面です．乗客が電車から降りてくる間，警官たちはひとりひとりを確認しているはずですが，結局ルパンは見つかりません．ここでは「降りてきた」というできごとに焦点が当てられ，その場面がクローズアップされているので

す．

　このように，半過去を使うと物語世界の時間が引きのばされ，できごとの細部が拡大されているような表現効果が生まれます．ですから半過去を使った描写は，絵画や写真，あるいは映画などにたとえられることが多いのです．

　報道文や文学作品などでは，ふつうは単純過去が使われる場面で半過去が使われることがありますが，このような半過去は「絵画的半過去 imparfait pittoresque」と呼ばれます．また Le Goffic（1995）は，新聞記事や推理小説などでこのような半過去が連続して使われるときのイメージを「錆びついたカメラを使って撮影された映画」にたとえています．

　たとえば，次の例の franchir「越える」のように一瞬のできごとを表す動詞を半過去（franchissait）にすると，その瞬間が膨らみ印象づけられるのです．

　　Le premier coureur cycliste *franchissait* la ligne d'arrivée à 9 h 37m 54 sec et 27centièmes.
　　自転車競技の先頭選手は 9 時間 37 分 54 秒 27 でゴールラインを走り抜けました．

　このような場合には，ふつうは単純過去（franchit）を使って Il franchit la ligne à 9 h 37. のように表現しますが，そうすると単にできごとを報告している印象しか残りません．

　ボリス・ヴィアンの小説『うたかたの日々』にも，半過去を使った印象深い場面描写が登場します．Bres（2005）は次の一節を，フランスを代表する写真家のひとりであるロベール・ドアノーの作品になぞらえ，まるでこの世で最も美しい口づけを目撃しているかのように感じられると説明しています．

　　Je ... dit-il tout contre son oreille, et, à ce moment, comme par erreur, elle tourna la tête et Colin lui *embrassait* les lèvres. Ça ne dura pas très longtemps.
　　僕は…，彼は彼女の耳元でそう言いかけると，その瞬間，ついうっかりという様子で彼女は顔を向け，コランは彼女の唇に口づけをしてしまったのでした．それはそれほど長くは続きませんでした．

　ここで，もしも「（顔を）向けた」，「続いた」という 2 つの単純過去（tourna, dura）に挟まれた「口づけをした」という半過去（embrassait）を単純過去に置き換えるとどうなるでしょうか．そうすると単に一連のできごとが順番に起こったことが淡々と表現されることになり，口づけの瞬間が印象づけられる効

果は消えてしまうでしょう．

　このように，半過去は単にできごとが継続中であることを表すとは限りません．そのできごとが起こっている一場面を切り出して生き生きと描きあげることで，そのできごと自体に焦点が定まり，時間の流れが一瞬ゆるむような印象を与えることもあるのです．

　これは，名カメラマンがとっておきの瞬間をファインダーに収め，フィルムに焼きつけるのに似ています．そういえば，詩人のジャック・プレヴェールがロベール・ドアノーについてこんなふうに語っています．半過去が名カメラマンとしても活躍していることは，詩人の目にも明らかなことだったのかもしれません．

　C'est toujours à l'imparfait de l'objectif qu'il conjugue le verbe photographier.
　彼が「写真を撮る」という動詞を活用させるときには，いつもカメラレンズの半過去形（＝カメラレンズ法半過去）に活用させるのです．

終　章

Nous ne percevons, pratiquement, que le passé, le présent pur étant l'insaisissable progrès du passé rongeant l'avenir.

われわれに捉えることができるのはただ過去のみである．純粋な現在とは，われわれの手からこぼれ落ちる過去の延長に過ぎず，そして同時に未来をじわじわと浸透しているものでもあるのだ．

Henri Bergson（1896），*Matière et mémoire*

本書のまとめ

　本書では，quand 節に現れる半過去の統一的な解釈機序について論じた．まず第 1 章では先行研究の検討と本書における仮説の提示を行い，本書における議論の方向性を示した．先行研究では「完了性を表す単純過去・複合過去」対「未完了性を表す半過去」という図式的な対立関係を「quand 節では点的な事態を示すことによって定位を行わなければならない」という規則に当てはめ，「未完了で継続中の事態を表す半過去をquand 節の中で用いることはできないが，〈人生の一時期〉や〈年齢〉を表す半過去は例外的に quand 節の中で用いられることが多い」というような説明が行われることが多かった．

　しかし本書で具体例に即して論じたように，quand 節に現れる半過去の解釈における本質的な原理を説明するためには，単文では容認されないと判断される例文に適切な文脈を補うことで容認度が向上したり，実際の文学作品において quand 節の中で半過去が用いられた例が散見されるという事実にこそ着目すべきである．

　quand 節に現れる半過去の問題を論じるためには「半過去も事態を定位する機能を有するが，その定位の方法は単純過去や複合過去の場合とは異なる」という考え方に立つ必要がある．また，半過去による事態定位のあり方を考えるためには文単位の考察では不十分であり，言語的文脈はもちろんのこと，発話状況，話し手と聞き手の共有体験，我々の世界に関する百科事典的知識などを考慮に入れたうえで，広義の談話構築の一環としてどのような形で時制の解釈が実現されるかを考える必要があることを論じた．

　第 2 章では談話において利用可能なさまざまな要素を考慮に入れた「談話的時制解釈モデル」を示し，半過去の解釈機序に関する具体的な分析を行った．談話的時制解釈モデルにおいては「全ての時制形式は当該の事態を何らかの形で談話空間内に定位する機能を持つ」と考える．しかし，全

ての時制形式が同じ方法で定位操作を行うわけではなく，自立的な時制による定位の操作である「投錨」と非自立的な時制による定位の操作である「係留」を区別する必要がある．

投錨と係留の操作は従来から知られている絶対時制と相対時制の機能の違いと重なる部分もあるが，半過去による係留の操作については，従来の相対時制の考え方を修正する必要がある．半過去による事態の定位操作である「係留」においては，時間軸上の特定の位置に事態を定位するのではなく，意味的な定位を実現することがその本質にある．

半過去の係留操作が実現されるためには，半過去によって表される事態が部分として解釈されるような，全体としてはたらく認識枠が設定される必要がある．談話的時制解釈モデルにおいては，そのような認識枠のことを「母時空間」と呼ぶ．母時空間は半過去および半過去を含む文のみによって設定されるのではなく，さまざまな種類の談話資源を活用することで解釈の場において構築されるものである．

そして，語りの発話様態で用いられる半過去は言語文脈によって構築される母時空間に対して事態を係留することもあるし，談話の発話様態で用いられる半過去は話し手と聞き手の共有体験に基づく共有フレームと呼ぶべき母時空間に対して事態を係留することもある．

いずれの場合であっても，半過去によって表される事態と母時空間の間には「部分－全体」の関係が認識されるという点が半過去による「係留」操作において重要な点であり，この「部分－全体性」によって半過去の解釈が可能になることが，すなわち非自立的な時制である半過去の非自立性が解消されるということなのである．

第3章では本書の主要な考察対象であるquand節に現れるさまざまな半過去の統一的な解釈機序について，第2章で示した談話的時制解釈モデルを用いて論じた．quand節の中で半過去が用いられる場合には，先行文脈や我々の世界に関する共有知識，話し手と聞き手の共有体験に基づくシナリオなどを参照しながら「部分－全体スキーマ」が構築される．この「部分－全体スキーマ」が半過去の解釈における母時空間としてはたらき，半

過去によって表される事態はこのスキーマに対して係留されることで相対的な位置づけが可能となり，quand 節による場面の特定が実現されることを具体例の分析に基づいて示した．

　文脈に依存することなくいつでも利用することが可能であるという意味において最も汎用性の高い母時空間は，我々の共有知識に含まれる「人間の一生」に関する概念である．「年齢表現」や「人生の一時期」を表す半過去は，この「人間の一生」という母時空間に対して事態を係留することで解釈が成立するため，語りの発話様態においても談話の発話様態においても多く用いられる．

　しかしながら，文単位では容認されない quand 節に現れる半過去の例であっても，言語文脈の中で母時空間が設定され「いつの何のことであるか？」が特定できる場合には，当該の事態がこの母時空間に対して係留されることで半過去の解釈が可能となることが明らかになった．そして quand 節の中で半過去が用いられる場合には，解釈の際に設定される母時空間の中に複数存在する同種の事態の中から 1 つの事態が選択されることで quand 節が場面特定の機能を果たすことになる．

　また，語りの発話様態において quand 節に半過去が現れる場合には，世界についての百科事典的知識に含まれる「スクリプト」のような構造化された概念を用いながら，精緻な文脈を構築することで母時空間が設定される．この母時空間内で半過去によって表される事態と他の事態との相対的な位置関係が定まることで，quand 節に現れる半過去によって場面特定を行うことができるのである．

　さらに，談話の発話様態においては話し手と聞き手が体験を共有することで，その共有体験が含まれる一連のシナリオを共有することになり，この共有シナリオが母時空間となり，quand 節に現れる半過去によって場面特定の機能が実現されることが多い．

　いずれの場合であっても，quand 節の中で半過去が用いられる場合の解釈機序として「部分−全体スキーマ」に基づく相対的な場面特定が行われる点が共通しており，これは半過去の一般的な特性によるものであると考

えることができる.

　第4章では，先行研究においてquand節の中で半過去を用いるかわりに選択される構文であるとされる「逆従属構文」の解釈について論じた．逆従属構文がなぜ文脈に依存することなく容認されるのかという理由についても，談話的時制解釈モデルを用いることで明示的かつ統一的な説明を行うことができた．また，半過去の係留先が後続の自立的な過去時制ではなく，すでに設定済みの語りの母時空間であると考えることによって，逆従属構文の大きな特徴である「主節の事態に対してquand節の事態が突発的に生じたことを表す」意味効果が生じることも説明することができる.

　逆従属構文は基本的に語りの発話様態において用いられるものであるが，語りの発話様態においては潜在的に常に語りの母時空間が設定されると考えられるので，主節に現れる半過去は常に語りの母時空間に係留されることで解釈が成立すると考えることができる.

　しかし，逆従属構文はどのような文脈に置かれてもいつでも解釈可能であるのは事実であるとしても，談話上の機能を考慮するならば，どのような文脈においても逆従属構文を用いることが常に適切であるとは限らない．逆従属構文とquand節に半過去が現れる構文を比較すると，逆従属構文は事態が生起している現場に視点を置き，事態の展開を眺めているような印象を与える．それに対しquand節において半過去を用いる場合には，主節の事態とquand節の事態との間に因果関係が成立すると判断されることも少なくない．quand節に現れる半過去という制約の大きな表現手段をあえて用いる場合があるのは，その構文でなければ表現することができない意味があるからであり，因果関係の有無という点においてquand節に半過去が現れる構文と逆従属構文とは対照的な性質を持っている.

　最後に，逆従属構文における後置されたquand節に半過去が現れることがあることを見た．quand節の中で半過去が用いられる際に共通する「母時空間への事態の係留」という解釈機序は見られるものの，予想外の事態が生じているのを目の当たりにしているような効果を表現するためにquand節の中で主語と動詞が倒置されたり，不定冠詞つきの主語が現れた

りするのである．

そして，このような構文が用いられるときには，前後の文脈とのつながりなどを考慮したうえで談話世界が巧みに構築されていることが分かった．

本書の意義

本書の意義として，次の3点を指摘することができる．まず第1に，従来の先行研究では十分に論じられて来なかった，「年齢表現」や「人生の一時期」を表す表現以外の，1回限りの継続的な事態を表す半過去がquand節に現れているさまざまな用例を文学作品から引用し，それらの具体的な分析を提示した点である．このような用例は先行研究で述べられてきたほど稀で例外的なものとは必ずしもいえず，適切な文脈に置かれれば十分に解釈が可能となることが明らかとなった．

そして第2に，本書で考察の対象としたquand節に現れる半過去の用例全般の解釈機序に対する統一的な説明原理を具体的に示すことができた点である．先行研究では，「年齢表現」や「人生の一時期」を表す半過去とそれ以外の半過去がquand節に現れる場合の解釈機序が，半過去全般の解釈機序を考慮したうえで統一的な形で説明されることはほとんどなかったといってよい．しかし本書における中心的な説明概念である「談話的時制解釈モデル」と「部分－全体スキーマ」を用いれば，用いられる動詞の語彙的意味特性によらずquand節に現れる半過去に共通した解釈機序を提示することが可能となるのである．

さらに第3の点として，「半過去による事態の定位操作，すなわち係留とはどのようなものであるか？」という一般原則およびquand節による場面特定の機能を重視したうえで，quand節に現れる半過去と逆従属構文に現れる半過去のいずれに対しても個別的で限定的な説明を与えるのではなく，一般性の高い説明原理を提示することができたことを強調したい．

第1章の冒頭で述べたように半過去の意味特性はその多様性にあり，半

過去が関わる問題も広範にわたる．したがって，それらの全てを同時に扱い意義のある議論を展開することは難しく，考察の対象を限定せざるをえない．本書で考察の対象とした用例は，半過去の用例全体から見ればその一部分に過ぎない．

しかしながら，考察の対象が限定的であるからといって本書における議論が限定的なものに留まるわけではない．本書では具体例の分析を通じて，半過去の問題に限らず言語現象の考察においては，「どのような一般原理に基づいて談話の解釈が行われるか？」という談話構築の機序を重視する姿勢が欠かせないこと，そして「一見すると容認度が低いように思われる例であっても，どのような場合に解釈が可能になるのか？」，「例外的と考えられる例が容認される際の解釈機序はどのようなものであるか？」という点に着目することが言語現象の本質解明において不可欠であるということを示すことができた．その意味において，考察の対象自体は限定的でありながらも本書における議論は半過去の本質解明に十分寄与するものであると考えられる．

半過去の統一的な理解を目指して

本書全体を通じて論じてきたように，本書の考察対象である quand 節に現れる半過去の解釈機序を統一的な形で説明するという目的は，大筋においておおむね達成されたものと考えられる．しかしながら「半過去とは何か？」というより大きく本質的な問いの解明を目指すとき，残された課題は少なくない．半過去の機能に対する統一的な説明を目指して今後さらに意義のある議論を行うためには，半過去による事態の定位操作である「係留」の概念をあらゆる半過去の用例に適用することが可能であるか否かを緻密に検証する必要がある．

その際には，「語り」の発話様態と「談話」の発話様態において典型的であると考えられる半過去の用例に関する考察を積み重ね，発話様態の違いと半過去の解釈機序の関係をより一層明らかにする必要がある．これは

半過去自体の機能に関わる問題というよりもむしろ，発話様態の違いにより談話構築の機序が異なることに起因する問題であると考えられる．
（1）は「談話」の発話様態において用いられる半過去の典型例の1つであり，「Je t'attendais 型の半過去」と呼ばれる．

（1）（人が来て）Je *t'attendais*. ［I was waiting you.］
　　　君を待っていたんだ．

一方（2）は「語り」の発話様態における半過去の典型例であり，後に続く複合過去との同時性を表す点が（1）の半過去とは異なる．

（2）Mon père dormait quand je suis arrivé à la maison..
（Hubert Mingarelli, *La dernière neige*）
　　　［My father was sleeping when I arrived at home.］
　　　僕が家に着いたとき，父は眠っていた．

本書においては，（1）や（2）における半過去に共通する解釈機序について具体的に論じていない．さらに，半過去は過去の事態を表す用法以外にも第1章で触れたようなモーダルな用法も数多く持ち合わせている．これらの例を含めた半過去全般の解釈機序を統一的な方法で説明することは容易なことではない．

しかしながら，これらのさまざまな半過去の用例に関する考察を深めるためには談話的時制解釈モデルのような考え方が必要となることは疑いのないことである．本書における中心的な説明概念である「談話的時制解釈モデル」をさらに一般性の高い説明原理へと改良していくことで，最終的には「半過去とは何か？」という本質的な問いの解明につながるものと考えられる．

「こと」の認識「とき」の表現

最後に序章で論じたことを振り返りながら，本書全体の締めくくりを行

いたい．フランス語の半過去のように，過去における未完了の事態を表すために用いられる時制形式はもちろん他の言語にも存在する．しかし，それらが半過去と同じようなふるまいを見せるわけではない．第1章における議論の冒頭で述べたように，そもそも日本語における「〜していたとき」という表現には全く不自然な印象はなく，そうであるからこそなおのこと，quand 節において半過去の使用制約が存在することが不思議に思われるのである．また，英語の when 節において過去進行形を用いることは奇異なことではないし，同様にスペイン語において未完了の過去を表す線過去が cuando 節において使用制約を受けることもないという．

そうであるならば，フランス語の半過去だけが特殊な未完了過去時制形式であり，本書で考察の対象とした現象はフランス語の半過去のみに見られる特殊な現象ということになるのであろうか．それを判断するためにはさまざまな言語における事例観察を重ねる必要があり，ここでこの問いに即答することはできない．

しかし，確かなことであり忘れてはならないことは，一見すると客観的事実としては同じように思われる事態を表現する場合であっても，また一見すると同じはたらきを担っているように思われる言語要素を用いる場合であっても，言語ごとに表現の方法は異なりうるという点である．

我々はある事態をありのままに客観的に認識しているようであっても，いざそれを言葉にのせて伝えようとすれば，常に日本語やフランス語などといった一種の「フィルター」を通過させて表現することしかできない．言うまでもなく，それらのフィルターはひとつひとつがさまざまに異なる特性を持っており，全く同一のフィルターはこの世にふたつとない．そして，ふだん我々が母語を用いる際にはフィルターの存在を意識することはないので，フィルターはあたかも透明であるかのように思われる．

だからといって「見えないものは存在しない」ということにはならない．とりわけ外国語を用いる場合には，その外国語に固有のフィルターの存在を意識せざるをえない．そして同時に，外国語を学んでいる者や外国語を用いている者ならば日々実感していることであると思われるが，我々

は外国語との関わりを通じて母語という名のフィルターの存在に気づき，そのフィルターのありさまを把握することができることも少なくないのである．

　さらに，このことは時間表現のみならずあらゆる言語現象について当てはまることであるが，とりわけ目に見えない「時間」が関わる現象の説明においては，実りある議論のためには何らかの形で可視化を行うことが有効であると考えられる．本書で提示した談話的時制解釈モデルは，そのような可視化の一例であるということができる．

　そして，そのような可視化されたモデルを通じてさまざまな言語現象を分析することによって，一見すると例外的で特殊であるように思われる事例の背後に潜んでいる原理をあぶりだすことも可能になることは，本書における分析が示した通りである．

　「こと」の認識と「とき」の表現は表裏一体であり，認識のみを取り出して論じることはできないし，表現のみを取り出して論じることにも限界がある．我々の『「こと」の認識と「とき」の表現の仲立ちをしているもの』は何なのか？　そのことを考えるうえで，本書における議論がささやかながら何らかの助けになるならば，筆者としてこれに勝る喜びはない．

あとがき

　本書は 2014 年 3 月に京都大学に提出し，同年 9 月 24 日に博士（人間・環境学）の学位を授与された博士論文『quand 節に現れる半過去－談話的時制解釈モデルによる分析－』に加筆および修正を行ったものである．また，本書の第 3 章および第 4 章の中心的な内容は春木仁孝・東郷雄二編『フランス語学の最前線 2』（ひつじ書房）に所収の「時を表す副詞節における半過去と談話的時制解釈」に基づいているが，博士論文の作成にあたり大幅な修正を行った．

　本書を完成させるまでには多くの方々からさまざまな形でご指導やご協力をいただいた．ここに深く感謝の意を表したい．

　京都大学の東郷雄二先生には，筆者が京都大学大学院人間・環境学研究科修士課程に入学してから今日に至るまで，指導教授として研究上のさまざまな場面においてご指導を賜った．研究テーマの設定や参考文献の選定，学会発表の準備や論文のまとめ方といった具体的なことから，研究に対する心構えや教育と研究の両立についての心得まで，研究者として身に着けるべきあらゆる事柄について文字通り一から手ほどきをしていただいた．

　また筆者にはかつて研究に集中することが難しくなり，しばらく研究から距離を置いてしまった時期があったが，そのようなときにも東郷先生は決して筆者を見捨てることなく，ときには温かく励ましてくださり，ときには厳しくご指導くださった．

　本書のもととなった博士論文の作成に際しては，論文全体の構成から細部の記述に至るまで懇切丁寧にご指導くださり，最終的に論文を提出するまでの間筆者を叱咤激励し続けてくださった．そして，本書の出版にあたり博士論文の内容を書き改めた際にも，数多くの有意義なご助言を頂いた．このような東郷先生の熱心かつ的確なご指導がなければ，筆者がここまで研究を続けることはとうていできなかった．

幼いころからことばの面白さに漠然とした興味を抱き，大学でフランス語の学習を続けていくうちに時制，中でも半過去の不思議に惹かれていった筆者が，その謎解きに携わり正体を突き止めたいという思いで東郷研究室の扉を叩いたのは 2001 年春のことであった．東郷先生はすぐさま，半過去を研究テーマにするのであれば「覚悟」が必要であると私におっしゃった．いま振り返ってみると，当時の私にはそのことが本当の意味ではよく分かっていなかったが，実際に研究を進めていくにつれて，徐々にではあるものの「覚悟」の重要性を身に染みて感じるようになった．

　その頃には博士論文を無事に提出することができるかどうかも全く分からず，ましてやこのような形で出版を行うことができるとは思いもよらなかった．東郷先生から賜った学恩の大きさを考えると本書の内容はあまりにも未熟であるが，今後「覚悟」をもってさらに精進を重ねていく所存である．

　続いて，博士論文の副査をお引き受けくださった先生方にも感謝を申し上げたい．京都大学の河崎靖先生からは論文全体の本質に関わる貴重なご意見をいただいたことで，研究の意義を改めて見つめ直し今後の課題点を見出すことができた．また，同じく京都大学の谷口一美先生からは認知言語学の観点から有益なご指摘をいただいたが，残念ながら本書にそれらを十分に反映させることはできなかった．河崎先生や谷口先生からいただいたご意見はぜひ今後の研究に活かしたいと考えている．

　本書の内容に関して直接ご指導いただく機会はなかったが，元京都大学の大木充先生にも感謝を申し上げたい．大木先生には言語学的なものの見方や問いの立て方だけでなく，フランス語教育に関しても数多くのことを教えていただいた．

　そして，東郷研究室の先輩方や後輩方にも授業や勉強会の場をはじめとしたさまざまな場面でお世話になった．研究室の皆さんの存在に励まされる形で何とか博士論文を完成させることができたと言っても過言ではない．

　さらに，学外の方々にも感謝を申し上げたい．まずお礼を申し上げるべ

きであるのは，学部生時代に早稲田大学でお世話になった多くの先生方である．中でも筆者にフランス語学の面白さを教えてくださったのは2人の先生方である．遠山一郎先生には授業ばかりでなく私的な読書会の場でも懇切丁寧にご指導いただいた．また，倉方秀憲先生には授業ではもちろんのこと，卒業論文の主査としてもご指導いただいた．東郷先生のもとで研究を続けることを快くお認めくださり，現在でも筆者を励まし続けてくださる倉方先生には感謝の気持ちが尽きない．

　大阪大学の春木仁孝先生には，博士論文の核となった論文を作成する過程において数多くの有意義なご意見をいただいた．春木先生からいただいたご意見について考察を深め，原論文の内容を改めていくことで博士論文の完成に近づくことができたのは確かであり，春木先生には時制研究の難しさと奥深さを教えていただいた．

　元京都外国語大学の Maurice Jacquet 先生にはインフォーマントとして貴重なご意見をいただいた．Jacquet 先生は筆者の細かな質問にも快く応じてくださり，フランス語表現の微細な差異や印象に関する示唆に富んだご指摘をいただいた．

　関西フランス語研究会でお世話になった先生方や大学院生の方々にも感謝を申し上げたい．中でも関西学院大学の曽我祐典先生からは研究会の内外で常に鋭いご指摘や温かい励ましのお言葉をいただいたことで，ふだんとは異なる視点から研究の内容を見直すことができた．

　曽我先生には本書で扱った問題に関する例文について具体的にご教示いただいたこともあり，2014年にノーベル文学賞を受賞した Patrick Modiano 氏の作品における半過去の用法など，今後も考え続けていくべき多くのことを教えていただいた．

　これまで筆者が担当した授業においてフランス語を学んだ生徒や学生の皆さんに対しても，大いに感謝している．日々の授業の場で彼ら，彼女らと接する中で，それまで気が付かなかったフランス語の疑問点に目を向けることができたし，フランス語学習の楽しさや奥深さに改めて実感することができた．このことこそが，苦しくもあり楽しくもある研究生活を続け

ていくうえでの大きな原動力になっている．

　本書の刊行は，京都大学の平成 27 年度総長裁量経費，若手研究者に係る出版助成事業からの助成による．出版にあたっては，京都大学学術出版会の國方栄二氏に大変お世話になった．ひとえに筆者の力不足により，最終的に原稿を仕上げるのが当初お約束していた予定から大幅に遅れてしまった．國方氏をはじめ皆さんに大変ご迷惑をおかけしたことをここに深くお詫び申し上げたい．しかしながら，國方氏のお導きにより，新たな視点から博士論文の内容を見直して稿を改めることができた．國方氏のご尽力に対して重ねて厚くお礼を申し上げたい．

　最後に，不甲斐ない息子をいろいろな意味で常に見守り後押ししてくれている両親に対してもここで感謝の意を表しておきたい．

　2016 年 3 月

高橋　克欣

〔カバー図版について〕
パリ・コミューンの騒乱を避けるために訪れていたドゥエの町で，75 歳のコローが滞在先からの眺めを画布に写し取った佳作である．路上で語らう人々，鐘楼の時計….画家の絵筆が捉えた「一瞬の姿」をじっと見つめていると，いつしか「言葉と時間」をめぐる思索の旅へと誘われてしまう．鐘楼を越えて続いていく小道の果てに広がるのは，もはや見えぬ「過去の世界」なのか，それともまだ見えぬ「未来の世界」なのか？

参考文献

Benveniste, Émile. (1966) *Problèmes de Linguistique Générale, 1*, Paris : Éditions Gallimard (Tel).
Berthonneau, Anne-Marie et Georges Kleiber. (1993) "Pour une nouvelle approchede l'imparfait : l'imparfait, un temps anaphorique méronomique", *Langages* 112, 55-73.
────────── (1998) "Imparfait, anaphore et inférence", Borillo, Andrée et al. (eds.) *Variations sur la référence verbale*, pp. 35-65, Amsterdam ; Atlanta : Rodopi.
Borillo, Andrée. (1988) "Quelques remarques sur *quand* connecteur temporel", *Langue française* 77(1), 71-91.
Bres, Jacques. (2005) *L'imparfait dit narratif*, Paris : CNRS Éditions.
Carlson, Gregory N. (1980) *Reference to kinds in English*, New York ; London : Garland Publishing.
Damourette, Jacques et Edouard Pichon. (1927) *Des mots à la pensée*, Paris : D'Artrey.
Declerck, Renaat. (1991) *A Comprehensive Descriptive Grammar of English*, Tokyo : Kaitakusha. (安井稔(訳)(1991)『現代英文法総論』開拓社.)
────────── (2006) *The Grammar of the English Tense System*, Berlin ; New York : Mouton de Gruyter.
Ducrot, Oswald. (1979) "L'imparfait en français", *Linguistische Berichte* 60, 1-23.
Gosselin, Laurent. (1996) *Sémantique de la temporalité en français : Un modèle calculatoire et cognitive du temps et de l'aspect*, Louvain-la-Neuve : Duculot.
Houweling, Frans. (1986) "Deictic and Anaphoric Tense Morphemes", Lo Cascio, Vincenzo and Co Vet. (eds.) *Temporal Structure in Sentence and Discourse*, pp. 161-191, Dordrecht : Foris.
Imbs, Paul. (1960) *L'emploi des temps verbaux en français moderne : essai de grammaire descriptive*, Paris : Klincksieck.
Irandoust, Hengameh. (1998) "Episodes, cadres de référence et interprétation temporelle : Application à l'imparfait", Borillo, Andrée et al. (eds.) *Variations sur la référence verbale*, pp. 67-89, Amsterdam ; Atlanta : Rodopi.
Kamp, Hans and Christian Rohrer. (1983) "Tense in texts", Bäuerle, Rainer et al. (eds.) *Meaning, use, and interpretation of language*, pp. 250-269, Berlin : Walter de Gruyter.
Le Goffic, Pierre. (1986) "Que l'imparfait n'est pas un temps du passé", Le Goffic, Pierre. (ed.) *Points de vue sur l'imparfait*, pp. 55-69, Caen : Centre de Publications de l'Université de Caen.
────────── (1995) "La double incomplétude de l'imparfait", *Modèles linguistiques* 31, 133-148.
Le Guern, Michel. (1986) "Notes sur le verbe français", Rémi-Giraud, Sylvianne et Michel Le Guern. (eds.) *Sur le Verbe*, pp. 9-60, Lyon : Presses universitaires de Lyon.
Leeman-Bouix, Danielle. (1994) *Grammaire du verbe français*, Paris : Armand Colin.

Moeschler, Jacques. (2000) "L'ordre temporel dans le discours : le modèle des inférences directionnelles", Carlier, Anne *et al.* (eds.) *Passé et parfait*, pp. 1-11, Amsterdam ; Atlanta : Rodopi.

Molendijk, Arie. (1990) *Le passé simple et l'imparfait : une approche reichenbachienne*, Amsterdam : Rodopi.

─────── (1996) "Anaphore et imparfait : la référence globale à des situations présupposées ou impliquées", De Mulder, Walter *et al.* (eds.) *Anaphores temporelles et (in-) cohérence*, pp. 109-123, Amsterdam ; Atlanta : Rodopi.

Molendijk, Arie *et al.* (2004) "Meaning and Use of Past Tenses in Discourse", Corblin, Francis and Henriëtte de Swart. (eds.) *Handbook of French Semantics*, pp. 271-308, Stanford, California : CSLI Publications.

Olsson, Lars. (1971) *Études sur l'emploi des temps dans les propositions introduites par quand et lorsque et dans les propositions qui les complètent en français contemporain*, Uppsala : Tofters/ Wretmans.

Reichenbach, Hans. (1947) "The Tenses of Verbs", *Elements of Symbolic Logic*, pp. 287-298, New York : The Macmillan Company.

Riegel, Martin, Jean-Christophe Pellat et René Rioul. (1994) *Grammaire méthodique du français*, Paris : Presses Universitaires de France.

Sandfeld, Kristian. (1965) *Syntaxe du français contemporain : Les propositions subordonnées*, Genève : Librairie Droz.

Saussure, Louis de. (1997) "Passé simple et encapsulation d'événements", *Cahier de linguistique française*, pp. 323-344.

─────── (2003) *Temps et pertinence : Éléments de pragmatique cognitive du temps*, Paris : De Boeck-Duculot.

Schank, Roger and Robert Abelson. (1977) "Scripts, plans and knowledge", Johnson-Laird, Philip *et al.* (eds.) *Thinking, readings in cognitive science*, pp. 421-432, Cambridge : Cambridge University Press.

Sten, Holger. (1952) *Les temps du verbe fini (indicative) en français moderne*, København : Munksgaard.

Sthioul, Bertrand. (1998) "Temps verbaux et point de vue", Jacques Moeschler *et al.* (eds.) *Le temps des événements : pragmatique de la référence temporelle*, pp. 197-219, Paris : Éditions Kimé.

Tasmowski-De Ryck, Liliane. (1985a) "L'imparfait avec et sans rupture", *Langue française* 67, 59-77.

─────── (1985b) "Temps du passé : logique et apprentissage", *Revue internationale de philosophie* 155, 375-387.

Tasmowski-De Ryck, Liliane et Carl Vetters. (1996) "Morphèmes de temps et déterminants", De Mulder, Walter *et al.* (eds.) *Anaphores temporelles et (in-) cohérence*, pp. 125-146, Amsterdam ; Atlanta : Rodopi.

Ungerer, Friedrich and Hans-Jörg Schmid. (1996) *An Introduction to Cognitive Linguistics*, London ; New York : Longman. (池上嘉彦他(訳) (1998)『認知言語学入門』大修館

書店.)
Vendler, Zeno. (1967) "Verbs and Times", *Linguistics in Philosophy*, pp. 97-121, Ithaca : Cornell University Press.
Vet, Co. (1991) "The temporal structure of discourse setting, change and perspective", Fleischman, Suzanne and Linda R. Waugh. (eds.) *Discourse-Pragmatics and The Verb : The Evidence from Romance*, pp. 7-25, London ; New York : Routledge.
───── (2005) "L'imparfait : emploi anaphorique et emplois non anaphoriques", Labeau, Emmanuelle et Pierre Larrivée. (eds.) *Nouveaux développements de l'imparfait*, pp. 33-44, Amsterdam : Rodopi.
Vetters, Carl. (1993) "Temps et deixis", Vetters, Carl. (ed.) *Le temps, de la phrase au texte*, pp. 85-115, Lille : Presses Universitaires de Lille.
Vogeleer, Svetlana. (1996) "L'anaphore verbale et nominale sans antécédent dans des contextes perceptuels", De Mulder, Walter *et al.* (eds.) *Anaphores temporelles et (in-)cohérence*, Amsterdam ; Atlanta : Rodopi.
───────── (1998) "*Quand* inverse", *Revue québécoise de linguistique* 26(1), 79-101.
Yvon, Henri. (1951) "Convient-il de distinguer dans le verbe français des temps relatifs et des temps absolus ?", *Le français moderne* 19, 265-276.
青井明 (1983)「« Quand ～ »と『～とき』について」川本茂雄(編)『日仏の対照言語学的研究論集』, pp. 9-20.
───── (2013)「逆転の quand について : Je lisais le journal quand Marie entra.」『教育研究』(国際基督教大学) 55, 121-128.
朝倉季雄 (2002)『新フランス文法事典』白水社.
───── (2005)『フランス文法集成』白水社.
阿部宏 (1989)「Je t'attendais 型の半過去について」『フランス語学研究』23, 55-59.
池田巧 (2014)『中国語のしくみ』《新版》白水社.
岩田早苗 (1997)「フランス語の "Quand + imparfait" に関して」『関西フランス語フランス文学』3, 67-75.
大久保伸子 (2007)「フランス語の半過去の未完了性と非自立性について」『茨城大学人文学部紀要人文コミュニケーション学科論集』2, 19-39.
金水敏 (2000)「時の表現」金水敏, 工藤真由美, 沼田善子(著)『時・否定と取り立て』, pp. 1-92, 岩波書店.
倉方秀憲 (2014)『新システマティックフランス語文法』早美出版社.
古石篤子 (1983)「« Hier soir, je m'ennuyais bien quand … » をめぐって」『フランス語教育』11, 9-18.
阪上るり子 (1994)「前置時況節と thématisation」『年報・フランス研究』28, 93-107.
───── (1997)「Quand 節と半過去形について」『年報・フランス研究』31, 39-51.
佐藤房吉, 大木健, 佐藤正明 (1991)『詳解フランス文典』駿河台出版社.

島岡茂（1999）『フランス語統辞論』大学書林.
鷲見洋一（2003）『翻訳仏文法』（上巻）筑摩書房.
高橋克欣（2012）「« quand + imparfait » と談話的時制解釈」『関西フランス語フランス文学』18, 50-62.
──────（2014）「時を表す副詞節における半過去と談話的時制解釈」春木仁孝, 東郷雄二（編）『フランス語学の最前線 2』, pp. 331-368, ひつじ書房.
坪本篤朗（1998）「文連結の形と意味と語用論」赤塚紀子, 坪本篤朗（著）『モダリティと発話行為』, pp. 99-193, 研究社出版.
東郷雄二（2008）「半過去の照応的性格－連想照応と不完全定名詞句の意味解釈から」『フランス語学研究』42, 17-30.
──────（2010）「談話情報管理から見た時制－単純過去と半過去」『フランス語学研究』44, 15-32.
──────（2011）『中級フランス語　あらわす文法』白水社.
──────（2012）「時制と談話構造－同時性を表さない半過去再考」『フランス語学研究』46, 51-67.
西村牧夫（2011）『中級フランス語　よみとく文法』白水社.
──────（2013）「『発話時制』と『語り時制』」東京外国語大学グループ《セメイオン》（著）『フランス語をとらえる－フランス語学の諸問題Ⅳ』, pp. 32-46, 三修社.
春木仁孝（1991）「Je ne savais pas que c'était comme ça.　－再確認の半過去－」『フランス語フランス文学研究』59, 76-88.
──────（1999a）「半過去の統一的理解を目指して」『フランス語学研究』33, 15-26.
──────（1999b）「新しい半過去論の構築に向けて－Le Goffic, Ducrot, Berthonneau et Kleiber を批判する－」『言語文化研究』25, 143-165.
髭郁彦, 川島浩一郎, 渡邊淳也（編著）安西記世子, 小倉博行, 酒井智宏（著）（2011）『フランス語学小事典』駿河台出版社.
福地肇（1985）『談話の構造』大修館書店.
前島和也（1997）「時制と人称：半過去の場合」『慶應義塾大学日吉紀要フランス語フランス文学』25, 117-144.
真木悠介（2003）『時間の比較社会学』岩波書店.
松山博文（1990）「quand 節について」『年報・フランス研究』24, 139-146.

引用例文の出典

Abécassis, Eliette. (2005) *Un heureux événement*, Éditions Albin Michel (Le Livre de Poche).
Balzac, Honoré de. (1995) *Le Père Goriot*, Le Livre de Poche.
────────── (1959) «Facino Cane», *La Comédie humaine*, Tome dixième, Éditions Rencontre.
Benveniste, Émile. (1974) *Problèmes de Linguistique Générale, 2*, Éditions Gallimard (Tel).
Bergson, Henri. (1999) *Matière et mémoire*, Presses Universitaires de France.
Bloch, Marc. (1993) *Apologie pour l'histoire ou métier d'historien*, Armand Colin.

Brown, Dan. (2006) *The Da Vinci Code*, Anchor Books.
Carroll, Lewis. (2001) *Alice in Wonderland*, Dover Publications.
Cusset, Catherine. (2009) *New York, journal d'un cycle*, Mercure de France (Folio).
Daudet, Alphonse. (2005) « Les Deux Auberges », « Les Étoiles », *Lettres de mon moulin*, Pocket.
Djian, Philippe. (2000) *37o2 Le matin*, J'ai lu.
Duras, Marguerite. (1952) *Le marin de Gibraltar*, Éditions Gallimard (Folio). (1984) *L'Amant*, Reclam.
Duras, Marguerite et François Mitterrand. (2006) *Le bureau de poste de la rue Dupin*, Éditions Gallimard (Folio).
Flaubert, Gustave. (2007) *Madame Bovary*, Éditions Larousse (Petits Classiques).
Gavalda, Anna. (2001) *Je voudrais que quelqu'un m'attende quelque part*, J'ai lu.
—————— (2002) *Je l'aimais*, J'ai lu.
—————— (2005) *Ensemble, c'est tout*, J'ai lu.
—————— (2010) *L'Échappée belle*, Reclam.
Grimaud, Hélène. (2003) *Variations sauvages*, Pocket.
Houellebecq, Michel. (2002) *Lanzarote*, Librio.
—————— (2005) *La possibilité d'une île*, J'ai lu.
Le Clézio, Jean-Marie Gustave. (1978) *Mondo et autres histoires*, Éditions Gallimard (Folio junior).
—————— (1999) *L'inconnu sur la terre*, Éditions Gallimard (L'Imaginaire).
Leblanc, Maurice. (1972) *Arsène Lupin, gentleman-cambrioleur*, Le Livre de Poche.
Levy, Marc. (2004) *La prochaine fois*, Pocket.
—————— (2012) *L'étrange voyage de Monsieur Daldry*, Pocket.
Lindon, Mathieu. (2011) *Ce qu'aimer veut dire*, P.O.L.
Maupassant, Guy de. (1983) *Bel-Ami*, Le Livre de Poche.
Mingarelli, Hubert. (1999) *Une rivière verte et silencieuse*, Éditions du Seuil.
—————— (2000) *La dernière neige*, Éditions du Seuil.
Modiano, Patrick. (1969) *La ronde de nuit*, Éditions Gallimard (Folio).
—————— (2001) *La Petite Bijou*, Éditions Gallimard (Folio).
—————— (2007) *Dans le café de la jeunesse perdue*, Éditions Gallimard (Folio).
—————— (2011) *L'horizon*, Éditions Gallimard (Folio).
Modiano, Patrick et Jean-Jacques Sempé. (1998) *Catherine Certitude*, Éditions Gallimard (Folio junior).
Musso, Guillaume. (2004) *Et après*, Pocket.
Nothomb, Amélie. (1999) *Stupeur et tremblements*, Éditions Albin Michel (Le Livre de Poche).
—————— (2007) *Ni d'Ève ni d'Adam*, Éditions Albin Michel (Le Livre de Poche).
Page, Martin. (2000) *Comment je suis devenu stupide*, J'ai lu.
Perrault, Charles. (2009) *Contes*, Éditions Larousse (Petits Classiques).

Prévert, Jacques. (1992) « Portrait de Doisneau », Doisneau, Robert. *Rue Jacques Prévert*, Éditions Hoëbeke.

Proust, Marcel. (1988) *À l'ombre des jeunes filles en fleurs*, Éditions Gallimard (Folio classique).

Puard, Bertrand. (2003) *La Petite Fille, le coyote et la mort*, Éditions du Masque.

Saint-Exupéry, Antoine de. (1939) *Terre des hommes*, Éditions Gallimard (Folio).

──────────────── (1946) *Le Petit Prince*, Éditions Gallimard (Folio junior).

Sempé, Jean-Jacques et René Goscinny. (2007) *Les vacances du Petit Nicolas*, Éditions Gallimard (Folio junior).

──────────────────────── (2009) *Le Petit Nicolas et ses voisins*, Éditions Gallimard (Folio junior).

──────────────────────── (2009) *Histoires inédites du Petit Nicolas : Choix de textes Volume 2*, Reclam.

Vercors. (1951) *Le silence de la mer*, Éditions Albin Michel (Le Livre de Poche).

Vian, Boris. (1947) *L'Écume des jours*, Le Livre de Poche.

Zeller, Florian. (2002) *Neiges artificielles*, J'ai lu.

大野修平,野村二郎(編著)(2003)『シャンソンで覚えるフランス語-1』第三書房.

──── (2005)『シャンソンで覚えるフランス語-3』第三書房.

索　引

[ア]

アスペクト　7, 8, 16, 39, 42, 48, 61, 77, 87, 159, 186
　──特性　48, 61, 77
言いさし表現　168, 169, 187, 203
一定の期間　42, 52, 54, 71
一定の時期・時代　24, 35
意味的定位　102, 103, 122, 125
因果関係　92, 93, 105, 106, 111-113, 115, 122, 187, 195, 211-213, 216-218, 229
英語　6-8, 10, 11, 16, 22, 42, 74-76, 79, 87, 124, 197, 233

[カ]

絵画的半過去（imparfait pittoresque）　222
解釈資源　62, 91, 115, 184
解釈領域　63, 166
外国語　10, 12, 233, 234
過去時制　8, 10-13, 17, 22, 28, 60, 64-66, 69, 70, 72, 73, 82, 83, 86, 87, 90-92, 98, 99, 101, 108, 109, 114, 121, 124, 126, 151, 169, 185, 209, 229, 233
語り
　──の when 節　190
　──の時空間　99
　──の半過去　imparfait narratif / imparfait de narration　77, 125
　──の母時空間　15, 68, 69, 195, 200-210, 215, 216, 229
「語り」の発話様態　83, 92-95, 99, 100, 108, 109, 113, 120, 141, 144, 165, 195, 199, 200, 203, 210, 216, 217
活動動詞　42-44, 46, 48, 49, 71, 76, 150, 171
完了アスペクト　39, 42
完了性　22, 25, 38-44, 47-50, 56, 60, 61, 65, 71, 72, 77, 85, 183, 226

逆従属構文　15, 68, 69, 83, 84, 123, 136, 191, 193-200, 203-217, 229, 230
逆従属の quand 節（quand inverse）　191, 198, 215, 218
共起制限　28, 43, 44
共有シナリオ　70, 116-118, 120, 123, 141, 167-169, 171, 174, 176, 180, 183, 184, 228
共有体験　62, 68, 70, 88, 91, 103, 113, 115-118, 120, 123, 132, 133, 141, 143, 167, 168, 176, 177, 180, 182-184, 186, 200, 226-228
共有知識　62, 63, 68, 100, 103, 108, 113, 115, 116, 123, 132, 133, 138-150, 153, 176, 182, 184, 185, 213, 227, 228
係留　14, 15, 65-69, 73, 81-84, 91, 94, 96-100, 103, 104, 107, 109-118, 120-124, 132, 137, 142, 144-152, 159, 161, 164, 167-169, 171, 173, 174, 176, 178, 182-185, 194, 195, 198, 200, 202-210, 213, 216, 227-231
継起性　37, 96
継続相　51, 197
継続中のできごと　9
継続中の事態　23, 24, 29, 45, 61, 70, 134, 165, 179, 183, 226
現在　3, 4, 5, 6, 7, 8, 10, 11, 21, 86, 87, 120, 124, 125, 130, 200, 225
言語文脈　66, 70, 82, 108, 121, 133, 138, 140-142, 144-147, 149-151, 153-155, 158, 161, 162, 164, 174, 180, 183, 184, 186, 213, 227, 228
語用論的要素　63-65, 69, 74, 106, 185
語彙的意味特性　38, 41, 42, 46, 49, 52, 60, 61, 71, 230

[サ]

時間
　──軸　4, 14, 51, 53, 55, 56, 65-67, 73, 80,

82, 83, 87, 90-98, 100-103, 106, 110, 117, 121, 122, 124, 125, 127, 176, 177, 203, 207, 209, 210, 227
　――帯　147, 148, 164, 177
　――的逆行性　inversion temporelle 124
　――的定位　100-103, 122, 125, 135, 153
史実　149
時制形式　8, 10-14, 16, 22, 31, 39, 48, 61, 63, 65-67, 72, 74, 82-87, 90, 94, 96-99, 101, 103, 105, 121, 122, 136, 180, 226, 227, 233
事態
　――の均質性　46
　――の成立　38, 41, 44, 46-50, 71, 72
　――の段階的な推移　159
　――の定位　13, 14, 64, 65, 67, 72-74, 82-85, 90, 91, 94, 101, 103, 109, 121-123, 137, 142, 176, 177, 185, 202, 207, 227, 230, 231
　――の突発性　205
　――の不成立　42, 47, 49
　――認識　8
　――連鎖　116, 140, 142, 149, 153, 161, 164, 167, 183
していたとき　27-29, 53-55, 146, 150-152, 162, 172, 181, 188, 190, 211, 212, 213, 218, 233
視点　42, 44, 89, 91, 95, 100, 101, 115, 199, 201, 210, 215, 217, 229
シナリオ　15, 59, 60, 68, 70, 116-120, 123, 132, 133, 138, 140, 141, 167-169, 171, 173, 174, 176, 177, 180-184, 227, 228
　――の共有　59, 60, 118, 119, 133, 138, 141, 168, 176, 177, 184
使用制約　23, 25, 27, 32, 36, 37, 39, 49, 56, 71, 85, 233
照応性　106, 108
照応説　76, 125
状態動詞　42, 46, 48, 49, 52, 71, 76
自立性　13, 14, 61-63, 77, 85, 86, 227
自立的　13, 14, 53, 60, 62-65, 67, 72, 73, 75, 82, 83, 85-87, 89-91, 94, 96-99, 101-103, 105, 108, 109, 114, 121, 122, 125, 151, 153,

183, 203, 209, 227, 229
人生の一時期　24, 36, 52, 54, 61, 63, 70, 73, 132-134, 139, 144-146, 159, 160, 173, 180, 183, 185, 186, 226, 228, 230
人生の期間　24, 52
スクリプト　133, 138-142, 153, 154, 159, 161, 162, 164, 184, 186, 187, 228
スペイン語　233
絶対時制　87-89, 123, 124, 194, 227
先行文脈　14, 55, 67, 68, 105, 108, 132, 135, 151-153, 170, 174, 182, 209, 211, 227
線的な事態　39
前提　84, 121, 127, 139, 158, 159, 161, 187, 198, 211
相対時制　87, 89, 91, 98, 123, 194, 227

[タ]
タ形　5, 6, 28
達成動詞　42, 44-46, 50, 71, 76, 152, 173
談話　13-15, 25, 39, 56, 60, 62, 63, 65-70, 72-74, 81-85, 87, 89-92, 94-101, 103, 104, 107-111, 113-124, 126, 131-134, 136, 137, 140-143, 148-150, 161, 165-167, 176-180, 182-185, 193, 194, 198-201, 204, 205, 207-209, 210, 212, 215, 216, 218, 226-232, 234
　――（解釈）資源　62, 65, 91, 108, 109, 113, 134, 141, 142, 179, 180, 182, 183, 200, 227
　――時空間　14, 65-67, 70, 72, 83, 85, 90, 94, 96, 98, 100, 108, 114, 167, 205
　――単位の考察　25, 60, 72
　――的・語用論的要素　63
　――的時制解釈　13-15, 62, 65-68, 73, 81, 83-85, 90, 91, 94-99, 103, 104, 108-111, 114, 116-118, 120-124, 131-134, 148-150, 161, 176, 177, 182-184, 193, 194, 198, 204, 207-210, 216, 226, 227, 229, 230, 232, 234
　――的時制解釈モデル　13-15, 62, 65, 66, 68, 73, 81, 83-85, 90, 91, 94-98, 103, 104, 108-111, 114, 116-118, 120-124, 132-134, 148-150, 161, 176, 177, 182-184, 194, 198, 204, 207-210, 216, 226, 227, 229, 230, 232,

234
「談話」の発話様態　83, 91, 92, 100, 108, 109, 113, 115, 120, 141, 143, 165, 167, 176, 199, 200
知覚の現場　110
地下鉄乗車のスクリプト　159, 162
中国語　7, 8
テイタ形　6, 28
テイル形　6
テンス　7, 8, 16, 87
点的な事態　39, 52, 226
投錨　14, 65-68, 73, 82, 83, 84, 90, 94-99, 103, 121, 122, 124, 153, 176, 183, 194, 195, 207-210, 216, 227
到達動詞　42, 43, 46, 71, 76
同時性　13, 22, 28, 30, 36, 37, 58, 60, 64, 87, 88, 91, 98, 99, 101, 104, 105, 109-112, 207, 212
トキ節　28
時
　——の定位　25, 50-56, 63, 176, 177, 183, 187
　——の副詞　54, 55
　——の副詞句　45, 47, 54, 55, 76, 102, 114, 133, 148, 153, 164, 176, 177, 186

[ナ]
日本語　2, 5-10, 16, 22, 27-29, 76, 123, 127, 187, 189, 233
人間の一生　138-140, 142, 144, 145, 185-187, 228
年齢表現　24, 52, 138, 139, 144, 145, 185, 228, 230

[ハ]
発話
　——時　4-8, 39, 77, 88, 91-93, 95, 100, 102, 114, 115, 124, 166, 172, 173, 176, 177, 200
　——時空間　91, 93, 102, 124, 200
　——状況　62, 91, 100, 101, 108, 114, 115, 120, 133, 165, 166, 180, 183, 226

　——様態　68, 83, 84, 91-96, 99, 100, 108, 109, 113, 115, 120, 141, 143, 144, 165, 167, 176, 195, 199, 200, 203, 210, 216, 217, 227-229, 231, 232
場面
　——限定　135, 177
　——設定　135, 185
　——の絞り込み　177
　——(の)特定　15, 64, 67, 68, 132, 133, 137, 141-147, 149-152, 154, 158-162, 164, 165, 167-169, 171, 173, 176, 177, 180, 182, 183, 228, 230
　——描写　141, 158, 164, 222
　——連続　158, 161
非過去　5
非言語的情報　62, 113, 114, 115, 120, 123, 133, 165-167, 180, 183
描写の具体性　207
非自立性　13, 14, 61-63, 77, 85, 86, 227
非自立的　13, 14, 62-65, 67, 72, 73, 75, 82, 83, 85, 86, 89, 90, 96-98, 101, 102, 121, 122, 125, 183, 227
飛行機墜落のスクリプト
百科事典的知識　48, 70, 100, 103, 106, 112-114, 124, 138, 140, 149, 154-156, 159, 180, 183, 184, 187, 209, 226, 228
描写の具体性　207
開かれた窓　40
部分照応的半過去説　imparfait anaphoric-méronomique　66, 103-108, 110, 218
部分——全体スキーマ　15, 68, 132-134, 137-146, 147, 149-154, 159, 161, 162, 164, 167, 168, 173, 174, 179, 180, 182, 183, 186, 227, 228, 230
部分——全体性　14, 67, 73, 84, 103, 104, 107-111, 114-117, 120, 121, 123, 137, 142, 179, 184, 195, 206, 207, 210, 227
母語　75, 233, 234
物語世界　142, 159, 164, 198, 201, 205, 210, 222
文単位の考察　13, 25, 39, 50, 56, 59-61, 65,

70-72, 133, 180, 226
母語　75, 233, 234
母時空間　14, 15, 66, 68-70, 82-84, 108-113, 115, 116, 118, 120-123, 133, 137, 138, 145-154, 159, 161, 166-168, 178, 179, 183, 184, 195, 200-210, 213, 215-217, 227-229

[マ]

未完了　6, 7, 22, 25, 38-44, 46-51, 56, 60, 61, 65, 71, 72, 76, 77, 85, 183, 186, 226, 233
　──アスペクト　39, 42
　──性　22, 25, 38-44, 47-50, 56, 60, 61, 65, 71, 72, 77, 85, 183, 226
　──説　40, 76
未来　1, 3-8, 10, 11, 15, 16, 81, 87, 93, 124, 125, 130, 177, 187, 225
モーダルな用法　26, 125, 232

[ヤ]

予想外の事態　69, 214, 217, 229

[ラ]

ル形　5, 6

歴史的事実　149
レストランのスクリプト　140, 186

[欧文]

aspect global　44
aspect sécant　46, 76
avoir　16, 23, 31, 33-35, 47, 49, 52, 53, 70, 75, 134, 144, 171, 180, 186
déjà　2, 9, 23, 25, 125, 127, 133, 157, 158, 160, 161, 178, 179, 186-188
être　16, 23, 31, 33-35, 49, 52, 53, 70, 75, 77, 79, 101, 134, 145, 155, 158, 159, 170-172, 180, 181, 186, 196, 197, 202
Je t'attendais 型の半過去　126, 232
pas encore　124, 170
pendant que　37, 133, 178, 179, 187, 188
reprise の半過去　118
SRE モデル　39
tout à l'heure　77, 93, 172, 173, 176, 177, 187
T-relations　48, 77
when 節　189, 190
W-relations　48, 77

著者略歴

高橋　克欣（たかはし　かつよし）

京都外国語大学講師（4月より）
1978年神奈川県生まれ。2001年早稲田大学第一文学部文学科フランス文学専修卒業。2003年京都大学大学院人間・環境学研究科修士課程修了。2006年ストラスブール第2大学（マルク・ブロック大学）にて DEA（言語科学）の学位取得。2011年京都大学大学院人間・環境学研究科博士後期課程研究指導認定退学。2014年京都大学にて博士（人間・環境学）の学位取得。

主要論文
「補文節における時制解釈のメカニズム」『関西フランス語フランス文学』13（日本フランス語フランス文学会関西支部, 2007年）
「« quand + imparfait » と談話的時制解釈」『関西フランス語フランス文学』18（日本フランス語フランス文学会関西支部, 2012年）
「時を表す副詞節における半過去と談話的時制解釈」『フランス語学の最前線2』（ひつじ書房, 2014年）。

（プリミエ・コレクション70）
「こと」の認識「とき」の表現
── フランス語の quand 節と半過去

2016年3月31日　初版第一刷発行

著　者	高　橋　克　欣
発行人	末　原　達　郎
発行所	京都大学学術出版会
	京都市左京区吉田近衛町69
	京都大学吉田南構内（〒606-8315）
	電話　075(761)6182
	FAX　075(761)6190
	URL　http://www.kyoto-up.or.jp
	振替　01000-8-64677
印刷・製本	亜細亜印刷株式会社

ⓒ Katsuyoshi Takahashi 2016　　　　　　Printed in Japan
ISBN978-4-8140-0017-3　　定価はカバーに表示してあります

本書のコピー，スキャン，デジタル化等の無断複製は著作権法上での例外を除き禁じられています。本書を代行業者等の第三者に依頼してスキャンやデジタル化することは，たとえ個人や家庭内での利用でも著作権法違反です。